サイト──建築の配置図集
SITES – Architectural Workbook of Disposition

松岡聡・田村裕希 ── 著
Satoshi Matsuoka + Yuki Tamura

学芸出版社 | Gakugei Shuppan-Sha

まえがき | Foreword

この本は、建築物をさまざまな広がりの配置図の中でとらえ直すものです。

———

建築の分野では、配置という言葉が、いたるところで使われます。建物の敷地内での配置や、敷地のコンテクスト（敷地の配置）も含んだ建物の配置、また、一つの建物内部の空間単位や柱や窓等の構成要素の配置まで、建築では、ほとんどが配置の問題と言ってもいいかもしれません。すべてが配置であると言うと急にとらえがたく、厄介な問題のように思えてきますが、実際に配置図を見てみれば、少しはとりつく島があるように感じます。

———

配置図には限界がありません。平面図や断面図は建てようとする対象の建物を描きますが、配置図は周囲をどこまで描くかは定まっていません。ある建物が関係する（と思われる）範囲や、敷地や地域が関係する範囲、または、それらがもはや周囲と関係していないことが分かる範囲までを示そうと考えると、そのズーミングには際限がありません。

———

対象の建物をとりかこむ周辺をどこまで描くかについては、配置図を描く設計者の配慮に任されています。配慮、気配り、目配り、配意…「配」という字はそういう意味を含んでいることに気づきます。周囲のものの存在を認めて、それらとの関係の中で、みずからを定位し、関係を築こうと試みることが配置するという行為です。

———

この配置図集は、際限のないズーミングをなんとか暫定的に定め、その中に建築における新しい関係の多様性を提示しようとするものです。

本書の使い方 | How to use

［平面図兼配置図］
この本の中では、ほぼすべての配置図は「平面図兼配置図」と表記されます。平面図で描かれているのが対象とする建物で、それ以外の建物が配置図、つまり屋根伏図の集合として描かれています。

———

［作品のならび方］
ズーミングの順に作品はならんでいます。またそれぞれのズーミングによって認知できる事象をキーワードで表現して、いくつかの建築作品をまとめました。建物を上空のかなたから引いて見ている状態から、だんだんと近づいて寄っていくように、ズームインしながら順序どおり読むことも、あるいは逆に最後からズームアウトしながら読んでも楽しめるでしょう。

———

［解説と問い］
配置図の見方のヒントになる問いを設けています。漠然と眺めているだけでもさまざまな発見がありますが、問いに導かれて初めて気づく見方もあるはずです。また、配置図では十分にわからなかったり、表現しきれない部分を解説ページで示しています。

目次			contents		
まえがき+本書の使い方——002	図版出典・参考文献——248	索引——252	問いの索引——253		
006	ZOOM 1	**点として見る**		ZOOM 1	**as a dot**
01		サマーハウス			summer house
008	-	コエ・タロ［夏の家］	アルヴァー・アールト	- Experimental House [Koetalo]	Alvar Aalto
010	-	夏の家	グンナー・アスプルンド	- Summer House	Erik Gunnar Asplund
012	-	サマーハウス・フェレン・ステュアート邸	ヘリット・トーマス・リートフェルト	- Summerhouse Verrijn Stuart	Gerrit Thomas Rietveld
02		川			river
016	-	ファンズワース邸	ミース・ファン・デル・ローエ	- Farnsworth House	Ludwig Mies van der Rohe
018	-	フィッシャー邸	ルイス・カーン	- Fisher House	Louis I. Kahn
03		カモフラージュ			camouflage
022	-	サン・クルーの週末住宅	ル・コルビュジエ	- Maison Saint Cloud	Le Corbusier
026	-	イームズ・ハウス	チャールズ&レイ・イームズ	- Eames House and Studio	Charles & Ray Eames
04		付属室			annex
030	-	カップ・マルタンの休暇小屋	ル・コルビュジエ	- Le Cabanon	Le Corbusier
032	-	シュレーダー邸	ヘリット・トーマス・リートフェルト	- Rietveld Schröder House	Gerrit Thomas Rietveld
05		仮設			temporary
036	-	エスプリ・ヌーボー館	ル・コルビュジエ	- L'Esprit Nouveau Pavilion	Le Corbusier
038	-	ソンスベーク彫刻パヴィリオン、アルンハイム・パヴィリオン	ヘリット・トーマス・リートフェルト／アルド・ファン・アイク	- Rietveld Pavilion / Ald van Eyck Pavilion	Gerrit Thomas Rietveld / Aldo van Eyck
06		パヴィリオン			pavilion
040	-	ガラスの家	フィリップ・ジョンソン	- Glass House	Philip Johnson
044	ZOOM 2	**自然の一部として見る**		ZOOM 2	**as a part of nature**
07		ブリッジ			bridge
046	-	ブリッジハウス	アマンシオ・ウィリアムズ	- House over the Brook	Amancio Williams
048	-	ヴェネツィアの会議場計画案	ルイス・カーン	- Palace of Congress	Louis I. Kahn
08		アクシス			axis
052	-	バングラデシュ国会議事堂	ルイス・カーン	- Sher-E-Banglanagar National Assembly	Louis I. Kahn
054	-	モティ・マスジド［パール・モスク］	—	- Moti Masjid [Pearl Mosque]	-
09		小屋			barn
056	-	ユダヤ・コミュニティー・センター バスハウス+デイキャンプ	ルイス・カーン	- Jewish Community Center	Louis I. Kahn
10		眺望			vista
060	-	キャン・リス	ヨーン・ウッツォン	- Can Lis	Jørn Utzon
062	-	母の家［小さな家］	ル・コルビュジエ	- Villa "Le Lac"	Le Corbusier
066	-	ベラヴィスタ集合住宅+スーホルム I・II・III	アルネ・ヤコブセン	- Bellavista Housing & Søholm No.1, No.2, No.3	Arne Jacobsen
11		稜線			ridge
070	-	ストックホルム市立図書館	グンナー・アスプルンド	- Stockholm Public Library	Erik Gunnar Asplund
072	-	吉備津神社	—	- Kibitsu Shrine	-
12		バッファー			buffer
074	-	アロットメント・ガーデン	カール・テオドル・ソーレンセン	- Allotment Gardens	Carl Theodor Sørensen
076	-	ザ・エーカーズ	フランク・ロイド・ライト	- The Acres	Frank Lloyd Wright
078	ZOOM 3	**要素をとり出して見る**		ZOOM 3	**mapping the element**
13		主室			chamber
080	-	コムロンガン城	—	- Comlongan Castle	-
082	-	ペンシルバニア大学リチャーズ医学研究棟	ルイス・カーン	- Richards Medical Research Building	Louis I. Kahn
14		柱			column
086	-	マイレア邸	アルヴァー・アールト	- Villa Mairea	Alvar Aalto

088	–	サヴォア邸	ル・コルビュジエ	– Villa Savoye	Le Corbusier
15		**壁**		**wall**	
090	–	ロンシャンの教会	ル・コルビュジエ	– Nortre-Dome-du-Haut Chapel	Le Corbusier
092	–	フィリップ・エクセター・アカデミ図書館	ルイス・カーン	– Library, Philips Exeter Academy	Louis I. Kahn
16		**ピロティ**		**piloti**	
096	–	リナ・ボ・バルディ邸	リナ・ボ・バルディ	– Casa de Vidro	Lina Bo Bardi
098	–	バカルディ・オフィス・ビル	ミース・ファン・デル・ローエ	– Bacardí Office Building	Ludwig Mies van der Rohe
17		**テラス**		**terrace**	
102	–	落水荘	フランク・ロイド・ライト	– Fallingwater	Frank Lloyd Wright
104	–	シュミンケ邸	ハンス・シャロウン	– Schminke House	Hans Scharoun
18		**床**		**floor**	
108	–	ソーク生物学研究所	ルイス・カーン	– Laboratory Buildings for Salk Institute	Louis I. Kahn
112	–	ヴェネツィアの病院計画案	ル・コルビュジエ	– New Hospital in Venice	Le Corbusier
19		**天井**		**ceiling**	
114	–	ヴォクセニスカの教会	アルヴァー・アールト	– Church, Vuoksenniska	Alvar Aalto
116	–	バウスヴェア教会	ヨーン・ウッツォン	– Bagsveard Church	Jørn Utzon
20		**屋根**		**roof**	
120	–	キンベル美術館	ルイス・カーン	– Kimbell Art Museum	Louis I. Kahn
122	–	テキスタイル工場 デ・プルッフ	ヘリット・トーマス・リートフェルト	– Textile Factory De Ploeg	Gerrit Thomas Rietveld
21		**トップライト**		**skylight**	
126	–	ヴェネツィア・ビエンナーレ オランダ館	ヘリット・トーマス・リートフェルト	– Netherlands Pavilion for the Venice Biennale	Gerrit Thomas Rietveld
128	–	ファーストユニタリアン教会	ルイス・カーン	– First Unitarian Church	Louis I. Kahn
130	–	ブリンモア大学 エルドマン・ホール	ルイス・カーン	– Erdman Hall, Bryn Mawr College	Louis I. Kahn
134		ZOOM 4　**都市の配置を見つける**		ZOOM 4 ｜ **nature of city**	
22		**袋地**		**bagging**	
136	–	ラ・ロッシュ＝ジャンヌレ邸	ル・コルビュジエ	– Vilas La Roshe and Jeanneret	Le Corbusier
138	–	オープン・エア・スクール	ヨハネス・ダウカー	– Open-air School	Johannes Duiker
23		**ニッチ**		**niche**	
142	–	サント・スピリト聖堂	フィリッポ・ブルネレスキ	– Basilica di Santo Spirito	Filippo Brunelleschi
144	–	ドゥカーレ広場	—	– Piazza Ducale	-
24		**ロット**		**lot**	
146	–	バーバンク・ヴィレッジ	ウィリアム・タンブル	– Barbank Village	William Turnbull
148	–	サントップ・ホームズ	フランク・ロイド・ライト	– Suntop Homes	Frank Lloyd Wright
25		**人工池**		**pond**	
150	–	桂離宮庭園	—	– Katsura Imperial Villa	-
152	–	ディア・カンパニー本社	エーロ・サーリネン	– John Deere and Company	Eero Saarinen
26		**ブロック**		**block**	
154	–	サグラダ・ファミリア贖罪聖堂	アントニオ・ガウディ	– La Sagrada Familia	Antonio Gaudí
156	–	シーグラム・ビル	ミース・ファン・デル・ローエ	– Seagram Building	Ludwig Mies van der Rohe
27		**角地**		**corner**	
160	–	カサ・ミラ	アントニオ・ガウディ	– Casa Milà	Antonio Gaudí
164	–	フリードリヒ通り駅前高層建築案	ミース・ファン・デル・ローエ	– Friedrichstrasse Office Building	Ludwig Mies van der Rohe
28		**展示場**		**housing exhibition**	
166	–	ヴァイセンホーフ・ジードルンク	ミース・ファン・デル・ローエ＋リヒャルト・デッカー	– Weissenhofsiedlung Werkbund Exhibition	Ludwig Mies van der Rohe / Richard Döcker
29		**パーキング**		**parking**	
170	–	ジョンソン・ワックス本社	フランク・ロイド・ライト	– S.C.Johnson & Son Administration Building	Frank Lloyd Wright
30		**ガレリア**		**galleria**	
172	–	ヴィットーリオ・エマヌエーレ2世のガレリア	ジュゼッペ・メンゴーニ	– Galleria Vittorio Emanuele II	Giuseppe Mengoni

SITES – Architectural Workbook of Disposition

176	ZOOM 5	**関係のルールを見いだす**		ZOOM 5	form of relations	
	31	フェイジング			phasing	
178	-	森の墓地	グンナー・アスプルンド	-	Woodland Cemetery	Erik Gunnar Asplund
	32	クラスター			cluster	
180	-	シーランチ・コンドミニアム	MLTW	-	Sea Ranch Condominium I	MLTW
182	-	キンゴー・ハウス	ヨーン・ウッツォン	-	Kingo Houses	Jørn Utzon
184	-	フレデンスボーのテラスハウス	ヨーン・ウッツォン	-	Terrace Houses at Fredensborg	Jørn Utzon
	33	モデュール			module	
186	-	ムンケゴー小学校	アルネ・ヤコブセン	-	Munkegårds School	Arne Jacobsen
188	-	インド経営大学	ルイス・カーン	-	Indian Institute of Management	Louis I. Kahn
	34	増築			extension	
190	-	コルドバの大モスク［メスキータ］	―	-	Catedral de Santa María de Córdoba [Mezquita]	-
192	-	ルイジアナ近代美術館	ヨーン・ボウ	-	The Louisiana Museum	Jørgen Bo with Vilhelm Wohlert
194	-	桂離宮書院	―	-	Katsura Imperial Villa	-
	35	ピボット			pivot	
196	-	ヴィラ・アドリアーナ	―	-	Villa Adriana [Tivoli]	-
198	-	パイミオのサナトリウム	アルヴァー・アールト	-	Paimio Sanatorium	Alvar Aalto
200	-	ミクヴェ・イスラエル・シナゴーグ計画案	ルイス・カーン	-	Mikveh Israel Synagogue	Louis I. Kahn
	36	中庭			courtyard	
202	-	ル・トロネ修道院	―	-	L'abbaye Du Thoronet	-
204	-	フォートウェインの舞台芸術劇場案	ルイス・カーン	-	Arts Center, Fort Wayne	Louis I. Kahn
206	-	オコティラ・デザート・キャンプ	フランク・ロイド・ライト	-	Ocotillo Desert Camp	Frank Lloyd Wright
	37	マスタープラン			master plan	
208	-	イリノイ工科大学キャンパスのマスタープラン	ミース・ファン・デル・ローエ	-	Revised Master Plan for the Illinois Institute of Technology	Ludwig Mies van der Rohe
210	ZOOM 6	**境界を見分ける**		ZOOM 6	boundary	
	38	基壇			platform	
212	-	新国立ギャラリー	ミース・ファン・デル・ローエ	-	New National Gallery	Ludwig Mies van der Rohe
214	-	エコノミストビル	アリソン&ピーター・スミッソン	-	Economist Building	Alison & Peter Smithon
	39	切土・盛土			trench, embarkment	
218	-	ムーンレイカー・アスレティック・センター	MLTW+ローレンス・ハルプリン	-	Moonraker Athletic Center	MLTW & Lawrence Halprin
220	-	二条城	―	-	Nijo Castle	-
	40	塀			fence	
224	-	バワ邸	ジェフリー・バワ	-	Bawa House	Geoffrey Bawa
226	-	サン・クリストバル	ルイス・バラガン	-	San Cristobal	Luis Barragan
	41	生垣			hedge	
228	-	ミラー邸	エーロ・サーリネン+ダン・カイリー	-	Miller House	Eero Saarinen / Dan Kiley
230	-	スーホルムIの庭園	アルネ・ヤコブセン	-	Arne Jacobsen's own garden at the Søholm Housing Estate	Arne Jacobsen
232	-	キングス・ロードの自邸	ルドルフ・シンドラー	-	Schindler=Chace House	Rudolf Schindler
	42	庇			eave	
234	-	ソーレンセン自邸	エリック・クリスチャン・ソーレンセン	-	Sørensen's Own House	Erik Christain Sørensen
236	-	カウフマン邸	リチャード・ノイトラ	-	Kaufmann House [Desert House]	Richard Neutra
	43	家具			furniture	
238	-	バルセロナ・パヴィリオン	ミース・ファン・デル・ローエ	-	German Pavilion, International Exposition	Ludwig Mies van der Rohe
240	-	フィン・ユール自邸	フィン・ユール	-	Finn Juhl's House	Finn Juhl
	44	中心			center	
242	-	ベルリン・フィルハーモニック・コンサート・ホール	ハンス・シャロウン	-	Berlin Philharmonie	Hans Scharoun
246	-	ストックホルム市立図書館	グンナー・アスプルンド	-	Stockholm Public Library	Erik Gunnar Asplund

ZOOM 1

点として見る

as a dot

0.1%

ズーミング0.1%の世界―――自然への構え

手つかずの自然や、美しい風景のなかに建物を建てることで、すでにある理想的な環境を壊してしまうのではないか、その場所に手を加えていいのかと自問自答することがあります。それは私たちがそのような開発を何度も見るうちにトラウマのようになっているのかもしれません。しかし、このような場所での葛藤を、すぐれた建築行為は、時代を超えて幾度も乗り越えてきました。建築することはその場所だけでなく、場所がもつ時間的状況にも介入する行為です。その前提のなかで、建築はすでにあったものと有意義な緊張関係を築いてきました。

新たな建築が、すでにある状況と良好な緊張関係を築くとき、立ち上がった建築は作家性、さらには人為を超えて、その場所の一部となります。ただそこにあるように（ずっと以前からあったかのように）、しかし、その周囲に或る世界をうみだし、風景の焦点になります。このような建築は、伝統的なものや既存の物の焼き回しによって達成できるものではなく、それぞれの時代における一回性の創意によってなされるものです。

私たちが幸せな、または、不幸な建築と場所の関係に立ち会ったとき、その関係性を感受する背後にあるものは過去です。過去とは、田園風景やふるさとの風景といった、消えつつあるものに対するノスタルジーではなく、個人個人が過去に経験してきた、さまざまな美的体験や空間体験です。そうした体験でのイメージが、或る場所での建築と場所の関係性から呼び出されて、そこに美を感じ、反応するのです。自然やうつくしい風景に呼応する建築は、そうした過去のイメージを引き出す力があります。そのようなイメージを喚起するプロセスがすぐれた建築には備わっています。

イメージを喚起する建築とはどのようなものなのでしょうか。例えば、サマーハウスは1年のごく限られた期間を過ごす場所ですが、短期間であるからこそ、家族が集い、自然を目一杯満喫するという一連の活動が、一つの型となってイメージを形成し、サマーハウスという建物を想像するだけで、人は愉しい気分になるのです。建築は、固定的な物質性だけではなく、人と場の相互作用を介して、局所的に用途や空間の質を変えていく一時性も有しています。人々が経験のなかで抱く建築や空間のイメージの多くの部分は、行為に応じて時間とともに変化する建築や空間の柔軟さと結びついています。

しかし一方で、建築は、時間や用途の都合に応じて自在に形を変えるわけではなく、変化にあらがう一種の反力のようなものをもっています。人の活動や、光や風、季節や周囲の風景が移ろうなかで、変化を拒み、その場にあり続けようとする、建築の固定性が、拡散して薄まっていく人間の活動を内にとどめ、意識のよりどころとなって奥深いイメージをその物質性に刻みこみます。人と建築のあいだで不断にくり返される変化と持続の衝突の痕跡が、人びとに別のイメージを引き出すきっかけを生みだします。こうした力は、時間や使用による変化にさらされて、長くその場所を占めてきた古い建築にこそ備わっているものです。

大自然や、飲み込まれそうな現在の都市の状況に置かれたちいさな建築は、自らの固定性を他の建物や自然物に依存したり、仮設物として、限定された時間のなかに固定性をまるごと預けてしまうことで、変化に応じるおおらかな開かれ方がなされているものです。変化に合わせて空間の質を変えていく建築特有の魅力は、建築が固定的であるという別の魅力があってこそなのです。

01
サマーハウス
summer house

コエ・タロ[夏の家] | Experimental House [Koetalo]

設計 アルヴァー・アールト | Alvar Aalto
場所 フィンランド、ムーラッツァロ | Muuratsalo, Finland
期間 1952-1954

Name	1階平面図兼配置図
Scale	1:1000
Orientation	
1	コエ・タロ[夏の家]
2	ゲストハウス
3	あずまや
4	サウナ
5	ボートハウス
6	船着き場
7	デッキウォーク

SITES – Architectural Workbook of Disposition | ZOOM 1 | 01 | summer house

パイヤンネ湖にうかぶ島の、林に覆われて建つアールト自身のサマーハウス。母屋（コエ・タロ）は正方形の中庭を囲むように、L字形にリビングと寝室が配されている。母屋からゲストハウス、あずまやが弧を描くように並んでいる。台形平面のスモークサウナ小屋やボートハウスが敷地内にちりばめられ、森と湖に溶け込んだ生活を楽しめる夏の別荘である。

Q.1——この敷地にアクセスする2つの交通手段は何か。それぞれの手段で敷地の境界に到達してから、歩いてコエ・タロにアプローチするルートを描きなさい。

Q.2——コエ・タロは地形から見て、敷地内のどんな特徴のある場所に建てられているか。

Q.3——コエ・タロの中庭はどれか。

Q.4——その中庭からもっとも湖をよく眺めることができる方向はどちらか。

01 サマーハウス
summer house

夏の家	Summer House

設計 グンナー・アスプルンド │ Erik Gunnar Asplund
場所 スウェーデン, ステンネース │ Stennäs, Sweden
期間 1936-1937

Name	1階平面図兼配置図
Scale	1:2000
Orientation	
1	夏の家
2	ボート小屋
3	別棟
4	道具小屋
5	トイレ小屋
6	ガレージ
7	桟橋
8	岩山

SITES – Architectural Workbook of Disposition │ ZOOM 1 │ 01 │ summer house

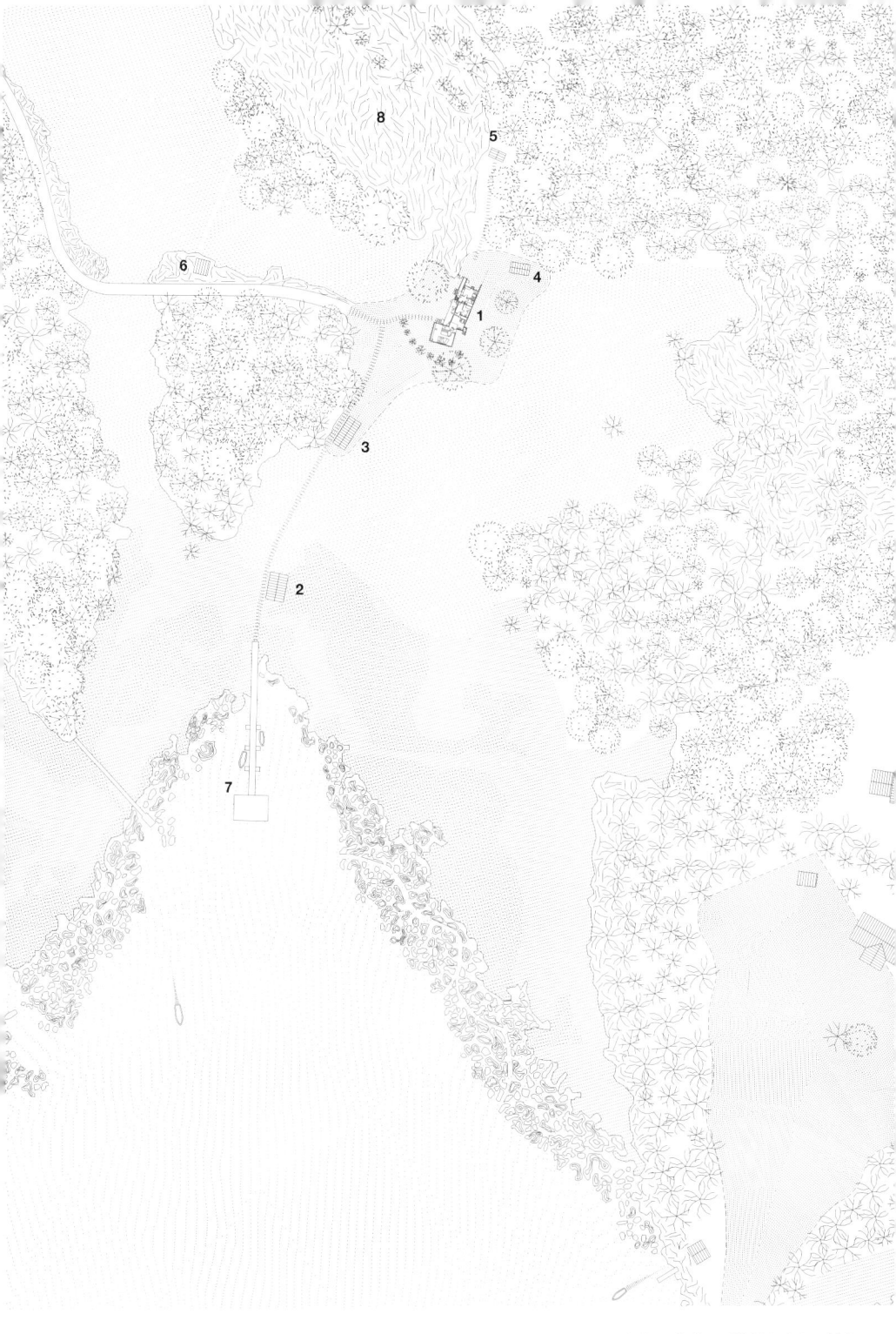

ストックホルムの南西60kmに位置する人里離れたステンネースの小さな入り江に面し、むきだしの花崗岩の岩山に隠れるように建つアスプルンド自身の別荘。敷地は背後の岩盤から海岸に向かって下る傾斜地である。庭先まで近づくと、一気に視界が開け、雑木林の陰に隠れていた海が見える。伝統的な赤い民家を思わせる別棟、トイレ小屋、ボート小屋、ガレージ等の付属の建物もすべてアスプルンドの設計である。

Q.1——この敷地にアクセスする交通手段は2つある。それらは何か。

Q.2——桟橋から夏の家までの距離はいくらか。

Q.3——ガレージを除く、5つの建物の配置にはどのような特徴があるか。人の移動や地形との関係を考えて答えなさい。

サマーハウス
summer house

サマーハウス・フェイレン・ステュアート邸 | Summerhouse Verrijn Stuart

設計 ヘリット・トーマス・リートフェルト | Gerrit Thomas Rietveld
場所 オランダ、ブレーケレン | Breukelen, The Netherlands
期間 1940-1941

Name	1階平面図兼配置図
Scale	1:6000
Orientation	↑

SITES – Architectural Workbook of Disposition | ZOOM 1 | 01 | summer house

オランダ中部のロースレヒト湖畔周辺の、豊かな緑と水に囲まれたこの敷地は、20世紀初頭に泥炭採掘跡に水をひいてつくられた別荘地の中にある。サマーハウスは、この地に特有の細長い島の一端を弓状にまたぐように建てられ、円弧を多用した幾何学的な平面で計画されている。

Q.1——このサマーハウスへのアクセス手段は何か。

Q.2——その手段によって、Aの場所からサマーハウスへ至るルートを描きなさい。

Q.3——敷地内(図の一点鎖線内)には、いくつの島があるか。そのうち、他の住宅と地つづきの島はいくつか。

Q.4——この別荘地には、この場所特有の細長い島が、およそ150ある。それぞれのサマーハウスで、複数の島を占有または、共有する割合がサマーハウス・フェイレン・ステュアート邸と同じだとすると、いくつの家が島の上に建てられていることになるか。

解説編 | 01
サマーハウス
summer house

pp.008-013

北ヨーロッパでは、サマーハウスをもつことは、限られた人だけの特権ではない。サマーハウスは、短い夏の間、自然に向き合い、忙しさに追われる都会の日常生活から離れて、多くの人が自分自身や家族と静かに対話する大切な場所である。そこでは、ランドスケープと水は欠かせない要素である。水上から至り、水面を眺める。ゆったりした敷地の中の、地形や日当たり、土壌や植生によって建物のたたずまいが大きく決定づけられる。

アスプルンドの夏の家は、岩山から入江に向かって緩やかに傾斜する敷地の性質を巧みに利用し、室内に4つの微妙に異なる床レベルを設けることで、

夏の家
グンナー・アスプルンド

Orientation	
1	屋外スペース
2	ダイニング+キッチン
3	寝室
4	ダイニングルーム
5	テラス
6	リビングルーム
7	エントランス

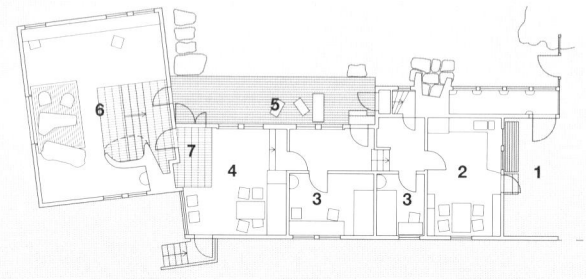

1階平面図 | 1:300

サマーハウス・フェイレン・ステュアート邸
ヘリット・トーマス・リートフェルト

Orientation	
1	リビングルーム
2	ダイニングルーム
3	キッチン
4	寝室
5	バルコニー

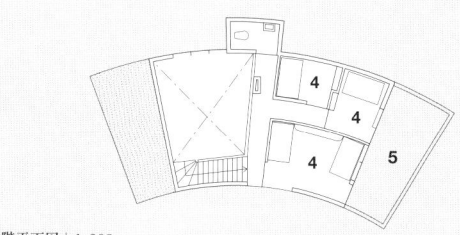

2階平面図 | 1:300

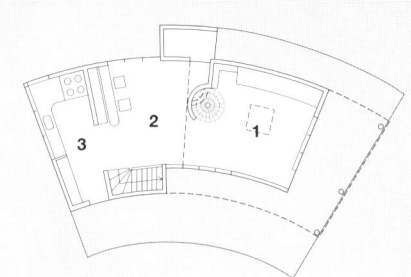

1階平面図 | 1:300

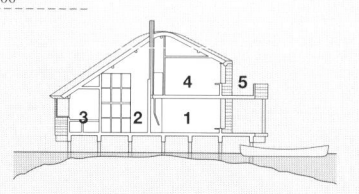

断面図 | 1:500

視線や人の動きが高さ方向に展開する。キッチンのレベルから、1.5m下がった位置にあるリビング棟は、主棟から西側にずれ、微妙な角度がつけられて、西日を受け止める日光浴ためのテラスとエントランスが設けられた。このずれにより、ダイニングルームからも海が見わたせる。

Q.1——アスプルンドの夏の家の4つのレベルをそれぞれ別の色で着色しなさい。

Q.2——そのレベルの変化に応じて、天井高はどう変化しているか。

Q.3——アスプルンドの夏の家のキッチンの勝手口から海を眺める視線を矢印で示しなさい。

Q.4——3つのサマーハウスに共通する特徴は何か。

Q.5——これら以外に、サマーハウス（夏の別荘）として建てられた建築作品を調べて、いくつか挙げなさい。

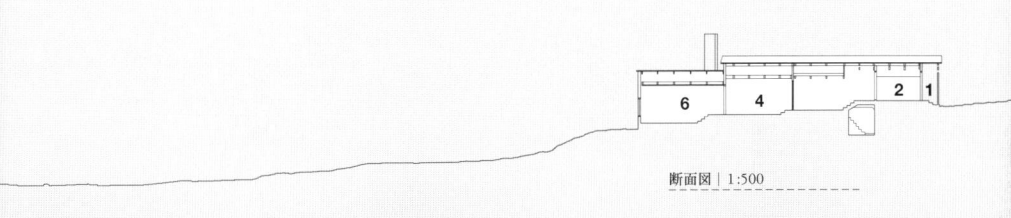

断面図 | 1:500

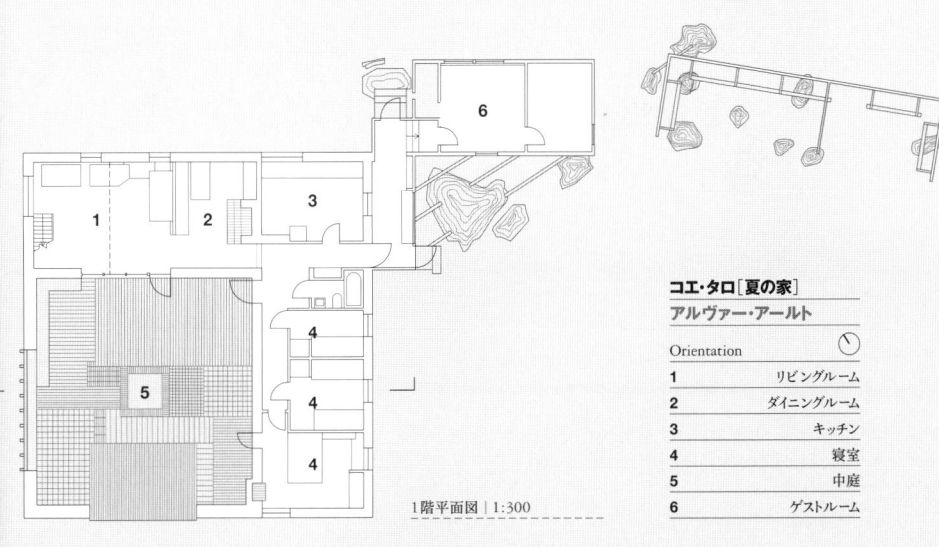

1階平面図 | 1:300

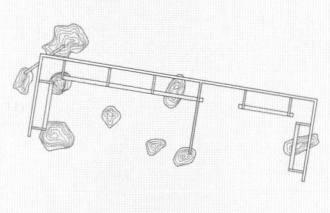

コエ・タロ [夏の家]
アルヴァー・アールト

Orientation	
1	リビングルーム
2	ダイニングルーム
3	キッチン
4	寝室
5	中庭
6	ゲストルーム

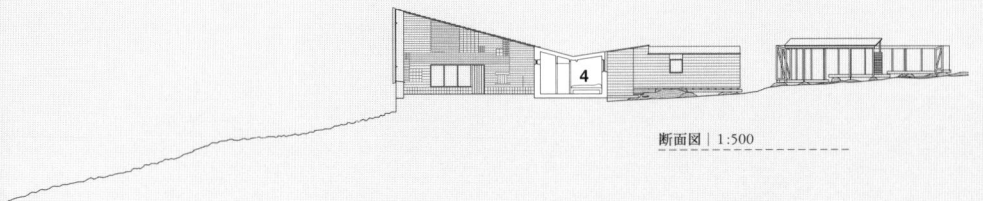

断面図 | 1:500

02 川 river

ファンズワース邸 | Farnsworth House

設計 ミース・ファン・デル・ローエ | Ludwig Mies van der Rohe

場所 米国、プラノ | Plano, Illinois, USA

期間 1950

Name	1階平面図兼配置図
Scale	1:3000
Orientation	↑

SITES – Architectural Workbook of Disposition | ZOOM 1 | 02 | river

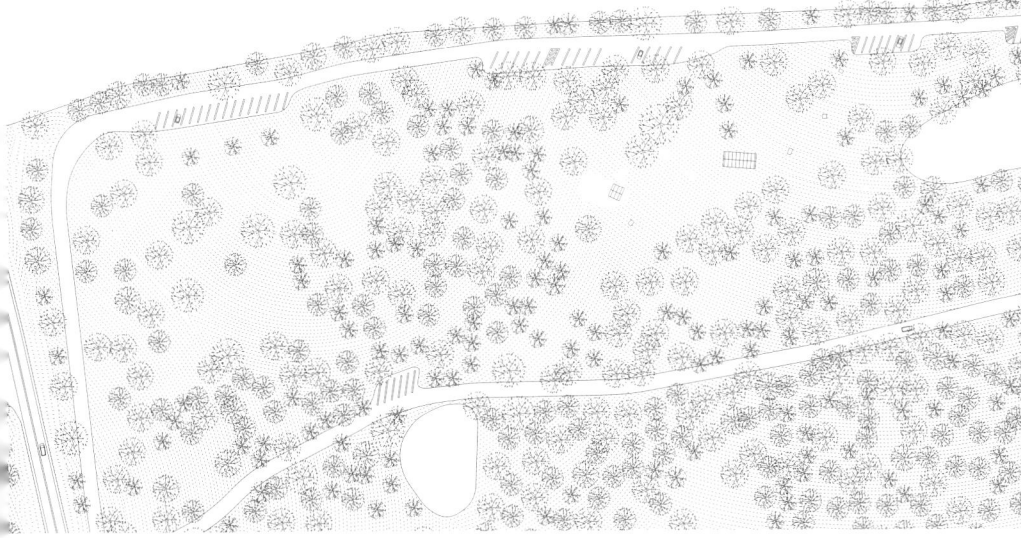

ミースが設計した最後の住宅。洪水に見舞われる危険性のある、フォックス・リバーに面した平坦な敷地に、8本のH型鋼の柱で、1.5mの高床と屋根に直接溶接するという簡素な構造となっている。南側にテラスを設けて、階段で全面ガラス張りの母屋の西側のエントランス・ポーチに導き、四季折々に変化する自然環境と関わりあう住宅となっている。

Q.1 ── 2つの矩形のうち、テラスはどちらか。

Q.2 ── 北側の道路から、この建物のエントランス・ポーチへはどのようにアプローチするか。その経路を描きなさい。

Q.3 ── この建物は、何の向きに沿って配置されているか。

Q.4 ── 方位や川との関係を考慮して、このガラスの家にもっとも影響を与えている木を1本選びなさい。

Q.5 ── この住宅が建設された当時にはなかった道はどれだと思うか。

02 川 river

フィッシャー邸	Fisher House
設計 ルイス・カーン	Louis I. Kahn
場所 米国、ハットボロ	Hatboro, Pennsylvania, USA
期間 1967	

Name	2階平面図兼配置図
Scale	1:1000
Orientation	

SITES – Architectural Workbook of Disposition | ZOOM 1 | 02 | river

2エーカー(8100m²)の北東-南西に細長い形状の土地で、南西側は道路、北東側はゆるやかな下り斜面となって、小川が流れ、林が広がる。道路から少し離れた場所に、リビング・キューブとスリーピング・キューブを45度振って接続している。基礎部分は石造、上部は木造だが、道路側からは石の部分が見えず、単一の外装材(糸杉)で覆われたキューブが、幾何学的な形態の純度を高めている。

Q.1 —— 間口を測りなさい。また、この敷地の形が長方形だとすると、奥行は何mか。

Q.2 —— 2つのキューブのうち、道路と平行なキューブはどちらか。

Q.3 —— 2つのキューブのうち、南北軸にそっているキューブはどちらか。

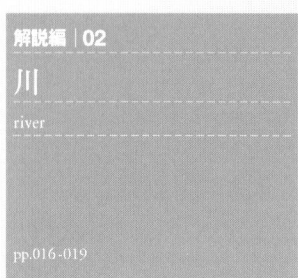

解説編 | 02
川
river

pp.016-019

[ファンズワース邸]

ガラスに包み込まれた居住空間の中に、固定されたコアが2つある。大きな方が設備コアで、キッチンカウンター、浴室2つ、機械室、そして暖炉を含んでいる。もう1つはワードローブで、リビングと就寝領域を仕切っている。このガラスによって囲まれた空間の中に、このコアが非対称に配置されることによって、リビング、ダイニング、キッチンそして寝室といった領域をゆるやかに仕切っている。

Q.1──リビング、ダイニング、キッチン、就寝スペースを平面図の中で示しなさい。

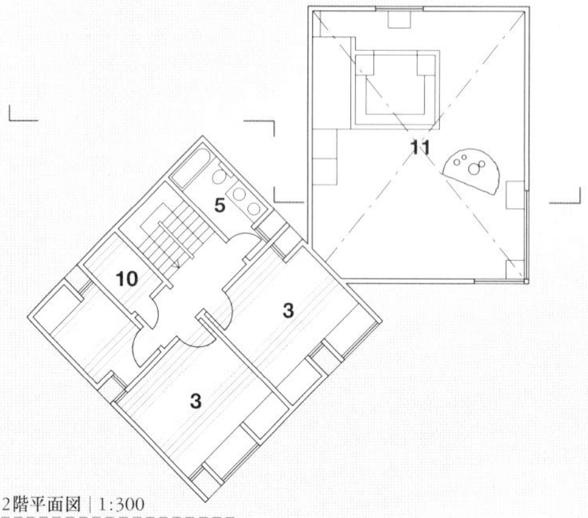

2階平面図 | 1:300

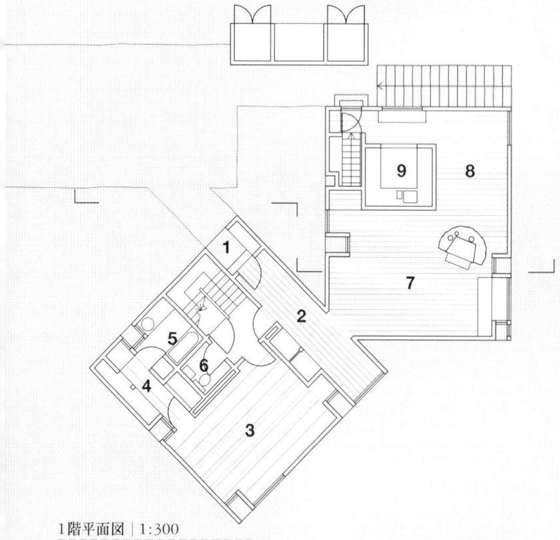

1階平面図 | 1:300

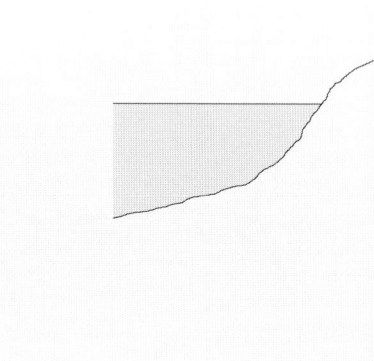

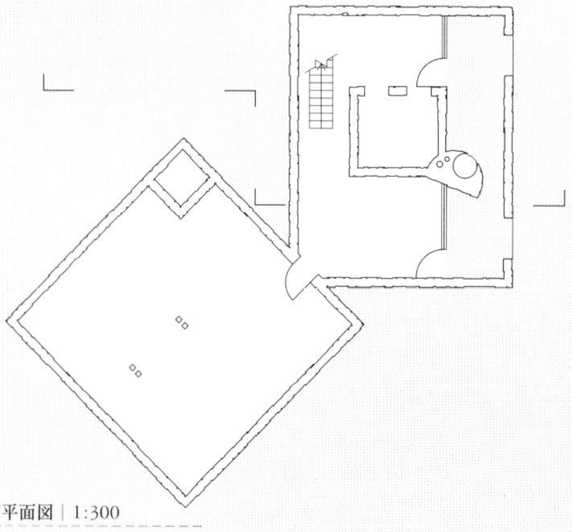

	フィッシャー邸
	ルイス・カーン
Orientation	⊘
1	エントランス
2	ホール
3	寝室
4	ドレッシングルーム
5	浴室
6	トイレ
7	リビングルーム
8	ダイニングルーム
9	キッチン
10	倉庫
11	吹抜け

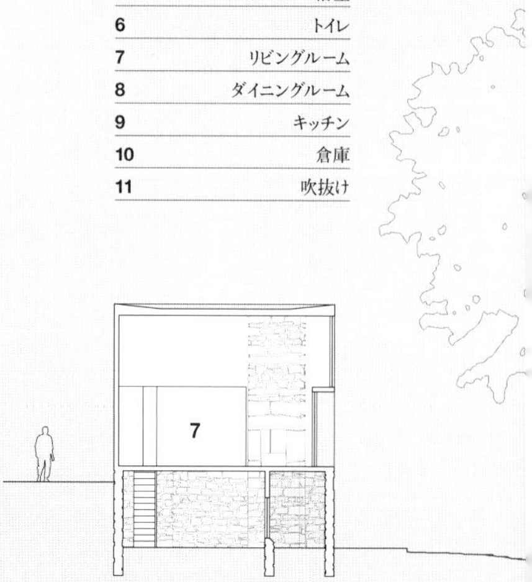

地下平面図 | 1:300

断面図 | 1:300

SITES – Architectural Workbook of Disposition | ZOOM 1 | 02 | river

Q.2——柱を平面図上で着色し、それらの位置の特徴を述べなさい。

Q.3——各階平面図の壁面上で、窓の部分を着色しなさい。

Q.6——窓の大きさや位置から考えて、道路側の外観はどのようなものであると思うか。

[フィッシャー邸]
1つのキューブが45度振られることによって、2つのキューブの面それぞれが違った方位へ向き、すべての面に川や林への異なる眺めと光をもたらしている。

Q.4——3つの寝室はどの方位に窓が向いているか。

Q.5——リビングルームは主にどの方位から採光しているか。

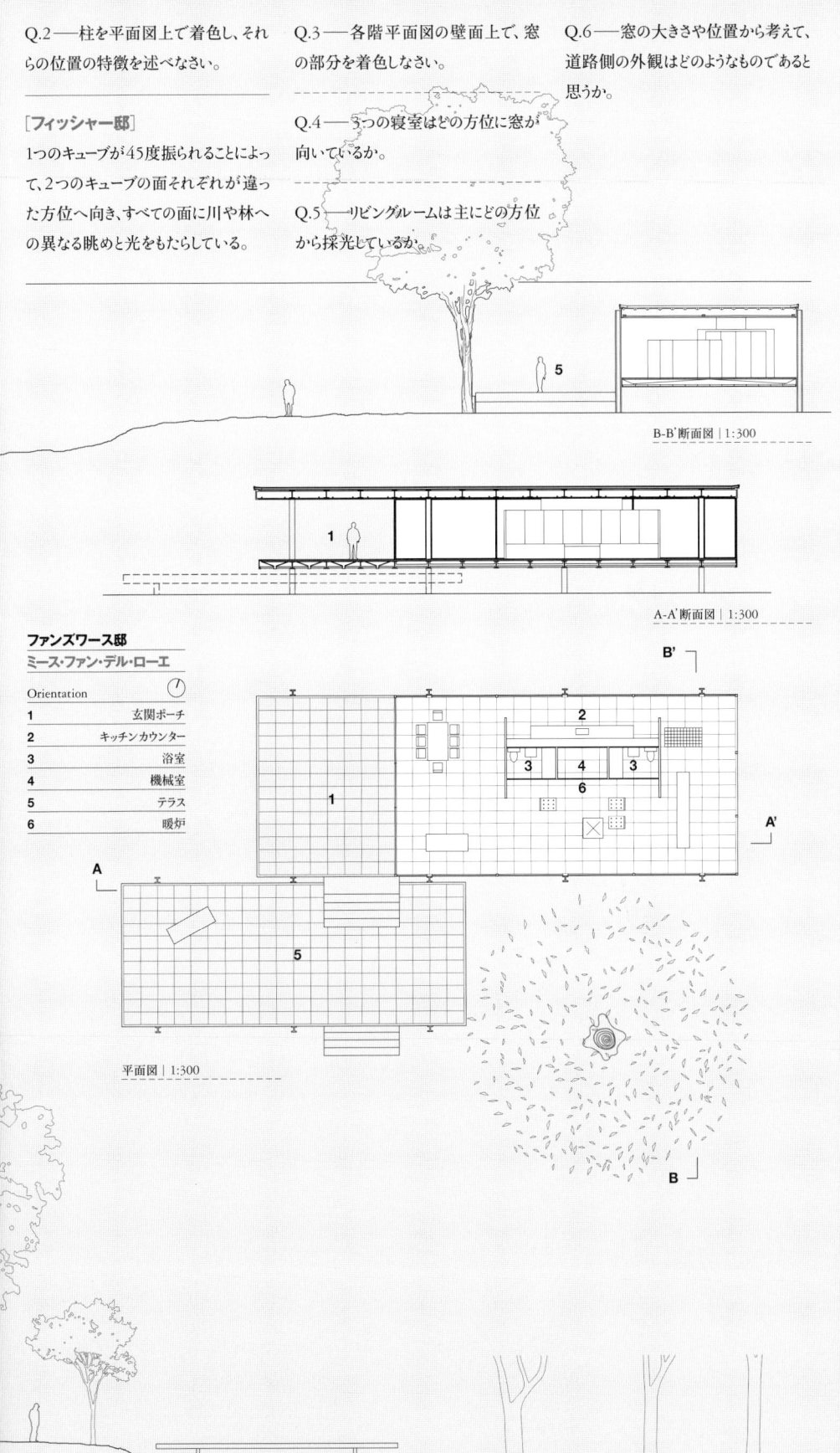

B-B'断面図 | 1:300

A-A'断面図 | 1:300

ファンズワース邸
ミース・ファン・デル・ローエ

Orientation
1 玄関ポーチ
2 キッチンカウンター
3 浴室
4 機械室
5 テラス
6 暖炉

平面図 | 1:300

03
カモフラージュ
camouflage

サン・クルーの週末住宅 | Maison Saint Cloud

設計 ル・コルビュジエ | Le Corbusier
場所 フランス、ラ・セル・サン・クルー | La Celle-Saint-Cloud, France
期間 1934

Name	1階平面図兼配置図
Scale	1:1500
Orientation	

敷地は低い生垣に縁どられた別荘地にある。角地の奥の隅に、道路からできるだけ離して建物を据え、林の奥に住宅をカモフラージュさせるかのように配置している。長さの異なる3つのヴォールト屋根を平行に並べて、自然の中で内部と外部が交感しあう住宅がめざされている。平屋で、高さは階高を2.6m以下に抑え、屋根には草を生やしている。

Q.1 ── 文中の配置特徴からこの週末住宅を探しなさい。

Q.2 ── 週末住宅が建っている敷地が面する2つの道路の違いは何か。

Q.3 ── 敷地への入口はどちらの道路にとられていると思うか。

Q.4 ── この週末住宅は、西面と南面のいずれに、より大きな窓が開いていると思うか。

解説編｜03_1
カモフラージュ
camouflage

pp.022-023

[サン・クルーの週末住宅]

入口脇のもっとも短いヴォールトをユーティリティとし、他の2つのヴォールトに居間・食堂・寝室といった主室があてられている。2つのヴォールトの天井のあいだには、天井高の低い水平部分があり、ゆるやかに一室空間を分節する。屋外には、エントランスから延びた部分のヴォールトの列に、同形のあずまやが架けられ、庭も含めて、敷地の長手方向の奥行の深さを強調している。

Q.1──延床面積はおよそ何m²か。

Q.2──天井高はもっとも低い場所で

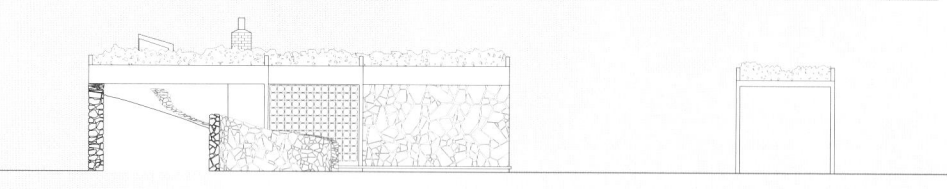

立面図｜1:200

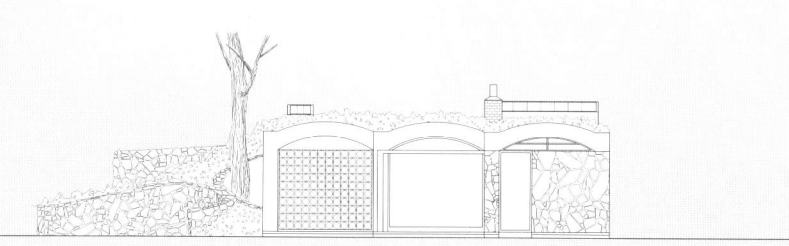

立面図｜1:200

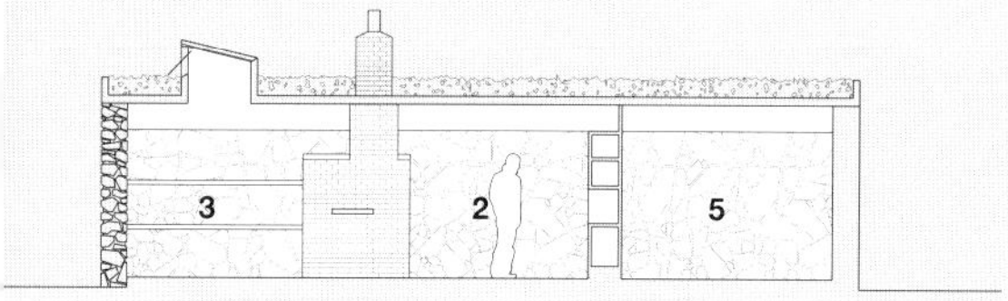

断面図｜1:200

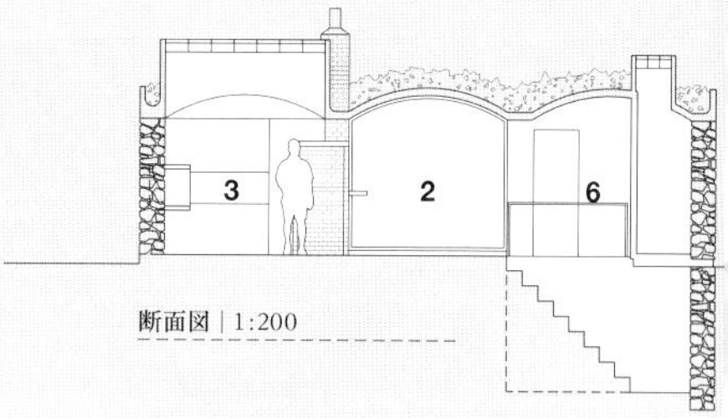

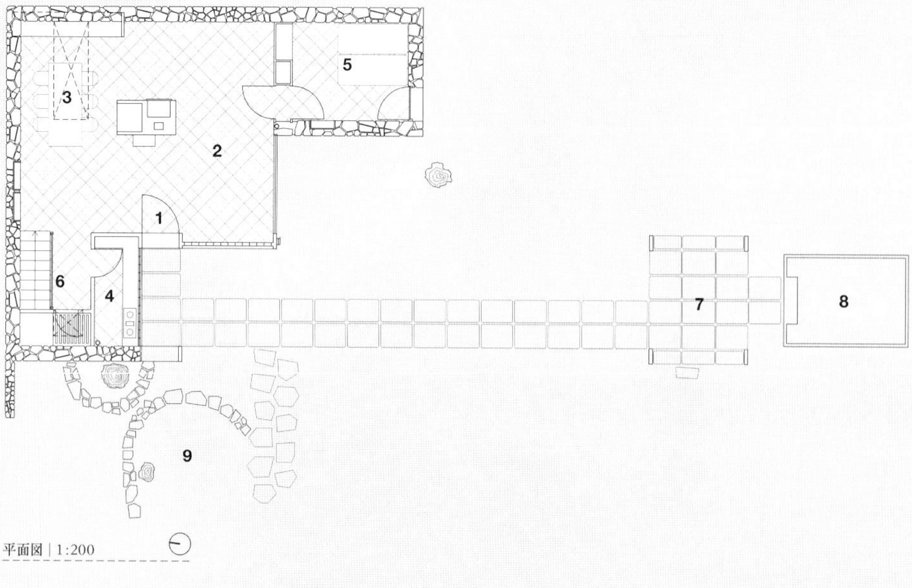

断面図｜1:200

平面図｜1:200

何mか。

Q.3——ヴォールト屋根の向きが、南北方向である理由を考えなさい。

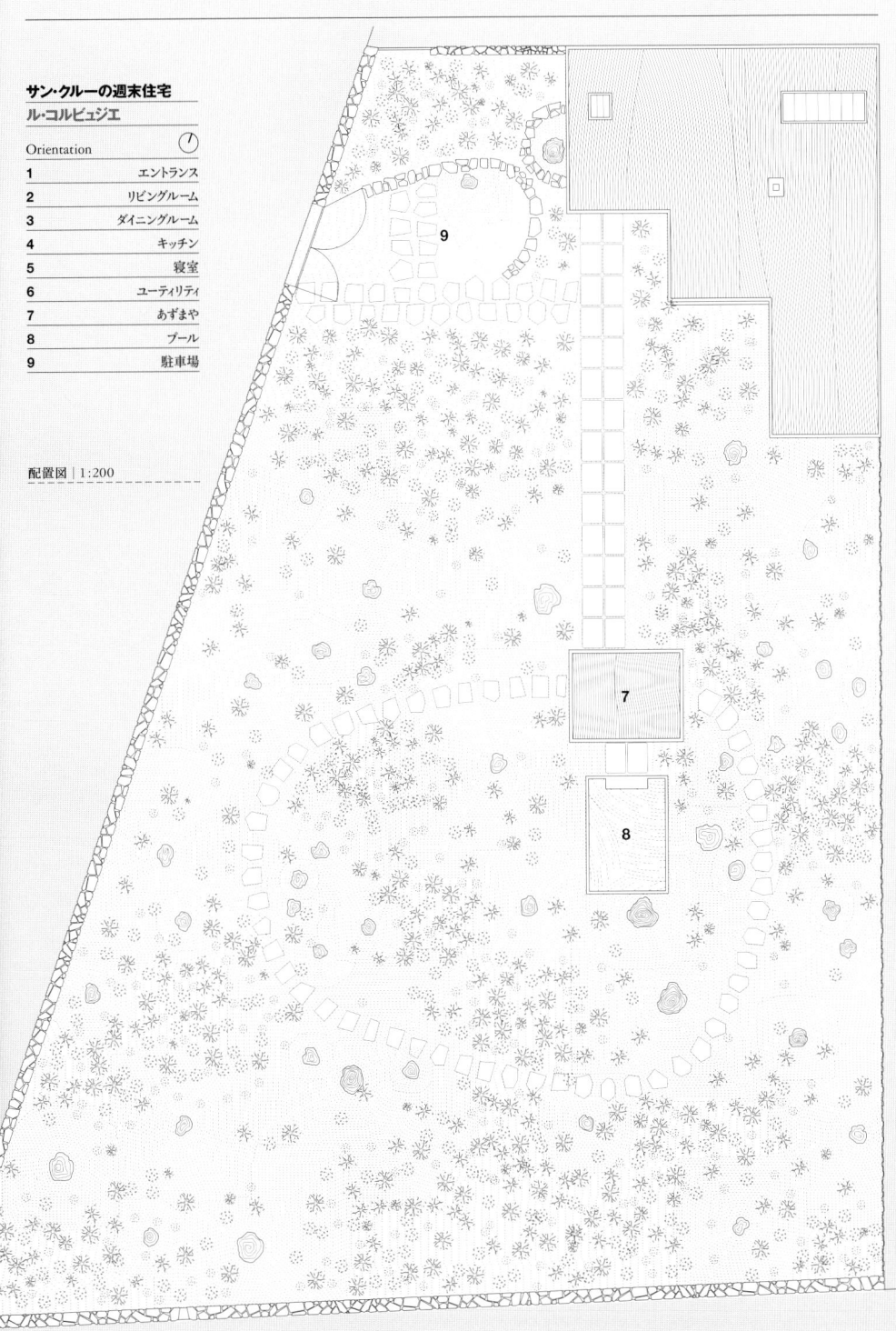

サン・クルーの週末住宅
ル・コルビュジエ

Orientation	
1	エントランス
2	リビングルーム
3	ダイニングルーム
4	キッチン
5	寝室
6	ユーティリティ
7	あずまや
8	プール
9	駐車場

配置図 | 1:200

03
カモフラージュ
camouflage

イームズ・ハウス	Eames House and Studio
設計 チャールズ＆レイ・イームズ	Charles & Ray Eames
場所 米国、サンタモニカ	Santa Monica, California, USA
期間 1949	

Name	1階平面図兼配置図
Scale	1:2000
Orientation	

SITES – Architectural Workbook of Disposition | ZOOM 1 | 03 | camouflage

1つは住宅用、もう1つはアトリエ用の2層分の高さをもつ単純な2つの箱が、小さな中庭によって隔てられている。西からせまる斜面に対して、長い擁壁に1階部分を押しつけ、東側はユーカリの木立に挟まれて建っている。前面には、海が見える絶景をえられるスペースがあるにもかかわらず、急斜面側に後退し、木々の中に隠れるように佇んでいる。

Q.1——Aの場所から、イームズ・ハウスに至る経路を描きなさい。

Q.2——西からせまる急斜面をせき止めている擁壁を直線で描きなさい。

Q.3——東側のユーカリの一列の木立を着色しなさい。

Q.4——この住宅の長辺はどの方位を向いているか。

Q.5——仮に、海への眺望を最大限得たい場合、住宅の長辺はどの方位に向けるべきか。

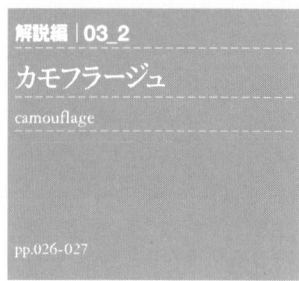

解説編 | 03_2
カモフラージュ
camouflage

pp.026-027

[イームズ・ハウス]

幅6m、柱スパン2.25mのモジュールで、8つの柱間のある大きい方の棟は母屋で、中庭を挟んで反対側に5つの柱間をもつのが、アトリエ棟である。端の柱間は両側に開けており、ポーチを形成している。家もアトリエも中庭から見て、外側に2層分の高さの部屋があるため、空間構成にリズムがうまれている。外壁にはスタッコ、アスベスト板を用い、白、青、赤、黒、黄の各色を塗り、窓には透明や半透明のさまざまなガラスがとり混ぜられてはめられている。

Q.1──吹抜けと、中庭の上部を2階平面図に着色しなさい。

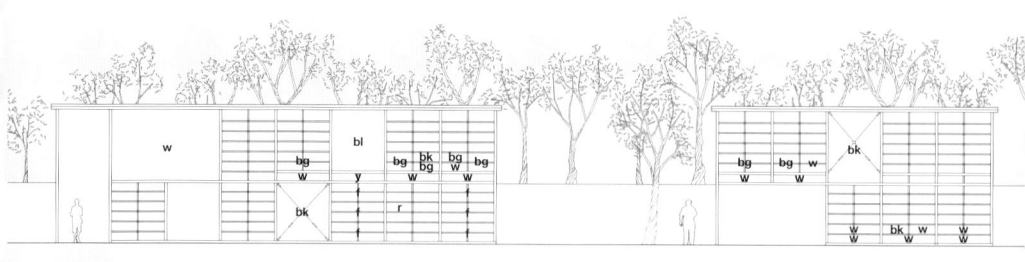

立面図 | 1:300

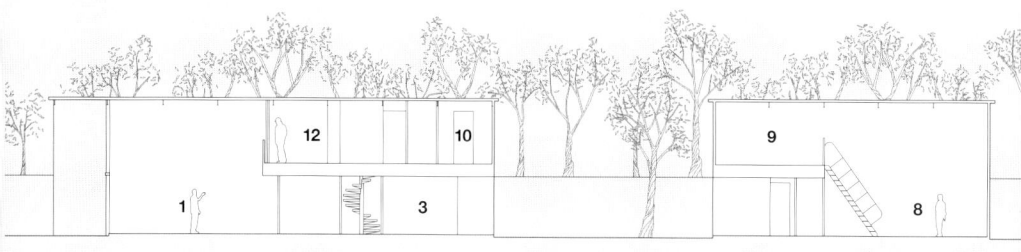

A-A'断面図 | 1:300

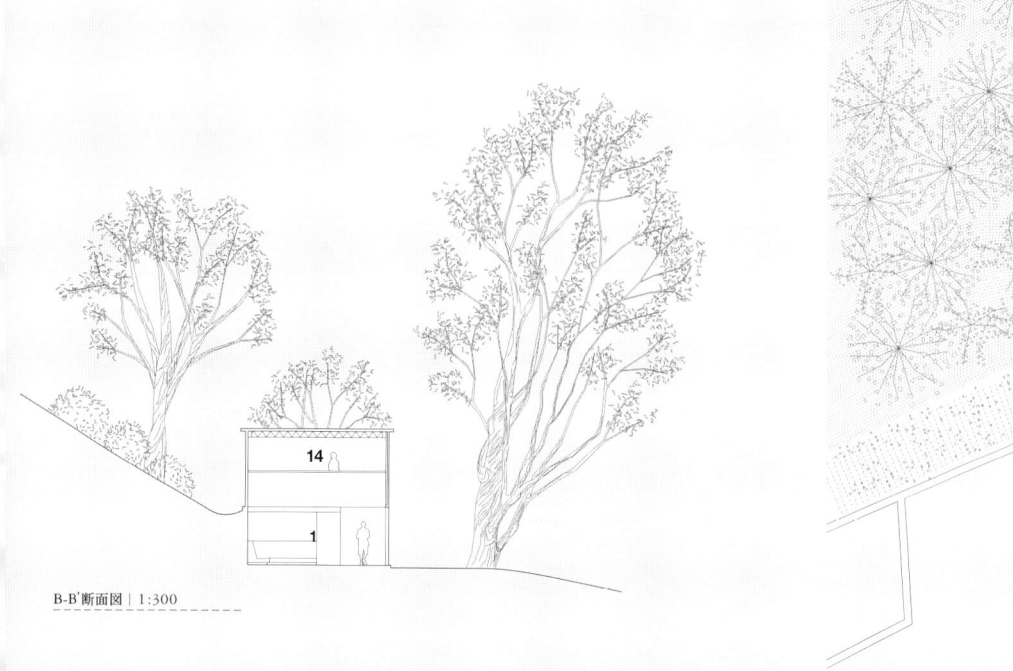

B-B'断面図 | 1:300

Q.2——中庭上部を室内の吹抜けと見立てると、この住宅の構成はどのようなものであると言えるか。のファサードを着色し、部屋とファサードの関係について述べなさい。

Q.3——2つの棟のエントランスをそれぞれ示しなさい。

Q.4——壁面の凡例にならって、東面

イームズ・ハウス
チャールズ&レイ・イームズ

1	リビングルーム	8	アトリエ	w		白
2	アルコーブ	9	仕事部屋	bk		黒
3	ダイニングルーム	10	衣装部屋	r		赤
4	キッチン	11	ホール	bl		青
5	ユーティリティルーム	12	寝室	y		黄
6	中庭	13	浴室	bg		ベージュ
7	暗室	14	吹抜け	f		すりガラス

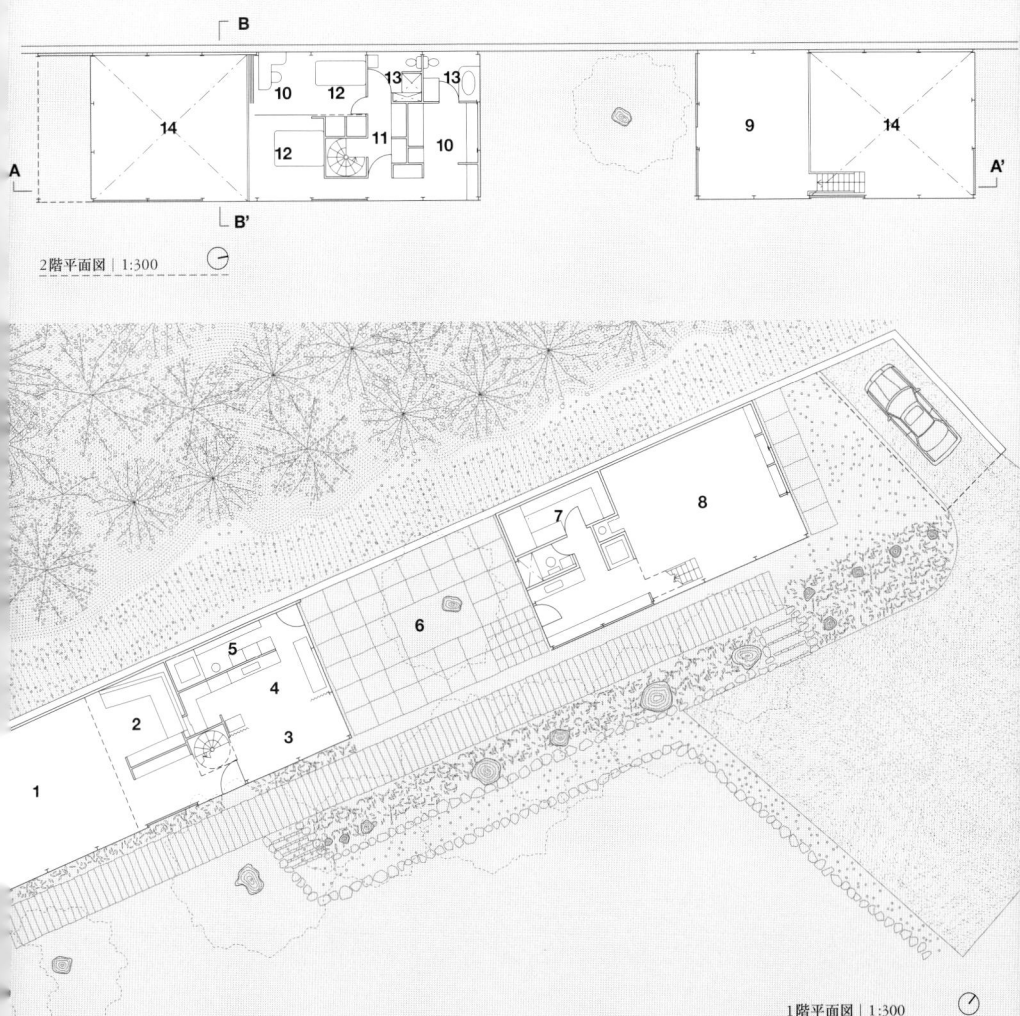

2階平面図 | 1:300

1階平面図 | 1:300

04 付属室
annex

カップ・マルタンの休暇小屋 | Le Cabanon

設計 ル・コルビュジエ | Le Corbusier
場所 フランス、ロックブリュヌ・カップ・マルタン | Roquebrune-Cap Martin, France
期間 1952

Name	1階平面図兼配置図
Scale	1:500
Orientation	
1	カップ・マルタンの小屋
2	レストラン〈エトワール・ド・メール〉
3	仕事小屋
4	ユニテ・ド・キャンピング［1957年完成］
5	E1027［アイリーン・グレイ、ジャン・バドヴィシ設計 1929年完成］

休暇小屋は、カップ・マルタン岬のつけ根にあり、ニースとヴァンティミリアを結ぶ鉄道と沿岸公用地に挟まれた細長い敷地に建つ。レストランに接続するかたちで建てられたル・コルビュジエ夫妻のための小さな小屋。レストランの常連であったル・コルビュジエがレストランに増築する形で、3.66×3.66mの平面の簡素な丸太小屋を建設した。10mほど離れた場所にさらに小さくシンプルな2×4mの仕事小屋があり、レストランを挟んだ西側には、コルビュジエが設計したキャンプ用の小屋がある。

────────────

Q.1──線路沿いの小径から休暇小屋へはどのようにアプローチするか。ルートを描きなさい。

────────────

Q.2──接続するレストランと、休暇小屋、仕事小屋、ユニテ・ド・キャンピングの広さはそれぞれ何畳か。

────────────

Q.3──ほぼ一直線に海に向かっている階段の蹴上が20cmだとすると、カップ・マルタンの休暇小屋とE1027の庭レベルとはどれだけの高低差があるか。

04
付属室
annex

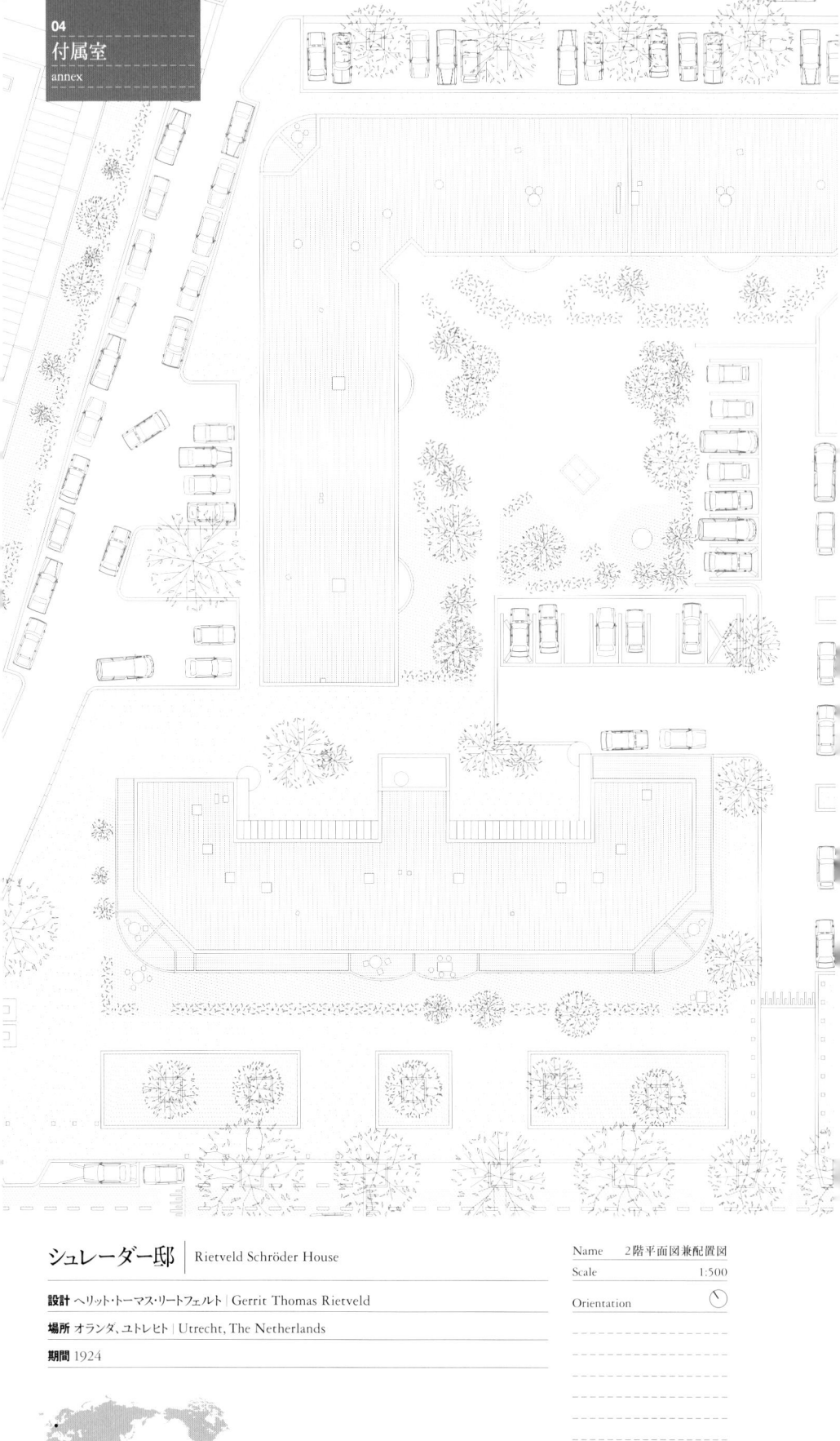

シュレーダー邸	Rietveld Schröder House
設計 ヘリット・トーマス・リートフェルト	Gerrit Thomas Rietveld
場所 オランダ、ユトレヒト	Utrecht, The Netherlands
期間 1924	

Name 2階平面図兼配置図
Scale 1:500
Orientation

シュレーダー邸は、シュレーダー夫人とその3人の子供のための住宅である。勾配屋根をもつ3階建ての伝統的なレンガの建物の端部の狭い土地に建ち、街の端に位置して広々とした田園地帯を見わたせた。しかし、現在はその眺めは高速道路でさえぎられている。接続する建物と壁を共有しているにもかかわらず、シュレーダー邸は周囲のマッシブな家並みとまったく異なり、水平材と垂直材が互いに突き合わさることなく、表面で接しながら宙に浮いているような構成となっている。

Q.1──シュレーダー邸が接続するのは、どんな用途の建物であると思うか。

Q.2──シュレーダー邸が接続する建物の、一区画の間口は、およそ何メートルか。また、シュレーダー邸の間口は何mか。

Q.3──また、シュレーダー邸と接続する建物の一区画あたりの奥行はそれぞれおよそ何mか。

Q.4──建設当時、田園風景を望むことのできたという方向はどちらか。

解説編 | 04
付属室
annex

pp.030-033

[カップ・マルタンの休暇小屋]
休暇小屋の開口部は、四角い窓2つ、換気用の垂直のスリット2つ、低い寝台に光を落とす小窓の5つで、最小限に抑えられている。室内は、レストランに接続する側のエントランス・ホールと洗面所、シングルベッド2つ、テーブル、洗面台のある部屋で構成されている。

Q.1——平面図上で、窓を着色しなさい。

Q.2——天井高を測りなさい。

Q.3——現代のワンルームのマンションと比べて、この休暇小屋にないものは何か。また、欠けているものをどのように補っていたと思うか。

カップ・マルタンの休暇小屋
ル・コルビュジエ

Orientation

1	エントランス
2	レストランへと通じる扉
3	洋服掛け
4	居住空間への入口
5	トイレ
6	収納
7	ベッド
8	サイドテーブル
9	ベッド
10	サニタリー柱
11	テーブル
12	低い棚
13	ブラケット
14	縦長の窓(通気口)
15	70×70の窓
16	33×70の窓

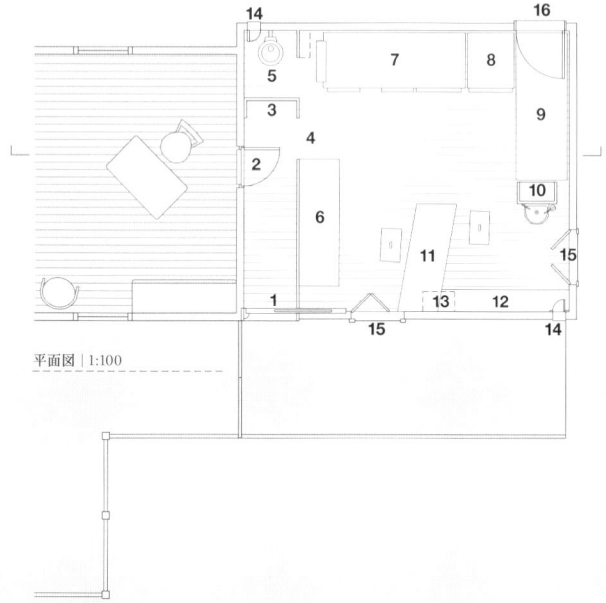

平面図 | 1:100

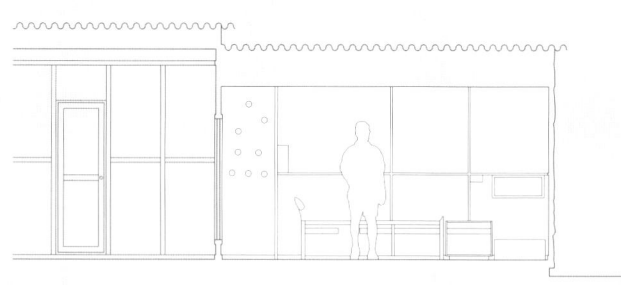

断面図 | 1:100

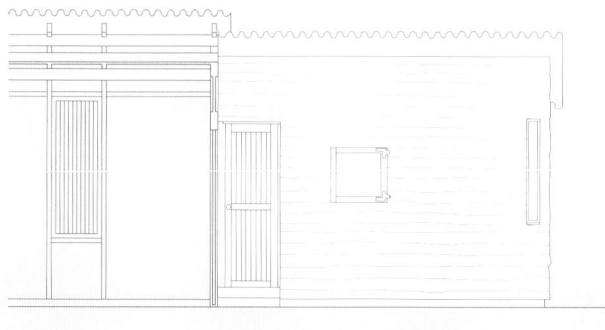

立面図 | 1:100

Q.4——隣接するレストランとの接続部分で、プライバシーを保つためにどのような工夫をしているか。

[シュレーダー邸]
1階には生活を支える補助的な部屋が置かれ、一日のほとんどの時間を過ごせるように計画されている2階では、可動間仕切りにより、機能的にはリビング、夫人の部屋、2人の娘の部屋、息子の部屋に空間を仕切ることができる。間仕切りを開けることにより日中はその境界がなくなり、開放的な1つのスペースとなる。

Q.5——可動間仕切りをすべて引き出すと、ホールやユーティリティ・スペースを除いて、2階はいくつの部屋に分割されるか。

Q.6——それら可動間仕切りはどこに収納されているか、図中に示しなさい。

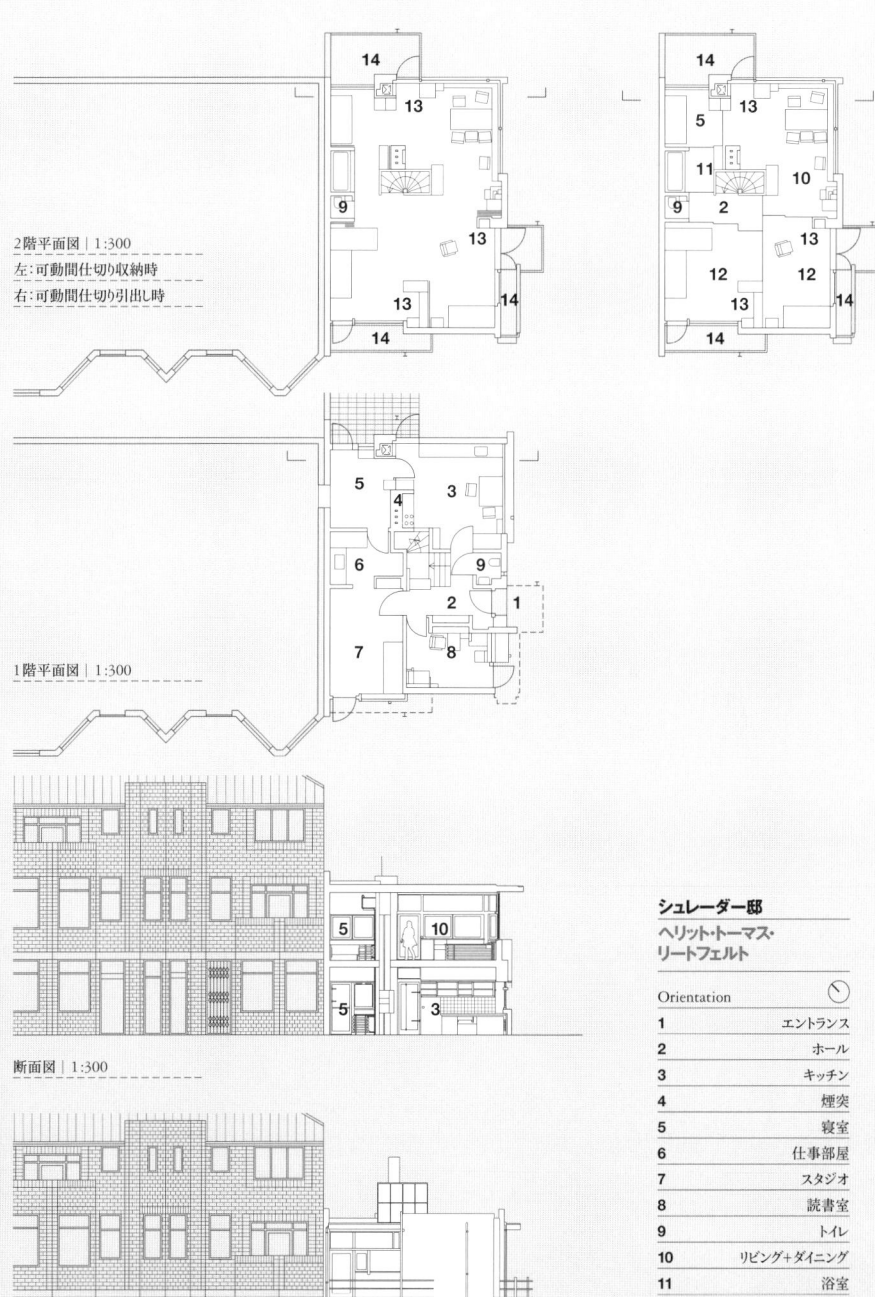

2階平面図 | 1:300
左:可動間仕切り収納時
右:可動間仕切り引出し時

1階平面図 | 1:300

断面図 | 1:300

立面図 | 1:300

シュレーダー邸
ヘリット・トーマス・
リートフェルト

Orientation	
1	エントランス
2	ホール
3	キッチン
4	煙突
5	寝室
6	仕事部屋
7	スタジオ
8	読書室
9	トイレ
10	リビング+ダイニング
11	浴室
12	子ども部屋
13	収納
14	バルコニー

05 仮設 temporary

エスプリ・ヌーボー館 | L'Esprit Nouveau Pavilion

設計 ル・コルビュジエ | Le Corbusier

場所 フランス、パリ[左頁]／イタリア、ボローニャ[右頁] | Paris, France / Bologna, Italy

期間 1925[左頁]／1977[右頁]

Name	1階平面図兼配置図
Scale	1:2000
Orientation	
a	住戸部分
b	ジオラマ映写室[ロトンダ]
1	リビングルーム
2	テラス
c	グラン・パレ
d	フィエラ[見本市会場]
	[丹下健三設計]

SITES – Architectural Workbook of Disposition | ZOOM 1 | 05 | temporary

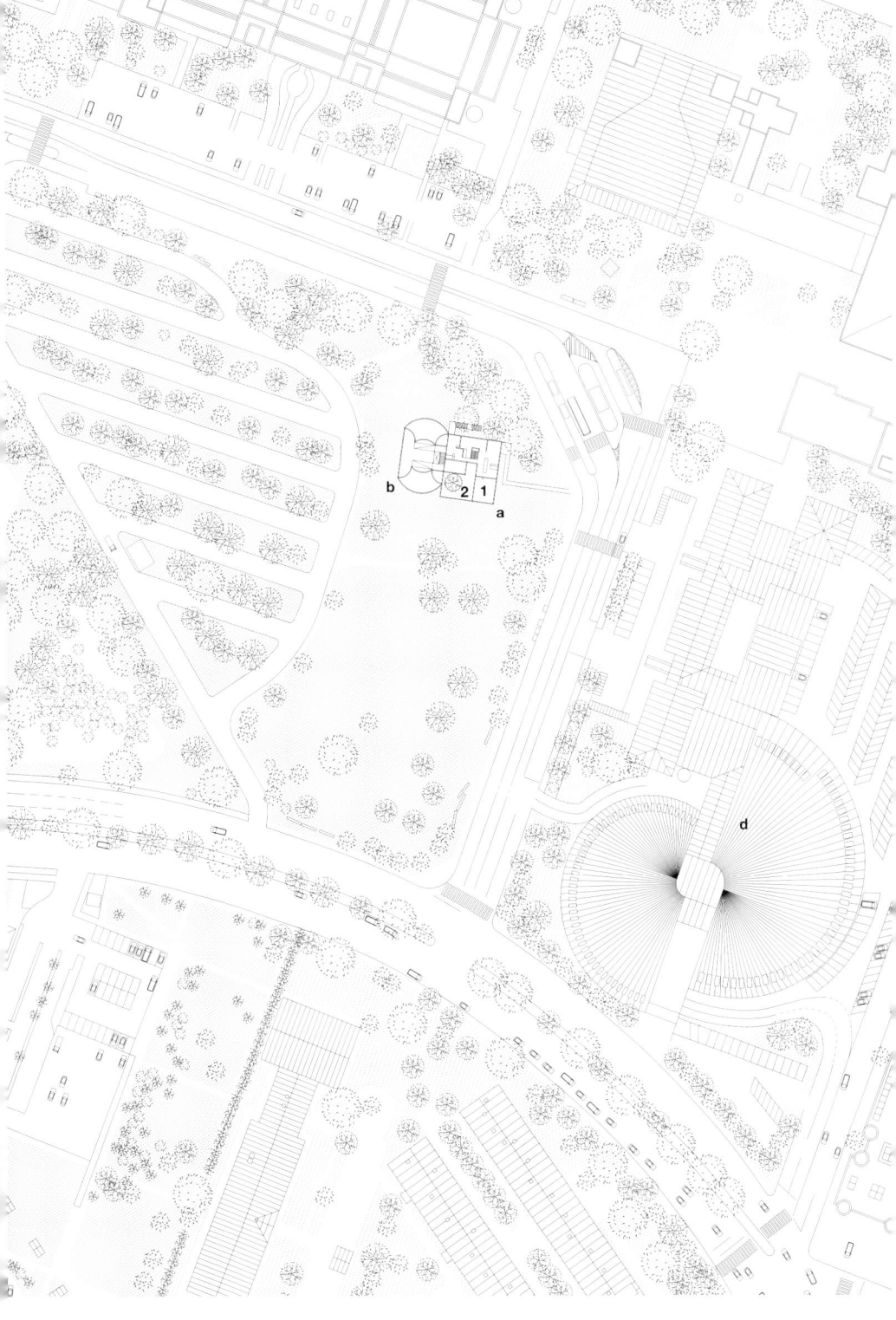

1925年のパリ国際装飾芸術展(アール・デコ博)の主要なパヴィリオンであったグラン・パレの2つの袖に挟まれた400m²の敷地に、オリジナルのエスプリ・ヌーボー館は建てられた。9ヶ月でとり壊されたこのパヴィリオンは、もともと量産を目的とし、このユニットを4層積み重ねてつくる集合住宅のモデルルームとして構想された。その後、建築史における重要な建物であるとして、1977年、イタリア北部のボローニャでほぼ忠実に再現されている。

Q.1——オリジナルとレプリカの、配置上の共通点を述べなさい。

Q.2——ジオラマ映写室(ロトンダ)は、博覧会用のみにつくられた展示室で、集合住宅の計画では、ロトンダ以外の住戸部分が集積することになっていた。片廊下からアクセスするこの集合住宅では、エスプリ・ヌーボー館のどの面が採光面であったと思うか。

Q.3——エスプリ・ヌーボー館と同様に、博覧会のために建設され、その閉会とともに取り壊されたのち、同じ場所に再建された有名な作品は何か。

05 仮設 temporary

ソンスベーク彫刻パヴィリオン／アルンハイム・パヴィリオン
Rietveld Pavilion / Aldo van Eyck Pavilion

設計 ヘリット・トーマス・リートフェルト／アルド・ファン・アイク｜Gerrit Thomas Rietveld / Aldo van Eyck
場所 オランダ、オッテルロー｜Otterlo, The Netherlands
期間 1964 / 2006

Name	1階平面図兼配置図
Scale	1:2500
Orientation	↑
1	クローラー・ミュラー美術館
2	ソンスベーク彫刻パヴィリオン［ヘリット・トーマス・リートフェルト］
3	アルンハイム・パヴィリオン［アルド・ファン・アイク］
4	L'air［アリスティド・マイヨール］
5	Squatting woman［オーギュスト・ロダン］
6	Sculpture flottante 'Otterlo'［マルタ・パン］
7	Jardin d'émail［ジャン・デュビュッフェ］
8	Needle tower［ケネス・スネルソン］
9	Igloo di pietra［マリオ・メルツ］

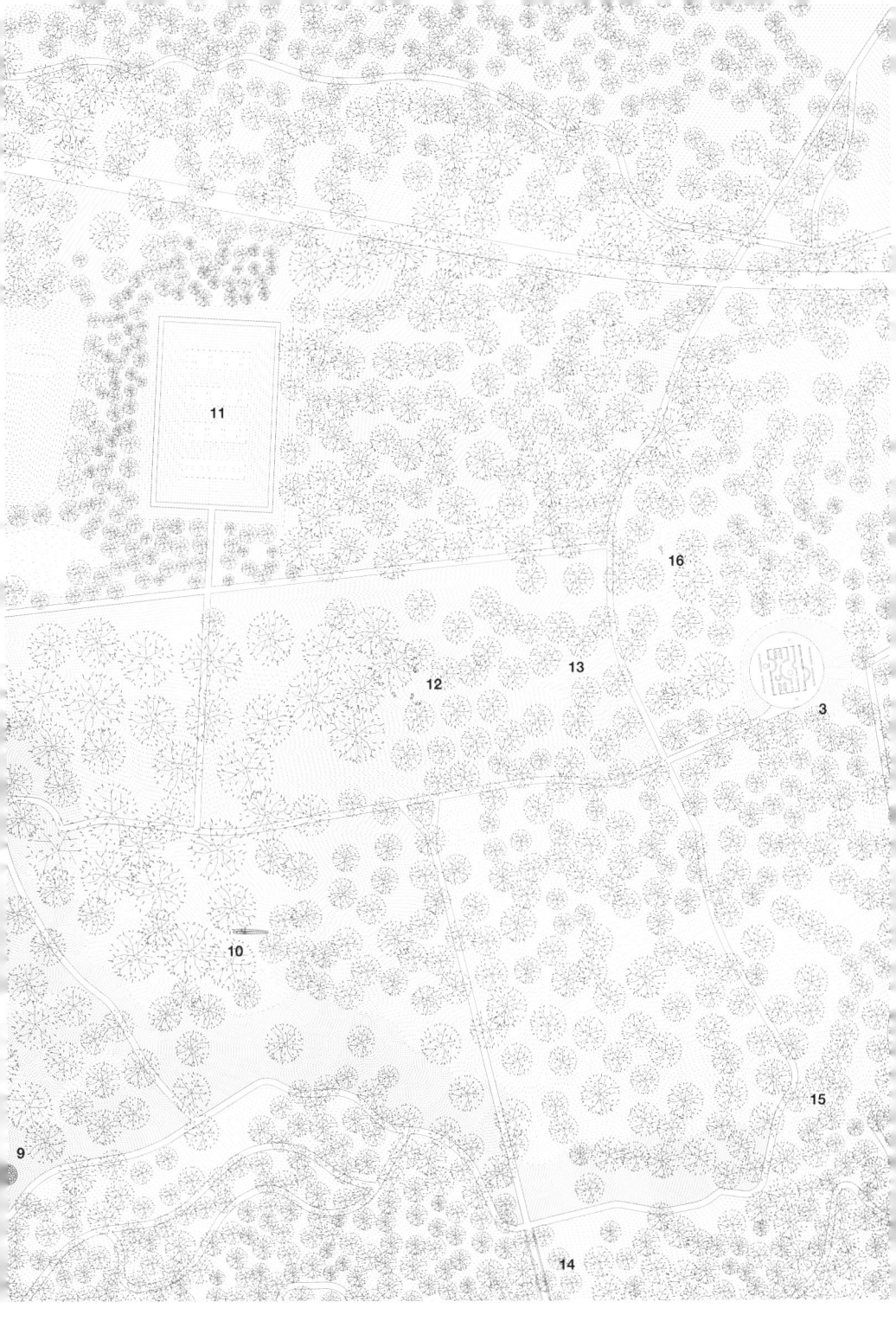

10	Echo van de Veluwe [クリス・ブース]	
11	アクティビティ・エリア	
12	18 Men in wood [トム・クラッセン]	
13	Six-sided tower [ソル・ルウィット]	
14	Kijk Uit Attention [クライン・ギーゼン]	
15	One [リチャード・セラ]	
16	+- [ヤン・ファン・ミュンスター]	

現在、オッテルローの国立クローラー・ミュラー美術館の彫刻庭園には、2つの有名な彫刻展示のためのパヴィリオンが建てられている。いずれも、別の敷地に建てられた仮設のパヴィリオンが、ここに移築されたものである。1つは、1955年にリートフェルトがアーネムの市立公園で国際彫刻展のために設計したもので、1964年に再建。もう1つは、アルド・ファン・アイクが同じ彫刻展の異なる開催年(1966年)に建設、解体されたものが、2006年に再建された。2つのパヴィリオンとも、もともと公園内に建てられていたため、多方向からのアクセスを想定した構成となっている。

Q.1──この彫刻庭園にある彫刻や、パヴィリオンはどのようなルールにもとづいて配置されていると思うか。

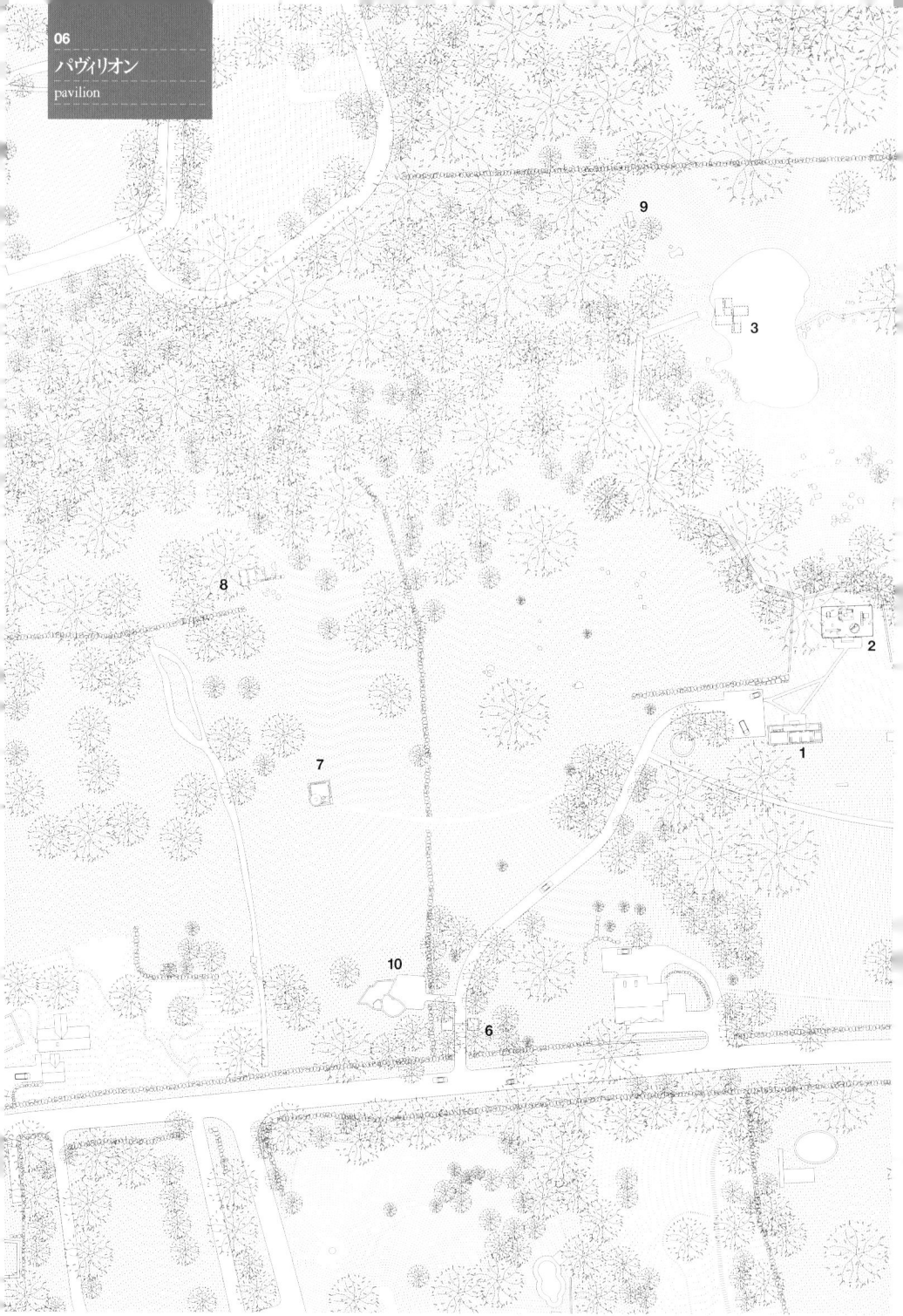

06 パヴィリオン
pavilion

ガラスの家 | Glass House

設計 フィリップ・ジョンソン | Philip Johnson
場所 米国、ニューケイナン | New Canaan, Connecticut, USA
期間 1949

Name	1階平面図兼配置図
Scale	1:2000
Orientation	⊖
1	レンガの家［1949年］
2	ガラスの家［1949年］
3	パヴィリオン［1962年］
4	絵画ギャラリー［1965年］
5	彫刻ギャラリー［1970年］
6	エントランスゲート［1977年］
7	書斎［1980年］
8	ゴーストハウス［1984年］
9	リンカーン・カースタイン・タワー［1985年］
10	ダ・モンスタ［1995年］

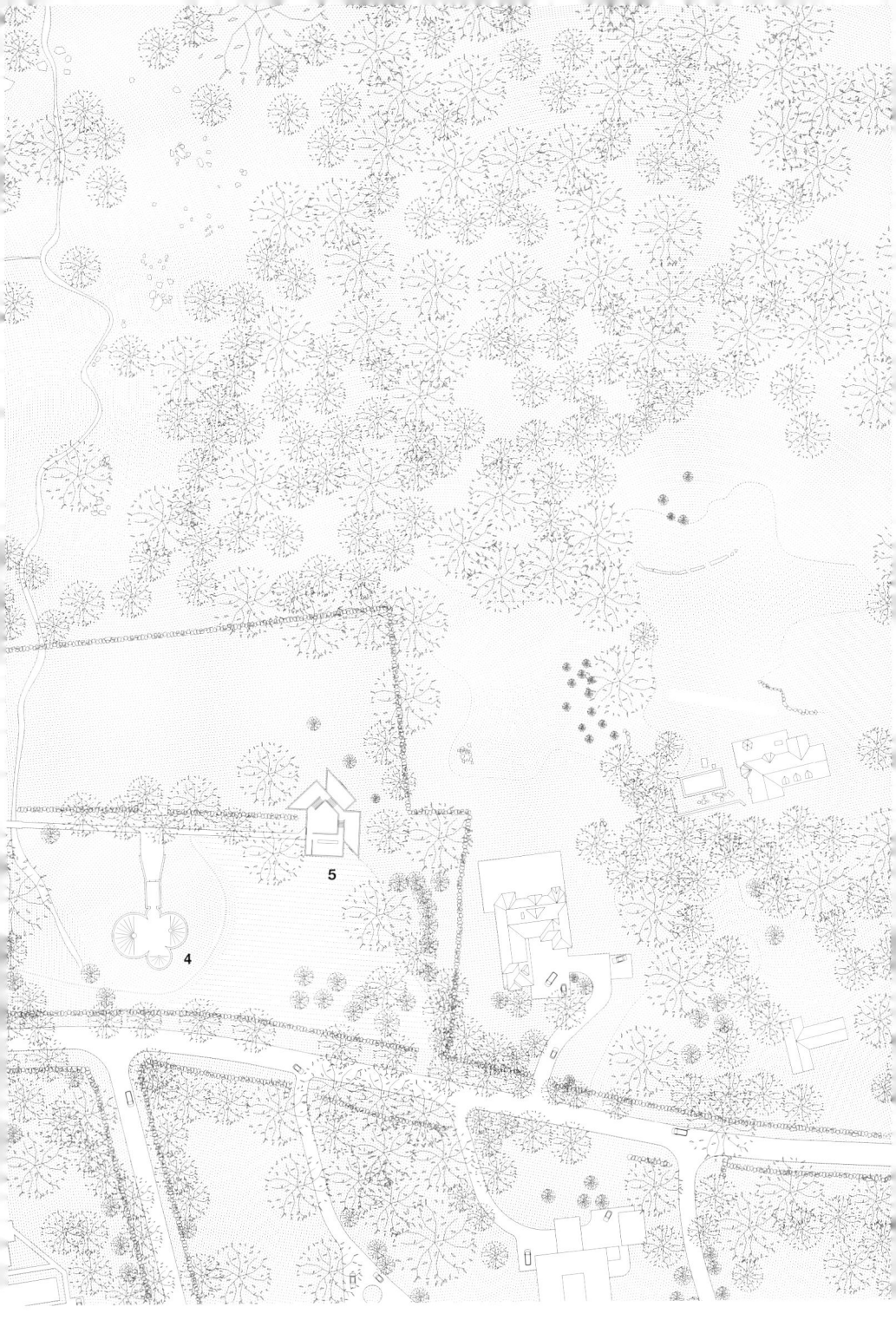

西斜面の広大な敷地に、用途も構造も形態もまちまちな10の建築物が点在する。フィリップ・ジョンソンは、最初に自邸であるガラスの家と、ゲストハウスのレンガの家を建ててから、敷地周辺の土地を買い増して、2haから16haまで広げ、木々の伐採と植樹をくり返し、地形を整え、石垣を巡らして風景に手を加えた。1949年のパヴィリオンを建ててから、最後のパヴィリオンができた1995年まで、完成したパヴィリオンから見える風景の中に、次の建物を建ててきた。建物同士の見る/見られるの緊密な関係はガラスの家とレンガの家でスタートして以来、この場所でなされた計画全体を貫くテーマとなっている。

Q.1——10のパヴィリオンを着色しなさい。

Q.2——敷地全体の中から、石垣と植栽によって分割されたいくつかのゾーンを示しなさい。

Q.3——パヴィリオンの立地は、すでにあるほかのパヴィリオンとの関係の中で決められたという。10のパヴィリオンの、立地のうえで見いだされる関係性を述べなさい。

解説編 | 06

パヴィリオン
pavilion

pp.040-041

[レンガの家(ゲストハウス)] ——— 1
ガラスの家と同時期に建てられたが、様式的には全く異なるゲスト用の宿泊施設。構造は堅固なレンガづくりで、ガラスの家と対照的である。

[ガラスの家] ——— 2
鋼鉄の枠とガラスに覆われた住宅。室内中央の円筒形のコアは屋根を貫通し、ガラスとスティールによる明快な構造システムに組み込まれている。
室内中央の円筒形のコアによって食事ゾーン、寝室ゾーンにゆるく分割される。周囲は、三方向に向かって険しく落ち込んでおり、パヴィリオンのある下方の池の劇的な光景を眺めることができる。

[パヴィリオン] ——— 3
池に浮かぶ無数の柱に支えられた屋根に覆われたパヴィリオン。全体を若干縮小したサイズにすることによって、建物を実際より大きく感じさせたり、小さく感じさせたりすることがテーマとなっている。

8. ゴーストハウス
Year　　　　　1984

7. 書斎
Year　　　　　1980

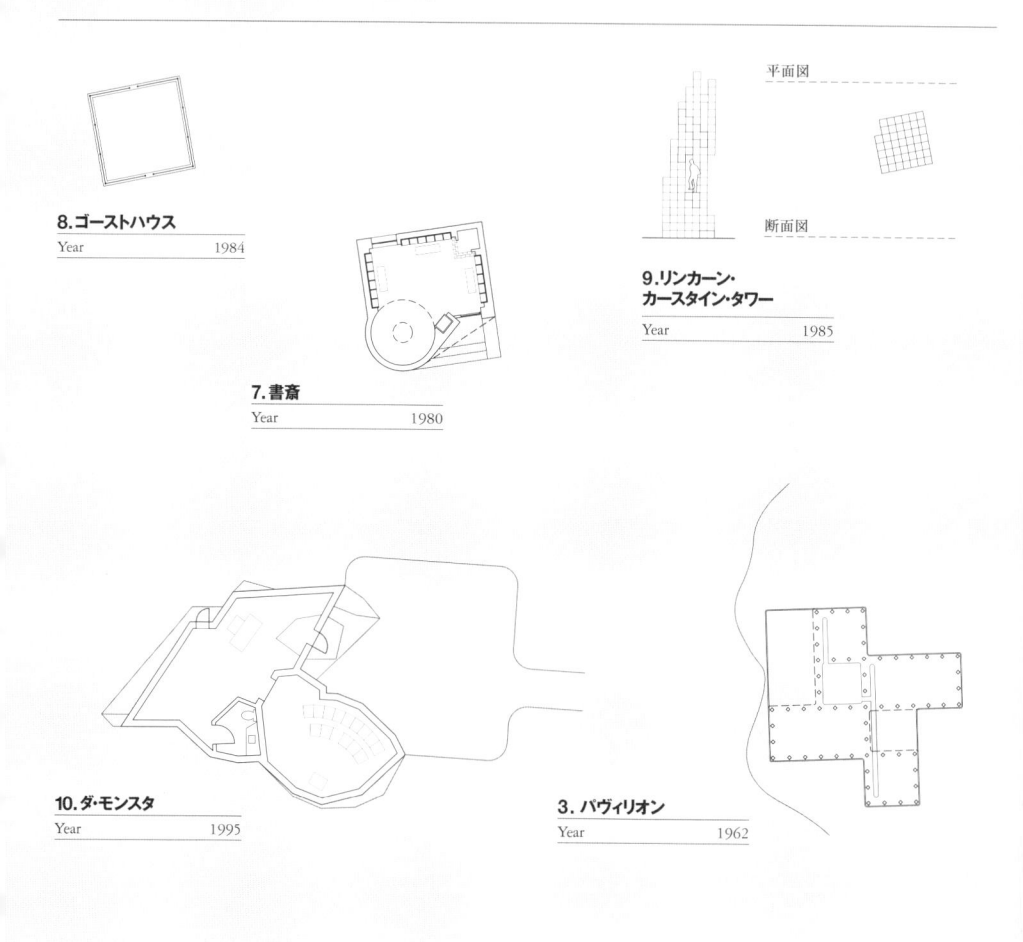

9. リンカーン・カースタイン・タワー
平面図
断面図
Year　　　　　1985

10. ダ・モンスタ
Year　　　　　1995

3. パヴィリオン
Year　　　　　1962

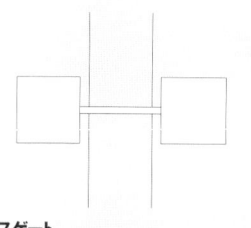

6. エントランスゲート
Year　　　　　1977

1. レンガの家(ゲストハウス)

Year	1949
1	エントランス
2	機械室
3	浴室
4	リビングルーム+書斎
5	寝室
6	クローゼット

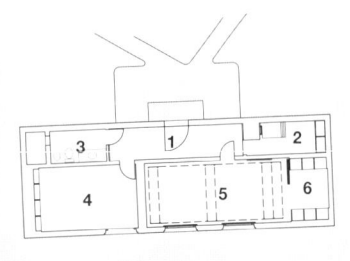

SITES – Architectural Workbook of Disposition | ZOOM 1 | 06 | pavilion

[絵画ギャラリー] ── 4
土塁の中に深々と埋められている、絵画ギャラリーは、円柱のまわりを絵画を展示した大型パネルが、ぐるりと360°回転し、その回転の軌跡が建築の形となっている。

[彫刻ギャラリー] ── 5
五角形のメインホールの4つの辺に、次第にレベルを下げながら展示フロアが張りつき、渦巻くように下りながら各フロアの彫刻作品を鑑賞する構成である。

[書斎] ── 7
書斎はジョンソンがmeadowとよぶ草原の真ん中にあり、書斎の壁に穿たれたピクチャ・ウィンドウからはほぼ正面に家型の草の塊「ゴーストハウス」が見える。

[ゴーストハウス] ── 8
内部に空間をもつ籠状の工作物に、ツタ植物が繁り、切妻の緑の家型が浮かびあがる。

[リンカーン・カースタイン・タワー] ── 9
木立の中の、薄いクリーム色の40cmのキューブを積み上げた塔。この塔は眺めるためだけでなく、登るためにもデザインされている。

[ダ・モンスタ] ── 10
ダ・モンスタはガラスの家とその付属施設を見学に来る訪問者のためのヴィジターセンター。フランク・ステラからの影響を強く受けた作品。

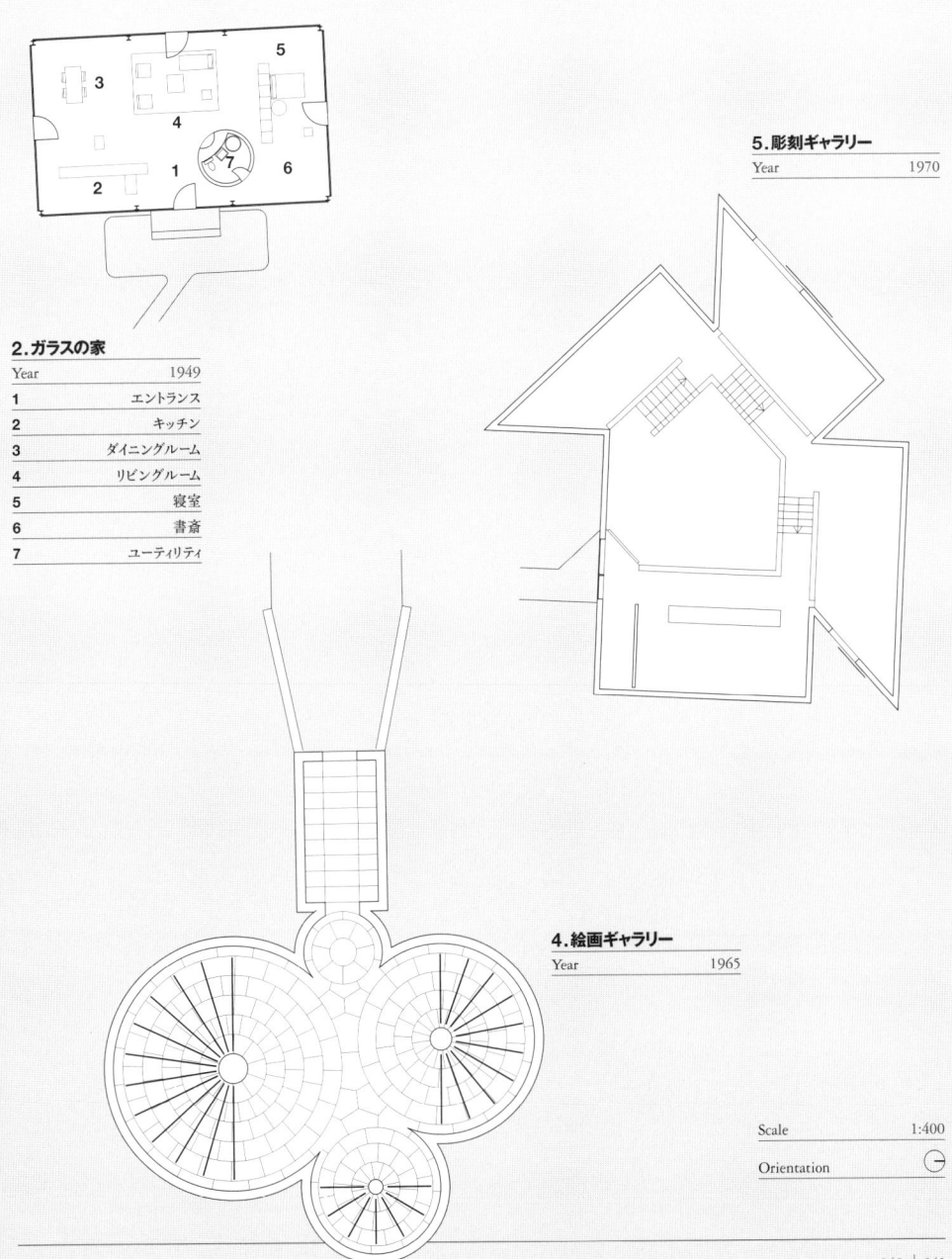

2. ガラスの家

Year	1949
1	エントランス
2	キッチン
3	ダイニングルーム
4	リビングルーム
5	寝室
6	書斎
7	ユーティリティ

5. 彫刻ギャラリー

Year	1970

4. 絵画ギャラリー

Year	1965

Scale	1:400
Orientation	

ZOOM 2

自然の一部として見る

as a part of nature

1%

SITES – Architecrural Workbook of Disposition | ZOOM 2

ズーミング1%の世界———自然のようであること

実際に目に映る自然とは別に、語られる自然、概念としての自然は、「建築とは何か」といった建築に対する根本的な問いのなかで、たびたび喚び出されてきました。

自然の法則、自然の原理、自然の摂理といった言葉が示すように、わたしたちは自然とルール的なものの間に関係性をみています。事実、自然に内在する原理が、自然の姿を与えていると長く考えられてきました。「ルールがかたちをつくる」という前提です。建築に限らず多くの思想や科学はこの自然の原理性を信じ、自らが見いだした原理にしたがって人工物をつくってきました。新プラトン主義者からレオン・バッティスタ・アルベルティやル・コルビュジエ、メタボリストらへとつながる、自然物から造形やコンセプトをひきだす伝統的な手法が綿々と培われてきました。自然の模倣や類似を求めるこうした方法は、装飾等への直接的な類似を含めて、自然物を参照することや自然現象を再現することで建築の正当性を保つとするミメーシス(模倣)のながれといえます。

ルールが即自的に建築形態や社会形態を生むという前提において、自然からルールを抽出してきた伝統に対して、「自然のようであること」という見えがかりの自然が、最近、意識されています。「雲のよう」であったり、「山のよう」、「樹木のよう」であったり、あるいは特定の自然物、自然現象を超えて漠然と「自然のような」といったフレーズで表現され、見た目の直感的な模倣や、自然現象の視覚的隠喩が造形のモチーフとして取り上げられはじめています。

自然という概念は1960年代、70年代を経て大きく変化しました。1960年代の環境運動に端を発して、それまでの民族間、人種間、性別間といった人間どうしに限られていた倫理関係が自然と人間の間にももちこまれ、生態系という新しい倫理的志向へ拡がりました。さらに、90年代以降、垂直的で固定的な社会構造に対して、水平的で柔軟な、つながりのしくみとしてのネットワークというものが意識され始めました。ウェブの遍在化によって、個人が発信する情報が、全体に影響を与え、その影響が全体を通して自分に返ってくる、「つながっている」という生態学的な存在のあり方がイメージしやすいものになりました。ネットワークを介して多くの人がつながり、無数の生態系(エコシステム)をなし、その総体が「生き物のよう」であり「自然のよう」であるという実感です。見る場所によってかたちを変える部材の群れや、ちいさな空間の集合が、いかに差異をうみ、情報を発しているかを無数のつながりのなかから感受することが、この数十年の自然の概念の変化を通して、容易になりました。

エコロジーの概念やコンピュータによるネットワークを知る以前から、一見、感覚的ともナイーブとも思える、自然と心的なものとの、ダイレクトなつながりを、自然は触発しつづけ、人はそれに応じる術を求めてきました。アルプスの山々を望む雄大な眺望を目の前にして、20坪に満たないちいさな建物の隅々に大自然と交感する工夫をほどこしたル・コルビュジエは、大小2つの対峙する自然が、物質的にも精神的にも深くつながっていることを確信していたに違いありません。

07
ブリッジ
bridge

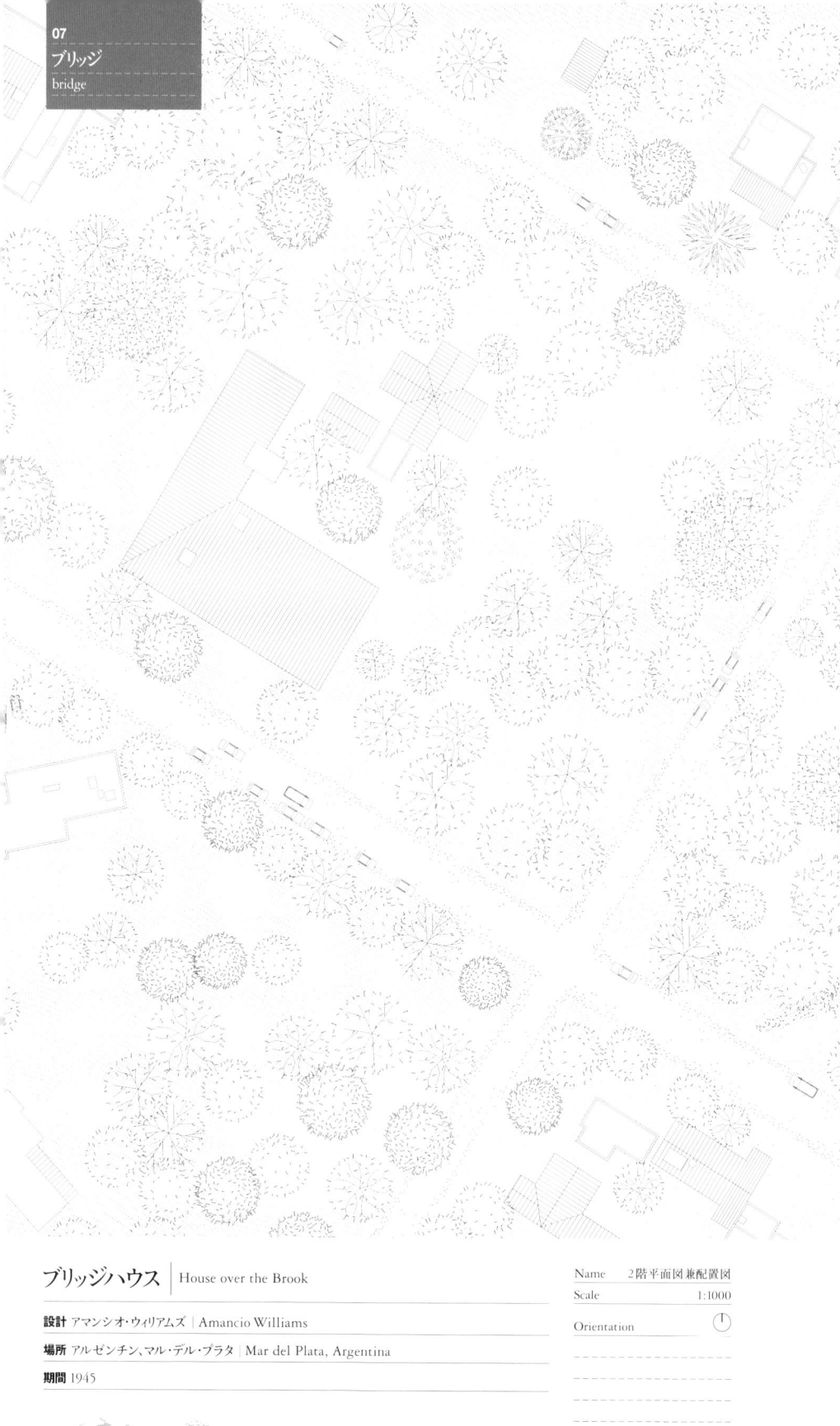

ブリッジハウス | House over the Brook

設計 アマンシオ・ウィリアムズ | Amancio Williams
場所 アルゼンチン、マル・デル・プラタ | Mar del Plata, Argentina
期間 1945

Name	2階平面図兼配置図
Scale	1:1000
Orientation	

SITES – Architectural Workbook of Disposition | ZOOM 2 | 07 | bridge

アマンシオ・ウィリアムズは、緑豊かなアルゼンチンのランドスケープの中にある既存の小川を、橋のようにまたぐ住宅を設計した。ウィリアムズの父のためにデザインされたこの住宅の居室は、地面からもち上げられ、2つの平行する細長いゾーンに分割されている。それはパブリック・ゾーン(オープン・スタジオ)と、寝室とユーティリティが並ぶゾーンである。

Q.1──この住宅の全長はいくらか。

Q.2──それぞれのゾーンはどの方位を向いているか。

Q.3──木々が茂り、豊かな自然に囲まれたこの敷地において、住宅を橋の上に建築する利点は何か。

| 07
| ブリッジ
| bridge

ヴェネツィアの会議場計画案 | Palace of Congress

設計 ルイス・カーン | Louis I. Kahn
場所 イタリア、ヴェネツィア | Venice, Italy
期間 1968-1974

Name　1階平面図兼配置図
Scale　1:2500
Orientation

SITES – Architectural Workbook of Disposition | ZOOM 2 | 07 | bridge

ルイス・カーンがヴェネツィア市から依頼を受けて、無償で設計した未完の会議場プロジェクト。ヴェネツィアの土質条件は非常に悪く建物が沈下を起こすことが多いため、少数の杭を深い岩床まで到達させ、長大スパンの構造によって床スラブが中央に垂れ下がるように吊ることを計画した。その床の曲面は両側から中央へと傾き、会議場の機能と一致した明快なデザインであった。

Q.1——橋の柱脚にあたる部分を着色しなさい。

Q.2——柱脚間の距離を測りなさい。

Q.3——上階の会議場へ上がるための縦動線(階段やエレベータ)を着色しなさい。

Q.4——両河岸のオープンスペースに対して柱脚の位置と形はどんな配慮がなされているか。

解説編 | 07
ブリッジ
bridge

pp.046-049

[ブリッジハウス]

上階のフラット・スラブと、その下でこれを支える放物線状に曲げられたスラブから構成される。2つのスラブは、薄い隔壁によって連結され、小川の脇にある2つの細長い柱が片持梁のフラット・スラブの端を支え、鉛直方向の荷重の一部を負担する。薄暗い入口から、主要階の宙に浮いた開放的な空間に向かってアーチ状の階段を上ると、橋が次第に消え、家が視界にあらわれる。

Q.1──地上と居室の床レベルのレベル差はいくらか。

Q.2──小川の川底から居室までの

ブリッジハウス
アマンシオ・ウィリアムズ
Orientation

1 ポーチ
2 エントランス
3 リビングルーム
4 アトリエ
5 ダイニングルーム
6 ピアノ室
7 浴室
8 寝室
9 キッチン

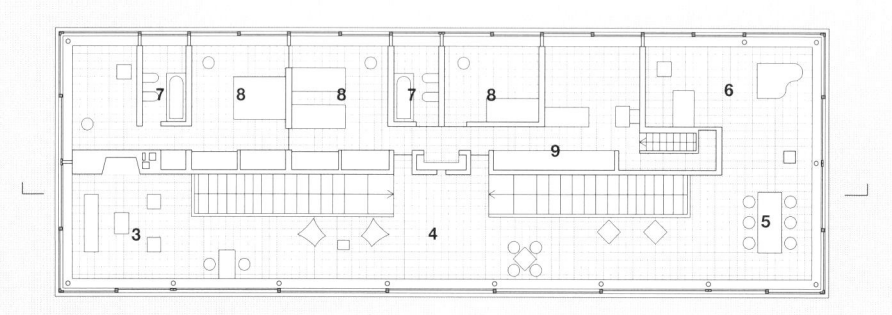

2階平面図 | 1:250

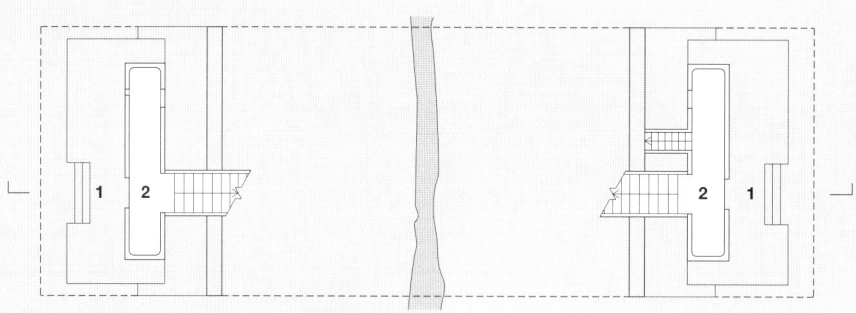

1階平面図 | 1:250

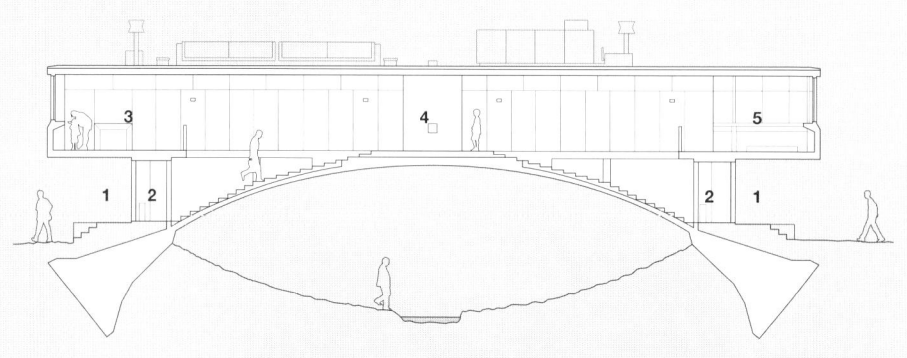

断面図 | 1:250

高さはいくらか。

Q.3——以上の高さを比較して、鉛直方向の移動距離と上階からの眺めについて言えることは何か。

[ヴェネツィアの会議場計画案]
橋の一層目の中央部にバタフライ・タイプの会議場が置かれ、ステージ部分から左右対称に座席が配されている。カーンは会議場の高さが高すぎると考えて水面に近づけ、上に3つのオーディトリアムを設計し、上のボックス・ガーダーから吊り下げた。これによって建物の真下の水路が間近に見える。

Q.4——この橋の構造を何と呼ぶか。

Q.5——床の曲面は、機能上、どのように利用されているか。

Q.6——曲面のもっとも低い部分は運河の水面から何mの高さにあるか。

ヴェネツィアの会議場計画案
ルイス・カーン
Orientation

1 エントランス
2 会議場
3 ホワイエ

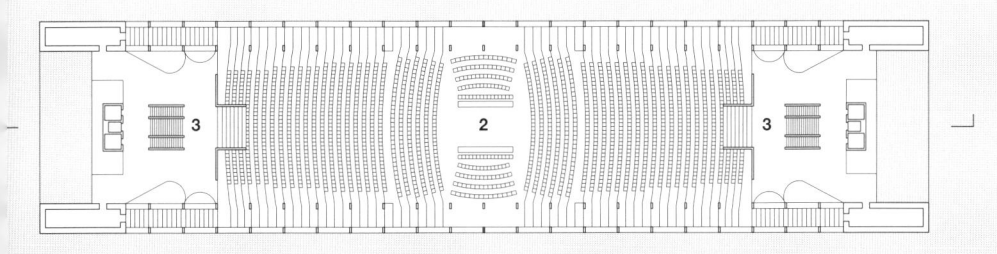

2階平面図｜1:1200

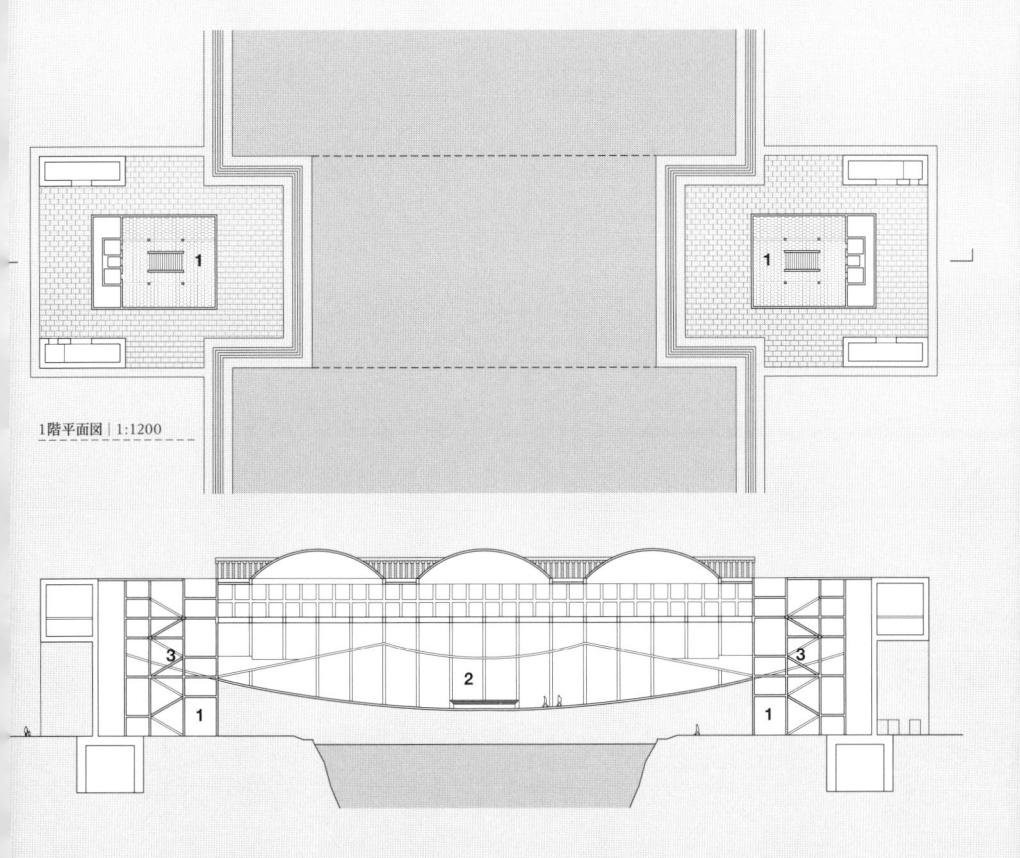

1階平面図｜1:1200

断面図｜1:1200

08
アクシス
axis

10

| バングラデシュ国会議事堂 | Sher-E-Banglanagar National Assembly Hall |

設計 ルイス・カーン | Louis I. Kahn
場所 バングラデシュ、ダッカ | Dacca, Bangladesh
期間 1962-1983

Name	1階平面図兼配置図
Scale	1:5000
Orientation	↑
1	議事堂ホール
2	広場
3	モスク
4	公邸
5	大臣宿舎
6	議員宿舎
7	食堂
8	池
9	政府機関施設
10	病院

バングラデシュ国会議事堂は、バングラデシュの首都ダッカに、ルイス・カーンが設計した立法および行政施設群の中心である。議事堂ホールを中心として、その周囲に同心円状に大臣室、モスク、食堂、事務棟を配した求心的な空間構成となっている。周囲を池に囲まれ、橋によってつながれている。大臣や秘書官の宿舎を池の輪郭を縁どるように配置し、議事堂の軸線を施設群全体の軸に拡張している。

Q.1──国会議事堂への2つの入口をあげなさい。

Q.2──国会議事堂を含む、行政施設群全体の軸線（アクシス）を議事堂ホールを中心に描きなさい。

Q.3──議事堂ホールを中心とする国会議事堂の中で、全体の軸線からズレている建物は何か。

Q.4──モスクはメッカの方向に軸線（アクシス）を合わせている。メッカの方向を矢印で図示しなさい。

08 アクシス
axis

モティ・マスジド［パール・モスク］ | Moti Masjid [Pearl Mosque]

設計 ——

場所 インド、デリー | Delhi, India

期間 1648-1655

Name		1階平面図兼配置図
Scale		1:800
Orientation		
a		モティ・マスジド［パール・モスク］
1		礼拝堂
2		中庭
b		バードン
c		ハマム［浴場］
d		ディーワーネ・カース
		［貴賓謁見の間］
e		ザファール・マハル
f		ヒラ・マハル

SITES – Architectural Workbook of Disposition | ZOOM 2 | 08 | axis

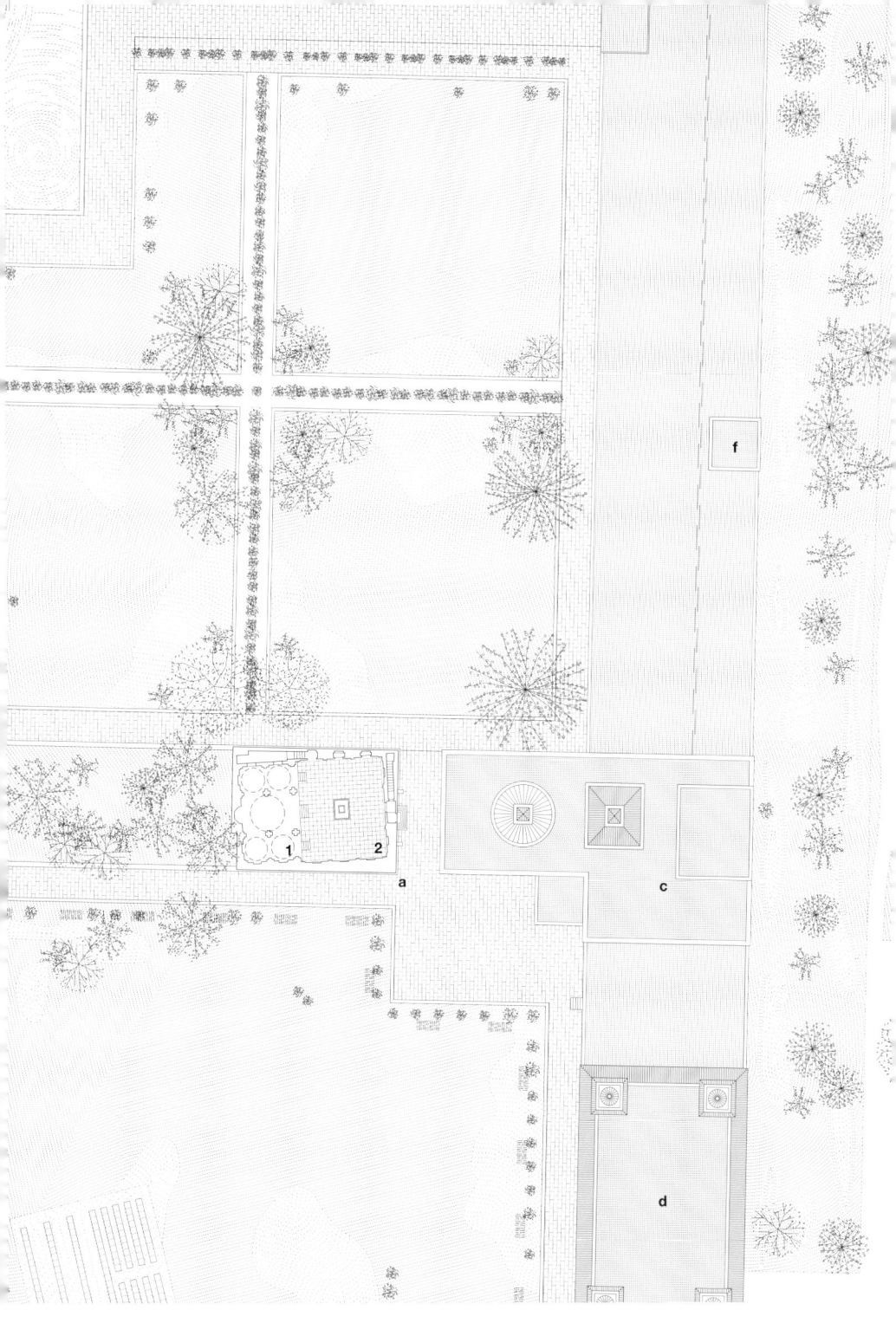

モティ・マスジドは、ムガール帝国の皇帝シャー・ジャハーンが、9年の歳月をかけて1648年に完成させた「赤い城」の一郭にあり、シャー・ジャハーンの後を継いだアウラングゼーブによって建造された。大理石のモスクでパール・モスク(真珠のモスク)とも呼ばれている。モスクの内部には、メッカの方向に向けて、壁にミフラーブとよばれるくぼみがあり、モスクに集う人々にメッカの方向に対して行われる礼拝の方向を指し示している。

Q.1——「赤い城」全体の都市軸を描きなさい。

Q.2——モティ・マスジドのミフラーブはどれか。

Q.3——メッカの向きを矢印で示しなさい。

Q.4——その向きから考えると、パール・モスクとメッカでは、どちらが高緯度に位置するか。

09 小屋
barn

ユダヤ・コミュニティー・センターバスハウス+デイキャンプ
Jewish Community Center

設計 ルイス・カーン | Louis I. Kahn
場所 米国、トレントン | Trenton, New Jersey, USA
期間 1954-1957

Name	1階平面図兼配置図
Scale	1:1500
Orientation	↑
a	バスハウス
1	エントランス
2	更衣室
3	バスケット・ルーム
4	中庭
b	デイキャンプ
5	あずまや
6	倉庫
7	更衣室/トイレ
c	プール

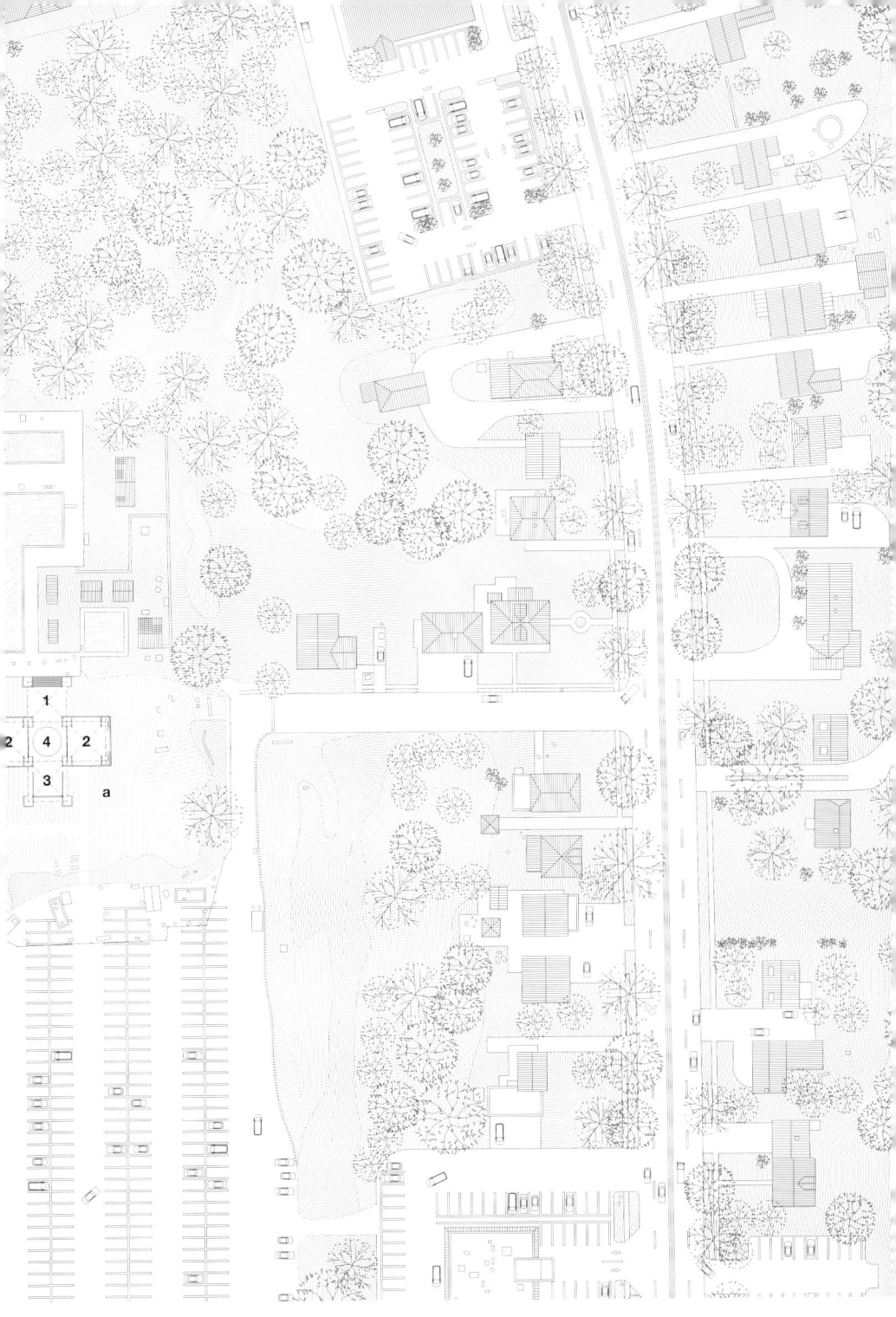

当初の計画では集会室や体育館等からなるセンター施設を中心とした大規模なものだったが、結果的にはわずかに屋外プールの更衣室である「バスハウス」(1955年完成)、屋外活動のための「デイキャンプ」(1957年完成)と呼ばれるパヴィリオンだけが建設された。2つは、ともにほぼ同サイズの4つの矩形平面が集合してできたパヴィリオンであるが、デイキャンプはバスハウスに比べてよりくだけた小屋的な構成となっている。

Q.1──それぞれのパヴィリオンを構成する矩形の大きさの点で、2つのパヴィリオンを比較しなさい。

Q.2──4つの矩形の配置のされ方について、2つのパヴィリオンで異なる点をあげなさい。

Q.3──各矩形要素に与えられた用途について、2つのパヴィリオンで異なる点をあげなさい。

Q.4──それぞれのパヴィリオンの出入口と、矩形平面間での動線において、2つのパヴィリオンを比較しなさい。

解説編 | 09
小屋
barn

pp.056-057

[ユダヤ・コミュニティー・センター バスハウス]

バスハウスは、中庭を囲む約9.1m角の正方形の4つのブロック——両サイドの男女の更衣室、手前のエントランスコート、そして奥のチケット売場——が、十字形のプランに配置され、それぞれのブロックには、頂部に自然光を採り入れる小さな穴が穿たれた木造の方形屋根が架かっている。その屋根を支えているのが、コンクリートブロックでできた約2.4m角の中空の柱であり、その柱は単なる構造体としての役割にとどまらず、それ自身の内部空間が更衣室の入口ブース、倉庫、トイレといった独立した部屋になっている。

Q.1——エントランスからプールに向かう動線を描きなさい。

ユダヤ・コミュニティー・センターバスハウス
ルイス・カーン

Orientation
1　女子更衣室
2　男子更衣室
3　バスケット・ルーム
4　中庭
5　エントランス
6　プール管理者詰所
7　収納
8　塩素消毒場入口
9　トイレ
10　出入口

平面図 | 1:400

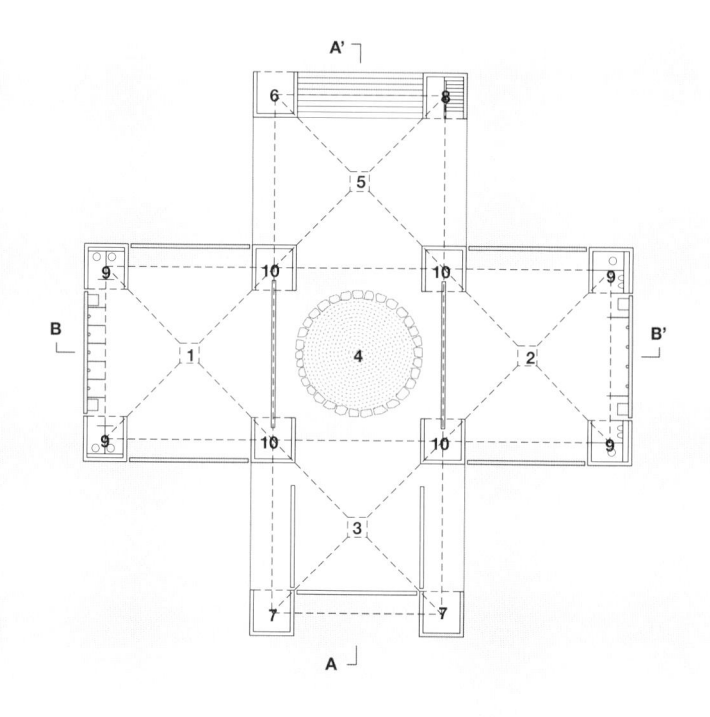

A-A'断面図 | 1:400

B-B'断面図 | 1:400

Q.2——方形屋根（平面図の点線）の角は、柱の中心に重なっているが、壁は屋根の各辺に対して、どのような位置にあるか答えなさい。

Q.3——壁と屋根の辺の位置関係によって、各矩形の屋根の下の空間はどのような光がもたらされるか。

[ユダヤ・コミュニティー・センター デイキャンプ]

円形のコンクリートのたたきの上に、3つのあずまやと1つのユーティリティ・ルームがずれて配置されている。中央にファイヤープレイスをとり、さまざまなイベントを行うことのできるパヴィリオンである。

Q.4——4つの矩形の辺の長さをそれぞれ測り、記入しなさい。

Q.5——いくつかの辺の長さが同じになっている構造上の理由を考えなさい。

Q.6——それぞれ矩形で、柱のない辺の方向に視線が抜けるとすると、それぞれ何を意識するよう計画されているか。前ページの配置図を参考にして考えなさい。

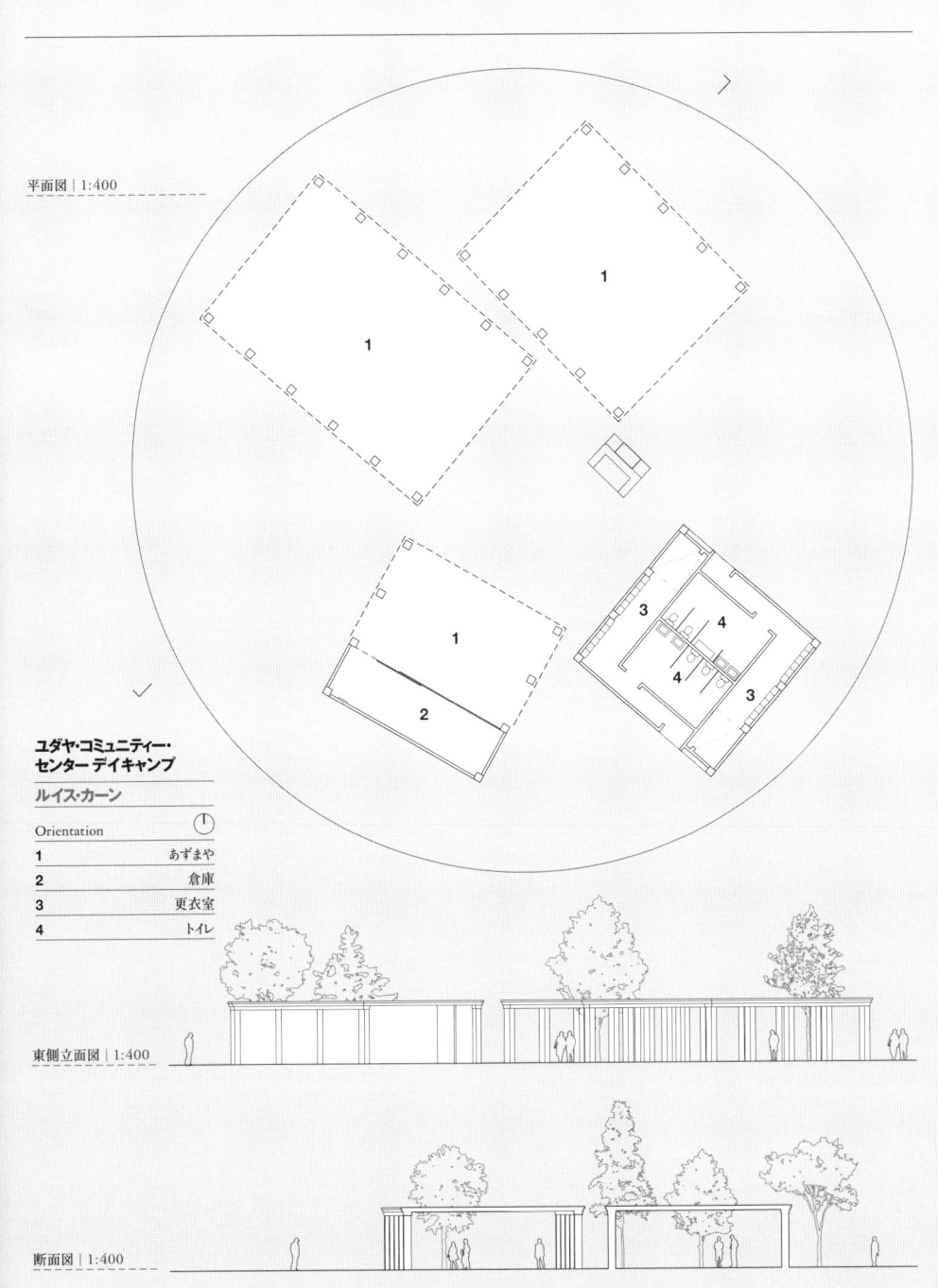

平面図 | 1:400

ユダヤ・コミュニティー・センター デイキャンプ
ルイス・カーン

Orientation
1 あずまや
2 倉庫
3 更衣室
4 トイレ

東側立面図 | 1:400

断面図 | 1:400

10 眺望 vista

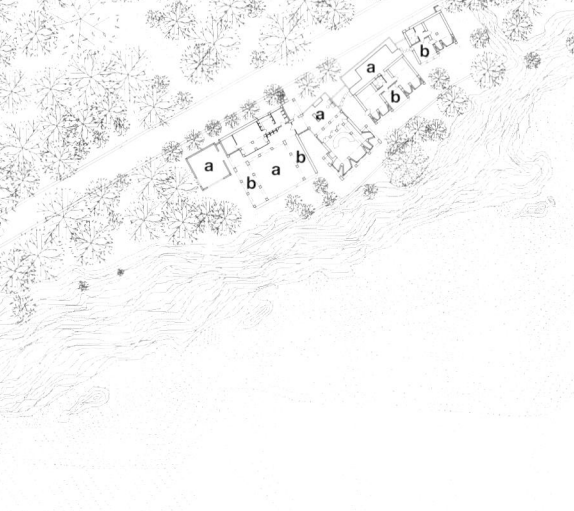

キャン・リス | Can Lis

設計 ヨーン・ウッツォン | Jørn Utzon
場所 マヨルカ, ポルト・ペトロ | Portopetro, Mallorca
期間 1974

Name	1階平面図兼配置図
Scale	1:1500
Orientation	
a	中庭
b	半屋外
	［屋根のかかった外部空間］

この別荘は、松の木に被われた細い道路と地中海を見下ろす高さ20mの険しい断崖に挟まれた細長い土地に建てられている。一番西にある壁に囲まれた中庭を除いて、住宅をダイニング棟、リビング棟、寝室棟、ゲストハウス棟の4つに分割し、それぞれを断崖の際のラインの変化に応じてずらして配置している。機能に応じ、海への眺望と採光、中庭や半屋外との連続性が、それぞれの棟で異なっている。

Q.1──中庭と半屋外を別の色で着色しなさい。

Q.2──塗られていない部分は室内である。それぞれの棟の室内から海への眺望と、中庭や半屋外等の外部空間との関係の特徴を述べなさい。

Q.3──各棟は、ダイニング棟、リビング棟、寝室棟、ゲストハウス棟のどれに対応すると思うか。

10 眺望
vista

母の家 [小さな家] | Villa "Le Lac"

設計 ル・コルビュジエ | Le Corbusier
場所 スイス、コルソー | Corsaux (Vevey), Switzerland
期間 1924

Name	1階平面図兼配置図
Scale	1:750
Orientation	
1	リビング・ダイニング
2	寝室
3	ゲストルーム
4	ユーティリティ

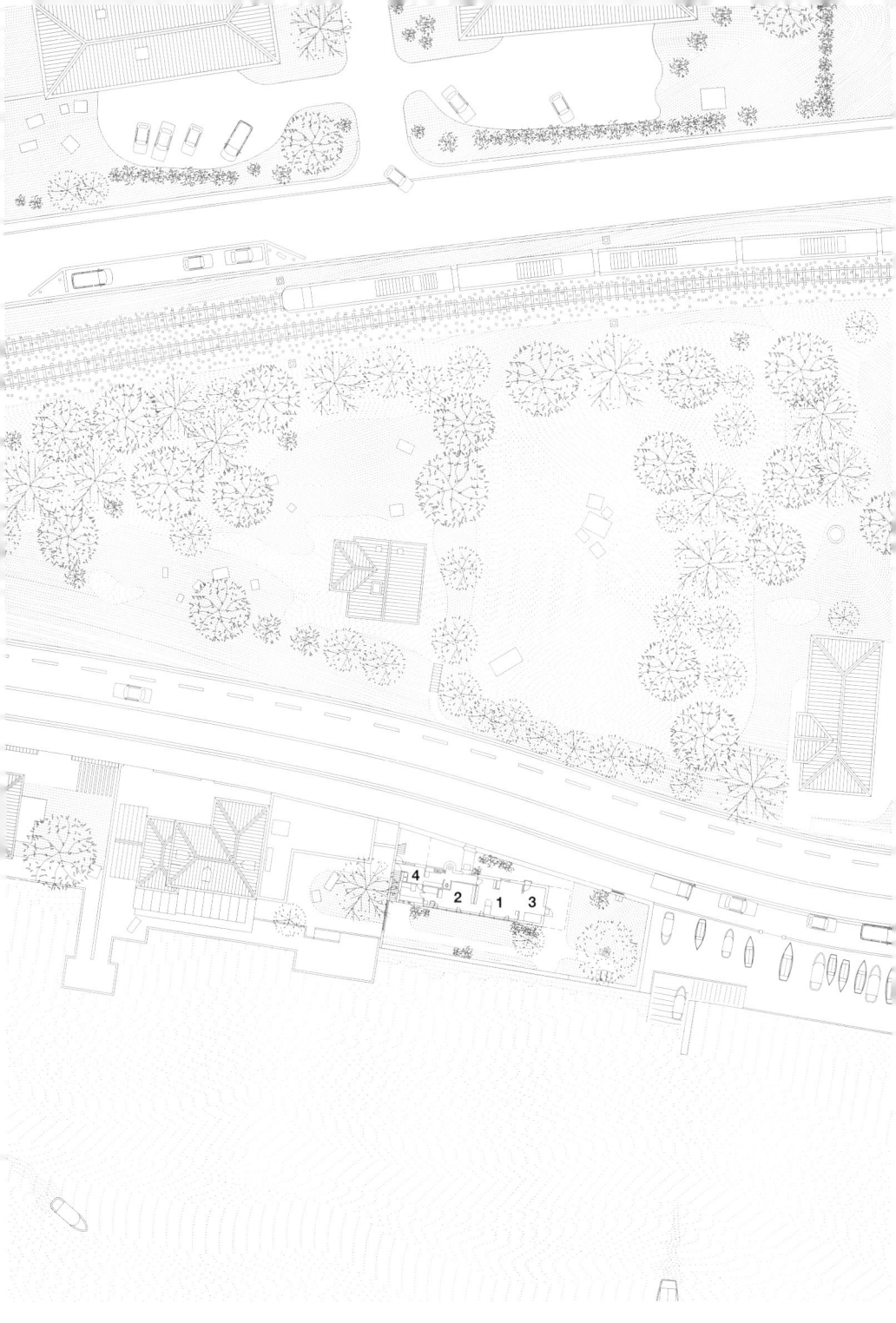

敷地の選定に先立って設計が進められ、南向きで湖とアルプスへの景観を望むことができる敷地としてル・コルビュジエが探しあてたというこの住宅は、彼の両親のために計画された。16m×4mの細長い矩形平面の平屋の建物が、塀に囲まれた台形の敷地の中の北西寄りに配置されている。塀と建物の間の連続する庭は、屋外でのさまざまな生活の場となる。

Q.1——建物平面の長辺は、何の向きに沿って配置されているか。

――――――――――――

Q.2——建築面積と台形の敷地面積を計算し、建蔽率を求めなさい。

――――――――――――

Q.3——建物と塀のあいだに挟まれた外部空間を生活の場として見たとき、いくつかの場所に分割し、その使われ方をそれぞれ考えなさい。

解説編 | 10
眺望
vista

pp.060-063

[キャン・リス]

リビングと寝室は、海への方向からのみ、部屋に光を採り入れ、中庭（アトリウム）の背後にあるキッチンとダイニング以外の窓には、それ自体で小部屋になるほどの大きな出窓が突き出ている。リビングにおける、さまざまな角度をつけた出窓は、昼下がりになると、太陽が一日のうちもっとも鮮やかに輝く。

Q.1——奥行の深い出窓はその数と角度の点から、リビングと寝室とで、どういう意図の違いが込められているか。

Q.2——断面図にあるように、突出した窓の上面は、少し下に傾いている。そ

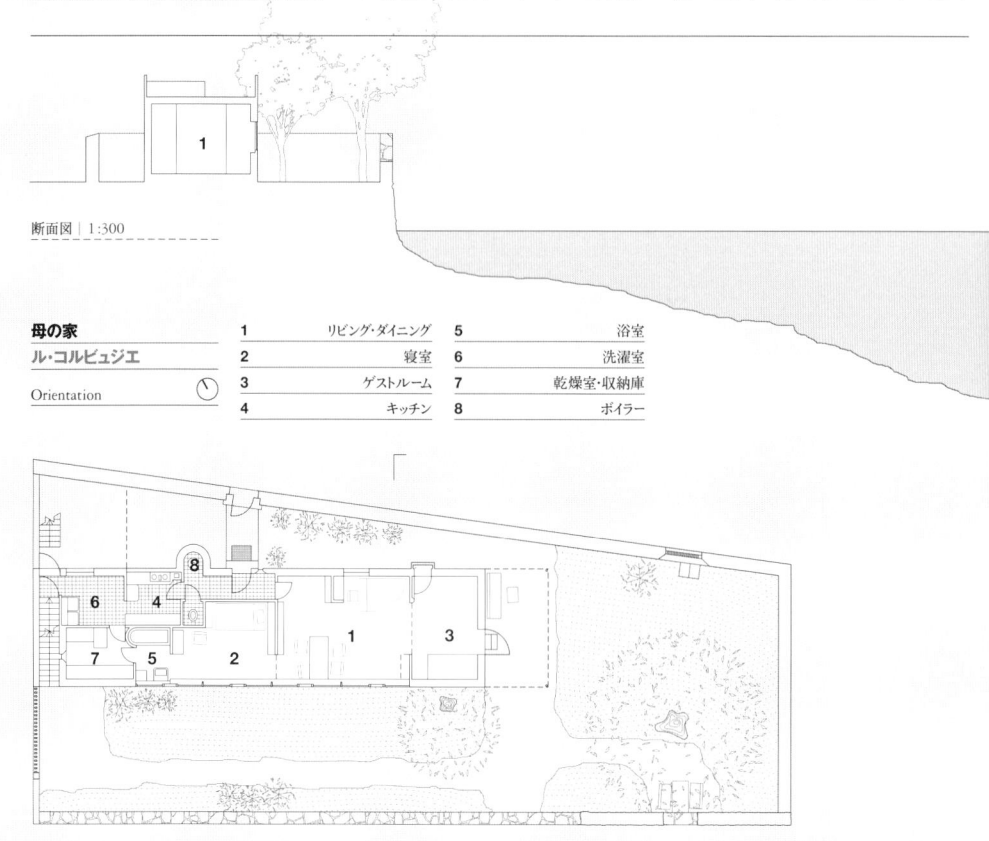

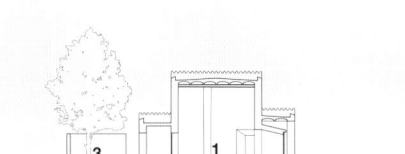

断面図 | 1:300

母の家
ル・コルビュジエ
Orientation

1	リビング・ダイニング	5	浴室
2	寝室	6	洗濯室
3	ゲストルーム	7	乾燥室・収納庫
4	キッチン	8	ボイラー

平面図 | 1:300

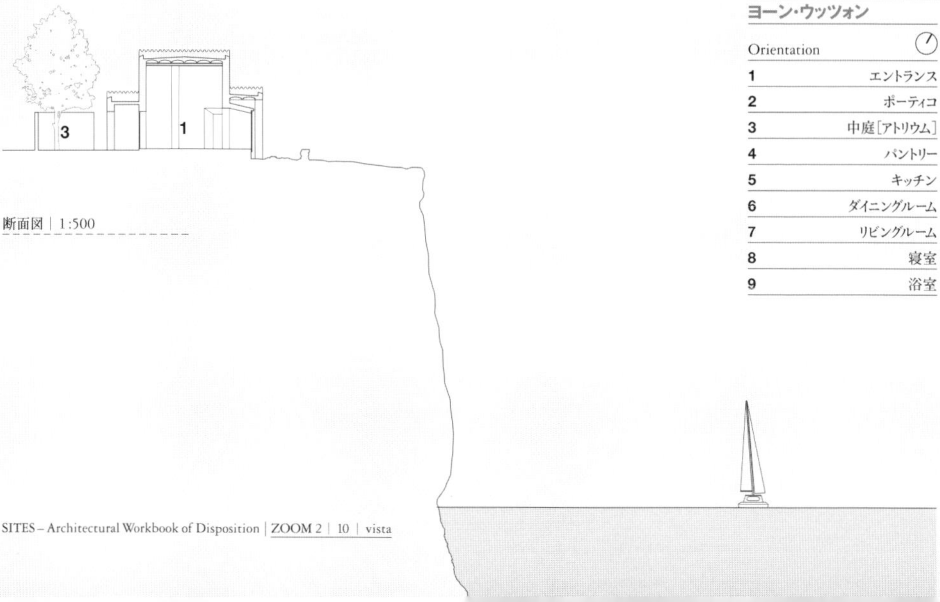

断面図 | 1:500

キャン・リス
ヨーン・ウッツォン
Orientation

1	エントランス
2	ポーティコ
3	中庭[アトリウム]
4	パントリー
5	キッチン
6	ダイニングルーム
7	リビングルーム
8	寝室
9	浴室

の理由を考えなさい。

[母の家]

シンプルな矩形平面の住宅には、長さ11mの1つの窓が湖側に開いている。主要な居室と浴室は、南面ファサードに取り付けられたこの水平連続窓に面し、湖を見下ろし遠くの対岸にそびえるモンブランの景色を望むパノラマが得られる。部屋と部屋を仕切る扉はなく、東端の空間のみがスライド式の折りたたみパネルによって、来客時にゲストルームとして使えるようになっている。

Q.3——湖側の窓を平面図に着色しなさい。

Q.4——断面図から、湖面と庭の地盤面のレベル差、塀の高さ、庭の地盤面と1階床レベルの差、窓台の高さ、窓の高さをそれぞれ測り、これらの寸法が眺望にどのような効果をもたらしているか考えなさい。

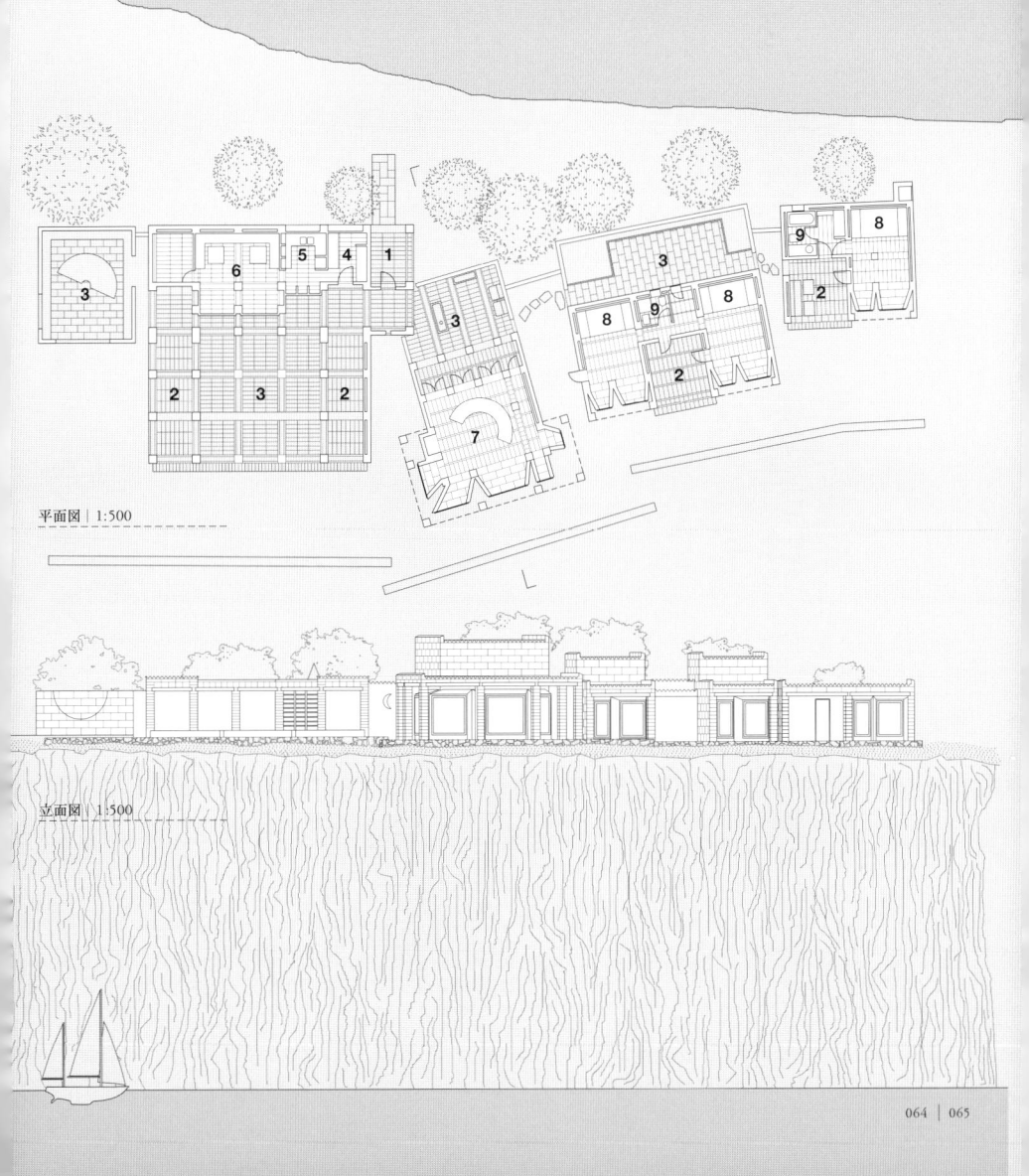

平面図 | 1:500

立面図 | 1:500

10 眺望
vista

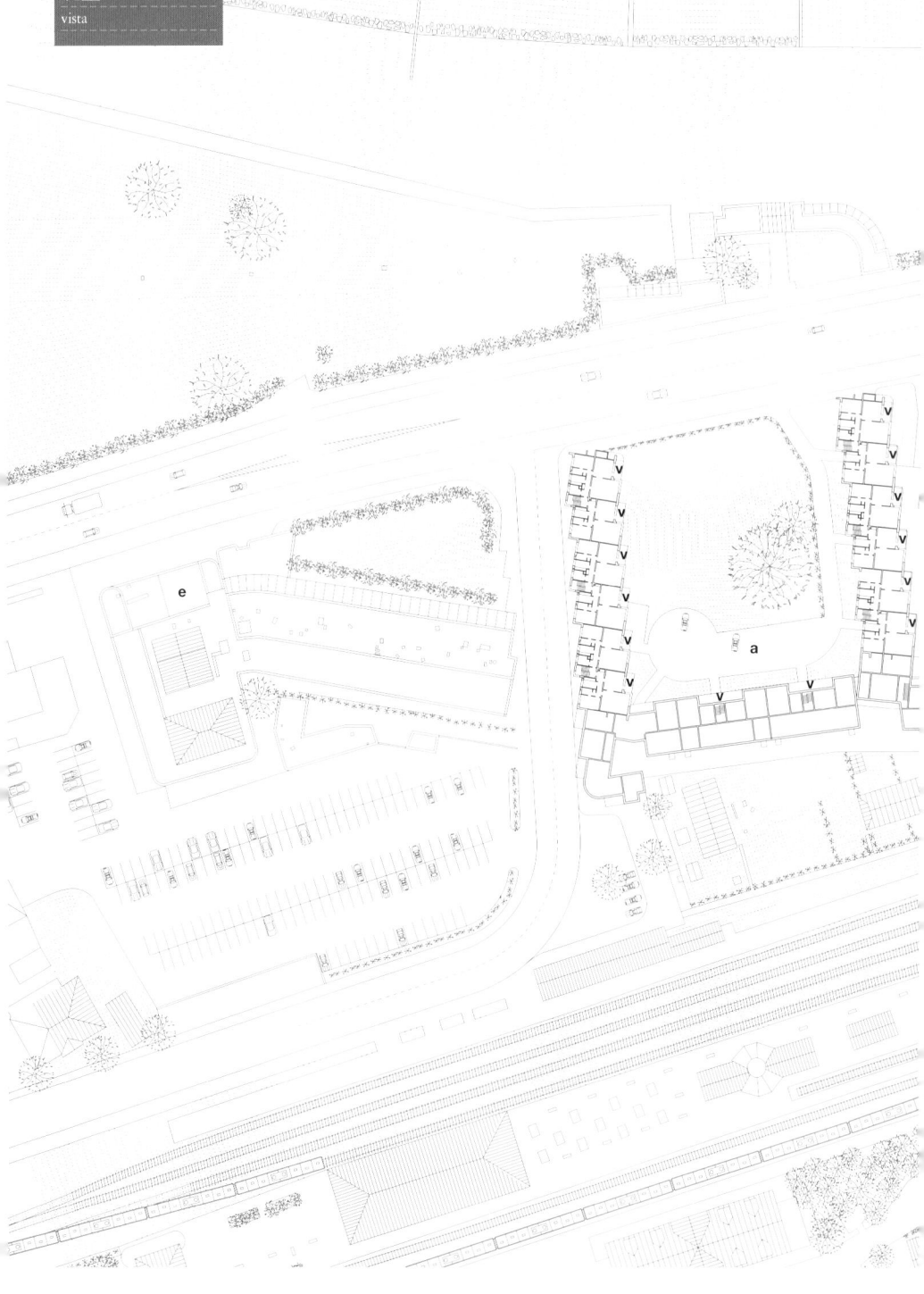

ベラヴィスタ集合住宅＋スーホルム I・II・III
Bellavista Housing & Søholm No.1, No.2, No.3

設計 アルネ・ヤコブセン | Arne Jacobsen
場所 デンマーク、クランペンボー | Klampenborg, Denmark
期間 1934 / 1950 / 1951 / 1954

Name	基準階平面図兼配置図
Scale	1:1500
Orientation	←
a	ベラヴィスタ集合住宅 [1934年]
b	スーホルム I [1950年]
c	スーホルム II [1951年]
d	スーホルム III [1954年]
e	ベルビュー・シアター [1937年]

ヤコブセンは、戦前にモダニズム運動に強く影響をうけたベラヴィスタ集合住宅、戦後にデンマーク特有の黄色いレンガを用いた、スーホルムⅠ、Ⅱ、Ⅲを、たてつづけにこのビーチ・リゾートに設計した。雁行させることで、これらすべての住戸に海への眺望と日光を供している。ベラヴィスタは駐車場の周りをコの字型で囲み、スーホルムは専用庭をもつ非対称な勾配屋根を戴くテラスハウスである。

Q.1── vと印をした部分を着色しなさい。

Q.2── vは海を眺めることのできる部屋、コーナーまたはバルコニーである。それぞれの住戸がどちらにオーシャンビューを得ているか矢印を描きこみなさい。

解説編 | 10

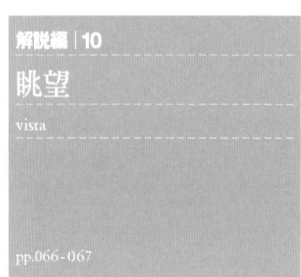

眺望
vista

pp.066-067

[ベラヴィスタ集合住宅＋
スーホルムⅠ・Ⅱ・Ⅲ]

スーホルムⅠは海の見える雁行型配置の専用庭をもつ5つのテラスハウスで、非対称の屋根をもっている。リビングが2階に、寝室その他の部屋が1階に置かれ、海に面する大きな窓からオーレンセン海のすばらしい眺めを楽しむことができ、すべての住戸に個別の眺望と日光を供することに成功している。この成功によって、2期、3期が計画されることになった。

Q.1──前ページの配置図を参考にして、各階でオーシャンビューを望むことができる部屋を着色しなさい。

スーホルムⅠ
アルネ・ヤコブセン

Orientation ⊖

A	地階平面図	B	1階平面図	C	2階平面図
1	ガレージ	4	エントランス	9	リビングルーム
2	ユーティリティ	5	ダイニングルーム	10	バルコニー
3	ボイラー室	6	キッチン		
		7	寝室		
		8	浴室		

各階平面図 | 1:500

Q.2——各集合住宅において、オーシャンビューは、どの部屋に割りあてられているか。また、4つの集合住宅でその割りあてに違いはあるか。

Q.3——各ユニットの雁行方向の全長に対して、雁行によってずれる距離の割合(%)をそれぞれの集合住宅で計算しなさい。

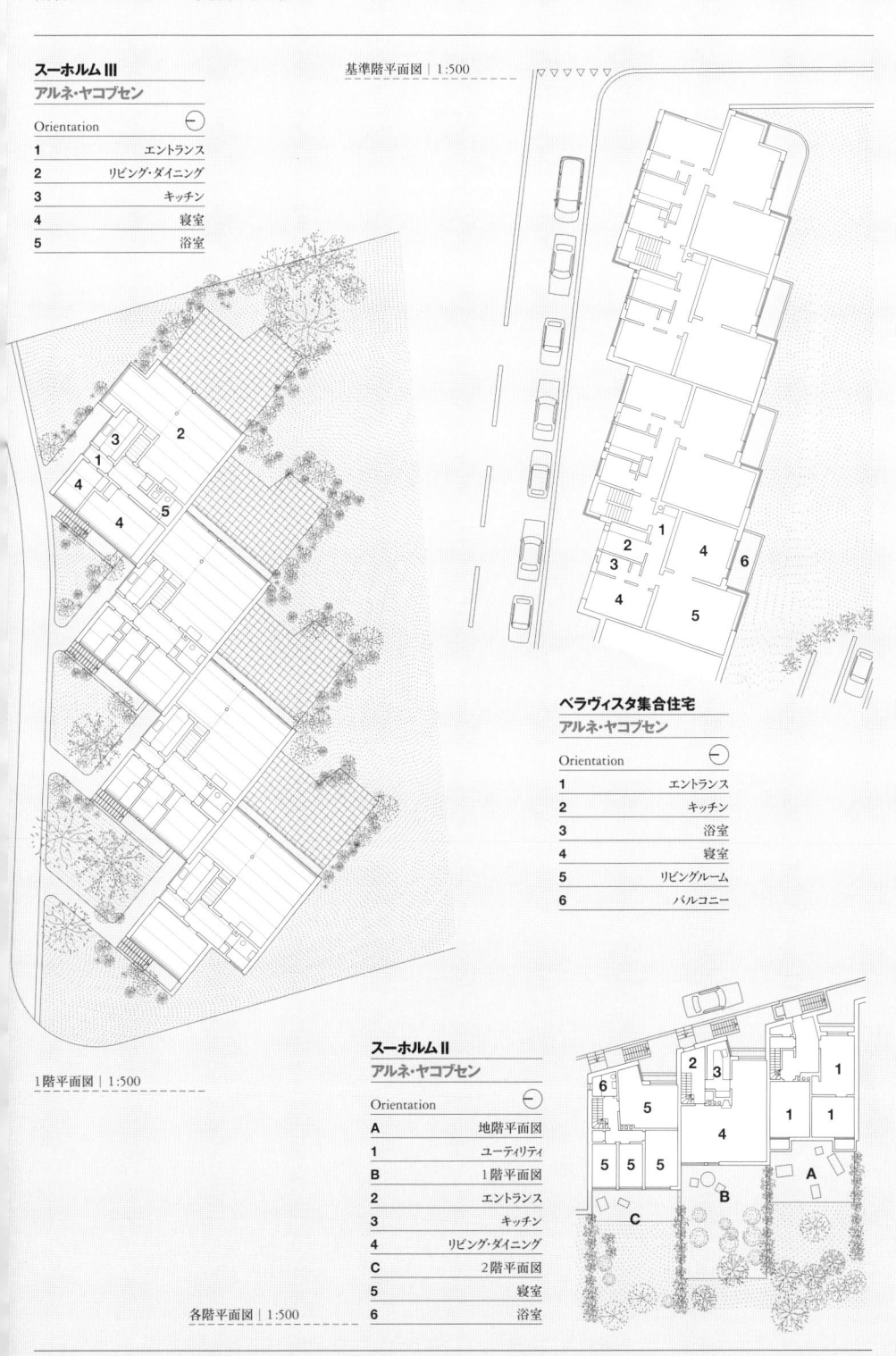

スーホルム III
アルネ・ヤコブセン

Orientation	⊖
1	エントランス
2	リビング・ダイニング
3	キッチン
4	寝室
5	浴室

基準階平面図 | 1:500

1階平面図 | 1:500

ベラヴィスタ集合住宅
アルネ・ヤコブセン

Orientation	⊖
1	エントランス
2	キッチン
3	浴室
4	寝室
5	リビングルーム
6	バルコニー

スーホルム II
アルネ・ヤコブセン

Orientation	⊖
A	地階平面図
1	ユーティリティ
B	1階平面図
2	エントランス
3	キッチン
4	リビング・ダイニング
C	2階平面図
5	寝室
6	浴室

各階平面図 | 1:500

11 稜線
ridge

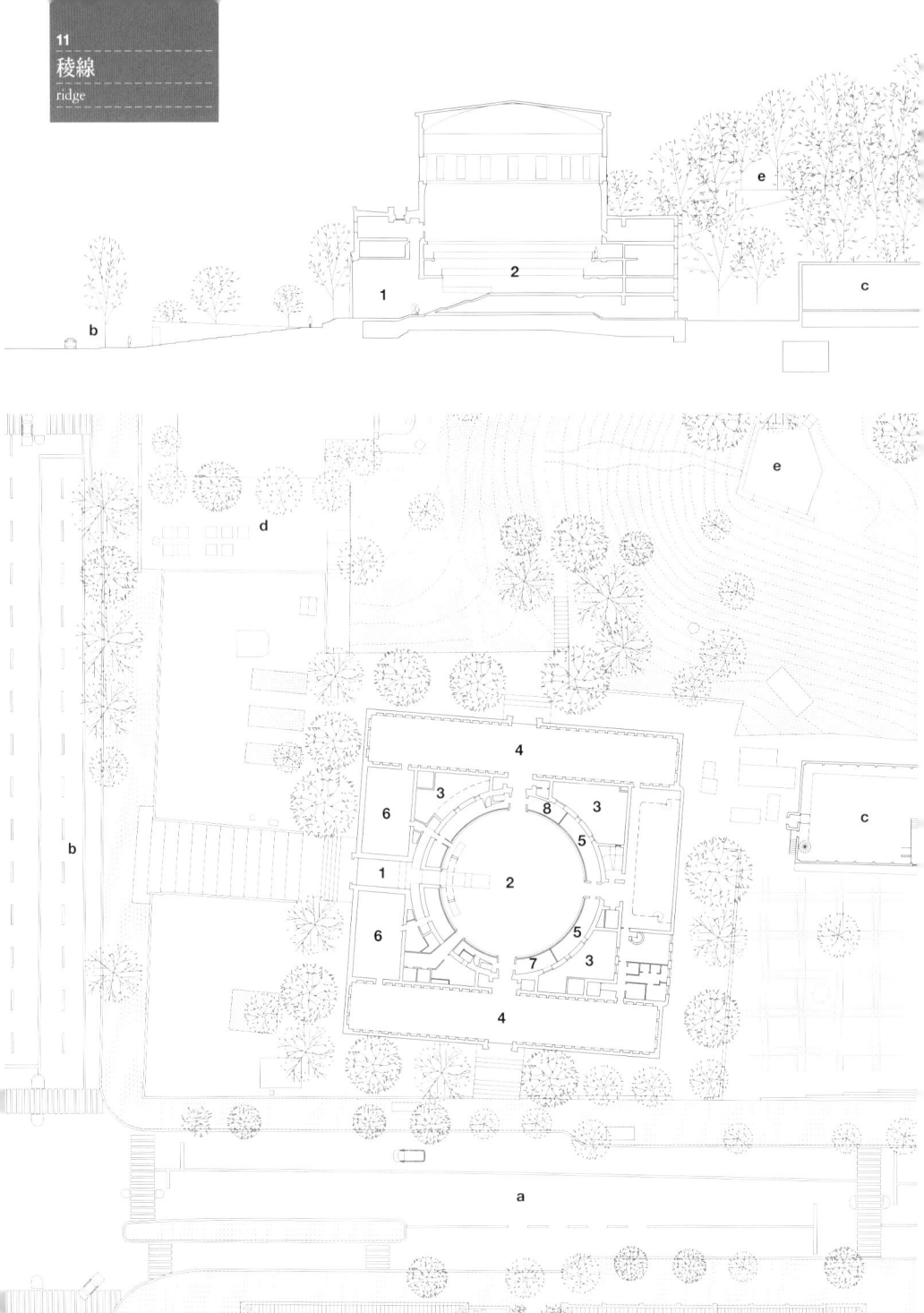

ストックホルム市立図書館 | Stockholm Public Library

設計 グンナー・アスプルンド | Erik Gunnar Asplund
場所 スウェーデン, ストックホルム | Stockholm, Sweden
期間 1920-1928

Name	2階平面図+断面図	b	スヴェアヴェーゲン通り
Scale	1:1000	c	増築部分
Orientation		d	公園
		e	展望台
1	エントランス		
2	中央閲覧室		
3	光庭		
4	閲覧室		
5	キャレル		
6	自習室		
7	司書室		
8	事務室		
a	オーデンガータン通り		

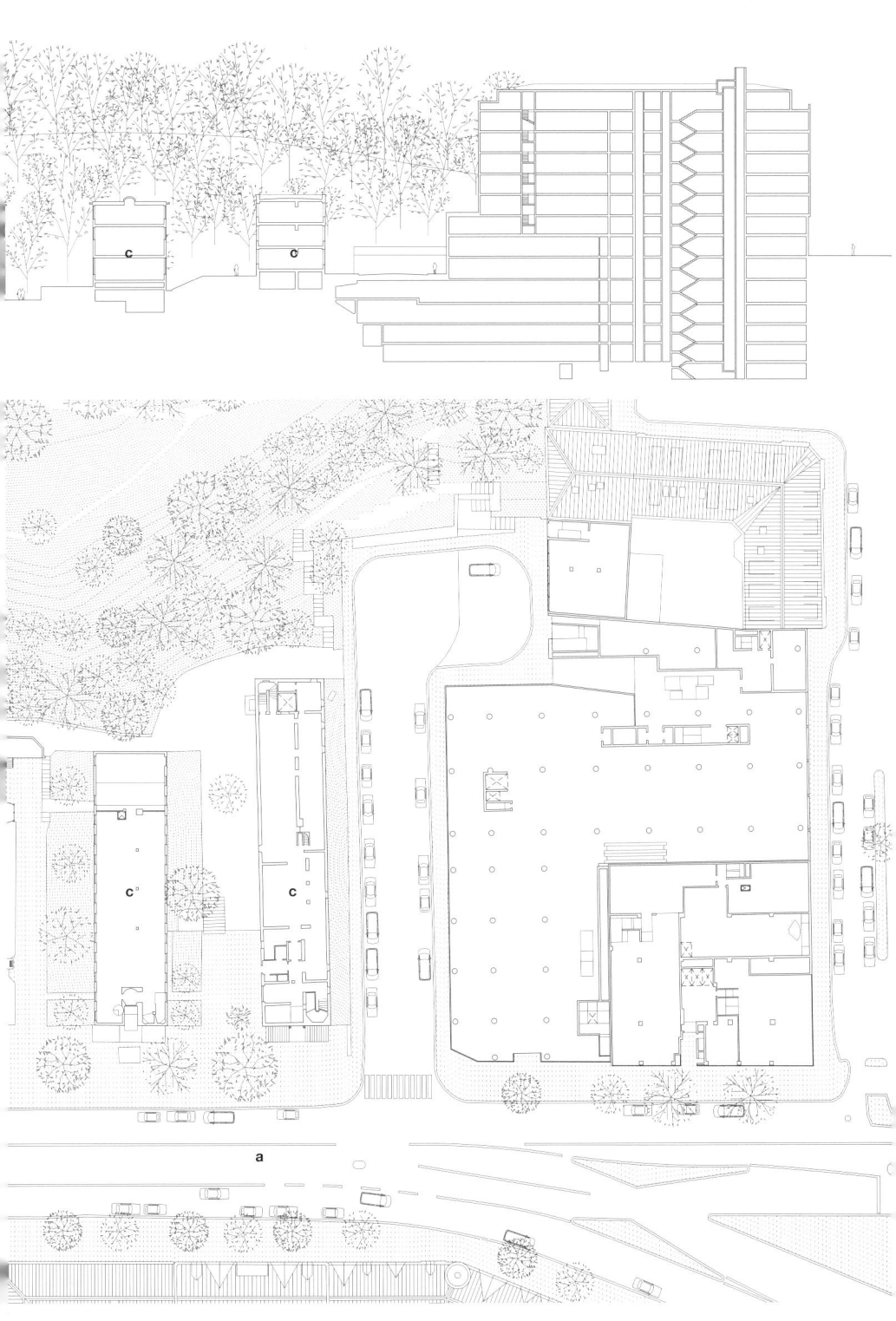

2つの大きな街路、オーデンガータン通りとスヴェアヴェーゲン通りが交差する角にとられた公園の一角にある。図書館は1928年に建設され、その後、西側に増築、さらにスヴェアヴェーゲン通り沿いの池を含む公園計画もアスプルンドが担当した。公園と地続きの、店舗の入った基壇の上に、円筒形の中央閲覧室を中心に、直方体の諸室がとり囲む。来館者は、ゆったりした階段でアプローチ路を上がり、エントランスから暗く狭い階段を経て、中央閲覧室の光あふれた吹抜け空間に導かれる。

Q.1——スヴェアヴェーゲン通りから中央閲覧室までのアプローチの経路を平面図と断面図に描きなさい。

Q.2——図書館正面の入口に至る階段の勾配と、階段幅を測りなさい。

Q.3——図書館入口から中央閲覧室への階段の勾配、階段幅を測りなさい。

Q.4——中央閲覧室の天井高を測りなさい。

Q.5——背後の山の展望台から、図書館はどのように見えるか。

11
稜線
ridge

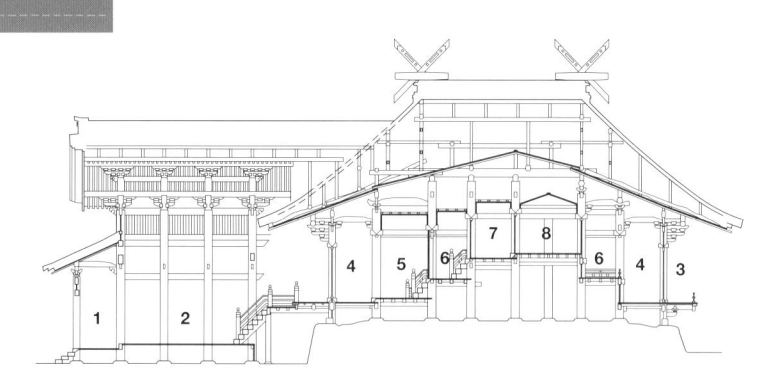

正宮本殿＋拝殿 断面図 | 1:400

1	裳階	5	朱の壇
2	拝殿身舎	6	中陣
3	回縁	7	内陣
4	外陣	8	内々陣

全体断面図 | 1:1000

吉備津神社 | Kibitsu Shrine

設計 ──

場所 日本、岡山市 | Okayama, Japan

期間 1425

Name	全体配置図＋断面図
Scale	1:1000
Orientation	
a	正宮本殿
b	正宮拝殿
c	南随神門
d	廻廊
e	御釜殿
f	本宮社

SITES – Architectural Workbook of Disposition | ZOOM 2 | 11 | ridge

正宮本殿+拝殿 平面図 | 1:400

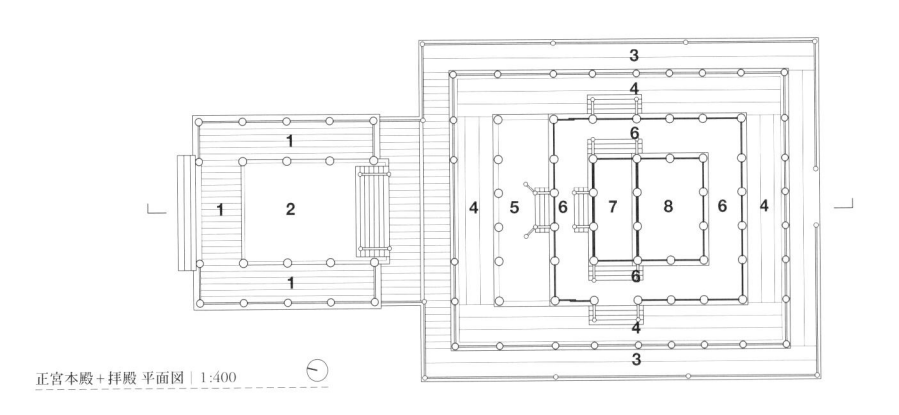

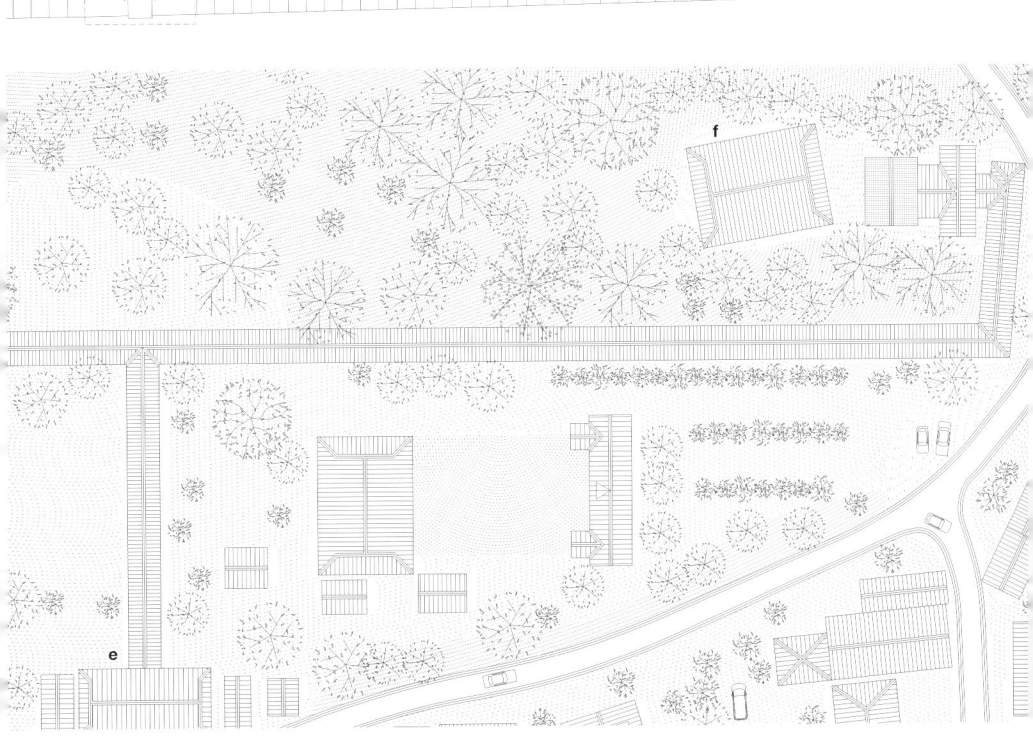

吉備津神社は、正宮、本宮、新宮社を全長800mの廻廊がむすぶ巨大な社殿であった。現在は、新宮社が失われ、廻廊も正宮から本宮までの398mに短縮されたが、山すその稜線に逆らわず、正宮にむけてゆるやかに上昇する廻廊が、途中の御釜殿や南随神門等の社殿をむすびつけている。

正宮の本殿は、出雲大社本殿の2倍以上の大きさをもち、内々陣を中心に、内陣、中陣、朱の壇、外陣をめぐらす入れ子状の構造となっている。また内にゆくほど床は高く、天井も高くなっており、中央に頂きをもつ段状の構成となっている。

Q.1──本宮と正宮では、どちらがどれだけ高い位置にあるか。

Q.2──廻廊の勾配は、本宮社から正宮に至るまでどのように変化しているか。

Q.3──中陣は、内々陣と内陣をとり囲んでいる。外陣は同様の形式で、何と何を囲んでいるか。

Q.4──天井の張られている、内々陣、内陣、中陣、朱の壇の天井高をそれぞれ測り、高さを比較しなさい。

12 バッファー buffer

アロットメント・ガーデン | Allotment Gardens

設計 カール・テオドル・ソーレンセン | Carl Theodor Sørensen
場所 デンマーク、ネアルム | Nærum, Denmark
期間 1948

Name	配置図
Scale	1:1500
Orientation	

1940年にコペンハーゲン近郊のネアルムに計画された家庭菜園である。ゆるい起伏のある敷地に、生垣で覆われた25m×15mの楕円形のユニットが約50個ほど点在し、各生垣の中には小さなコテージが配置されている。舗装された園路はなく、生垣と生垣の間はすべて芝生で被われ、子供たちの遊び場や遊歩道としてパブリック・スペースとして利用されている。ソーレンセンが1931年に出版した『パーク・ポリティック』の中で提案されたアドヴェンチュア・プレイグラウンド（冒険遊び場）のアイディアはその後、広く世界のランドスケープ・デザインに影響を与えた。

Q.1——コテージは楕円の中でどこに配置されることが多いか。

Q.2——楕円が長軸と短軸をもつことによってバッファーであるパブリック・スペースに多様な大きさと形態がうまれている。典型的な形態をいくつか探し、着色しなさい。

12
バッファー
buffer

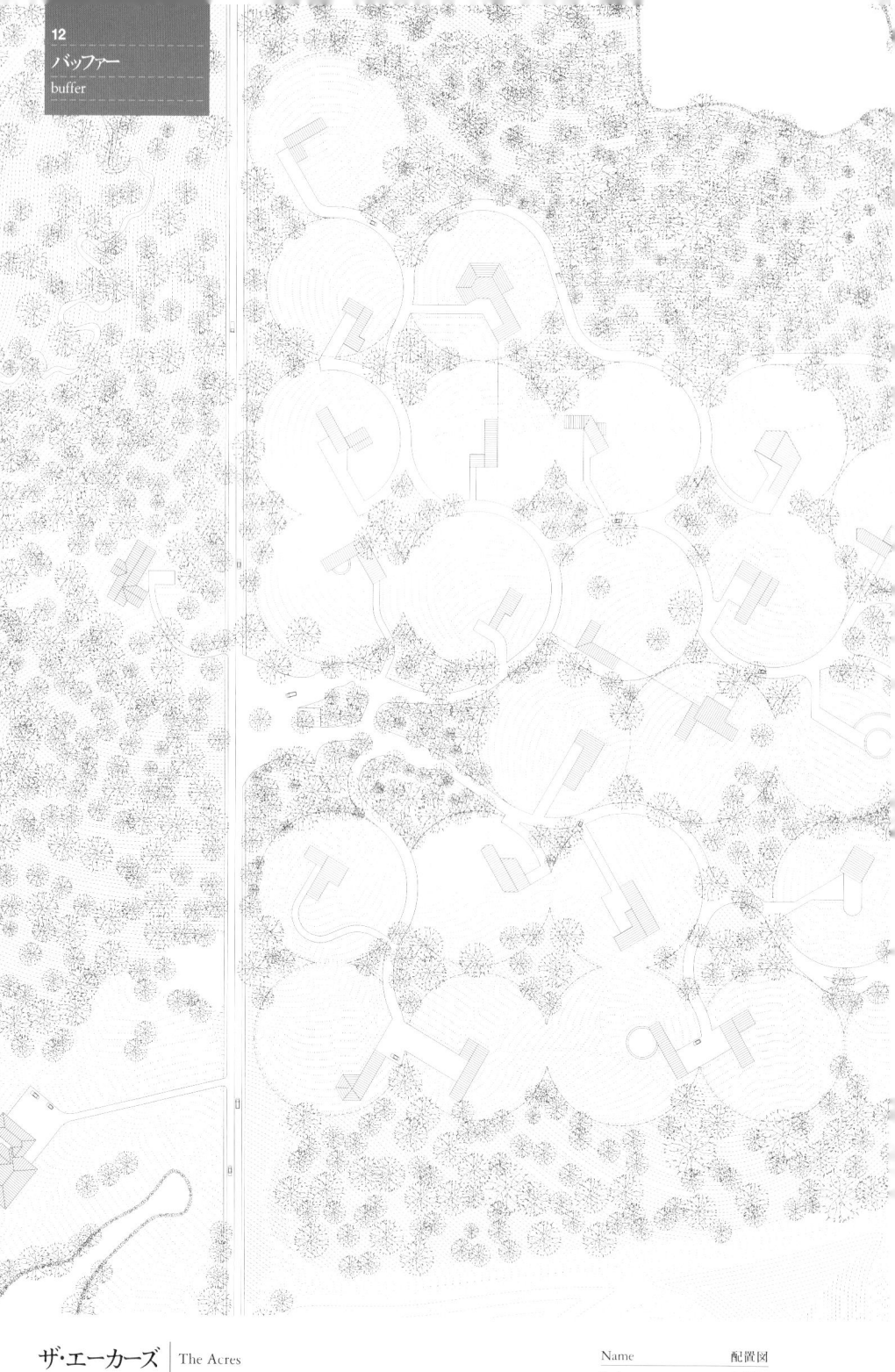

ザ・エーカーズ | The Acres

設計 フランク・ロイド・ライト | Frank Lloyd Wright

場所 米国、ゲールズバーグ | Galesburg, Michigan, USA

期間 1947

Name	配置図
Scale	1:3000
Orientation	↑

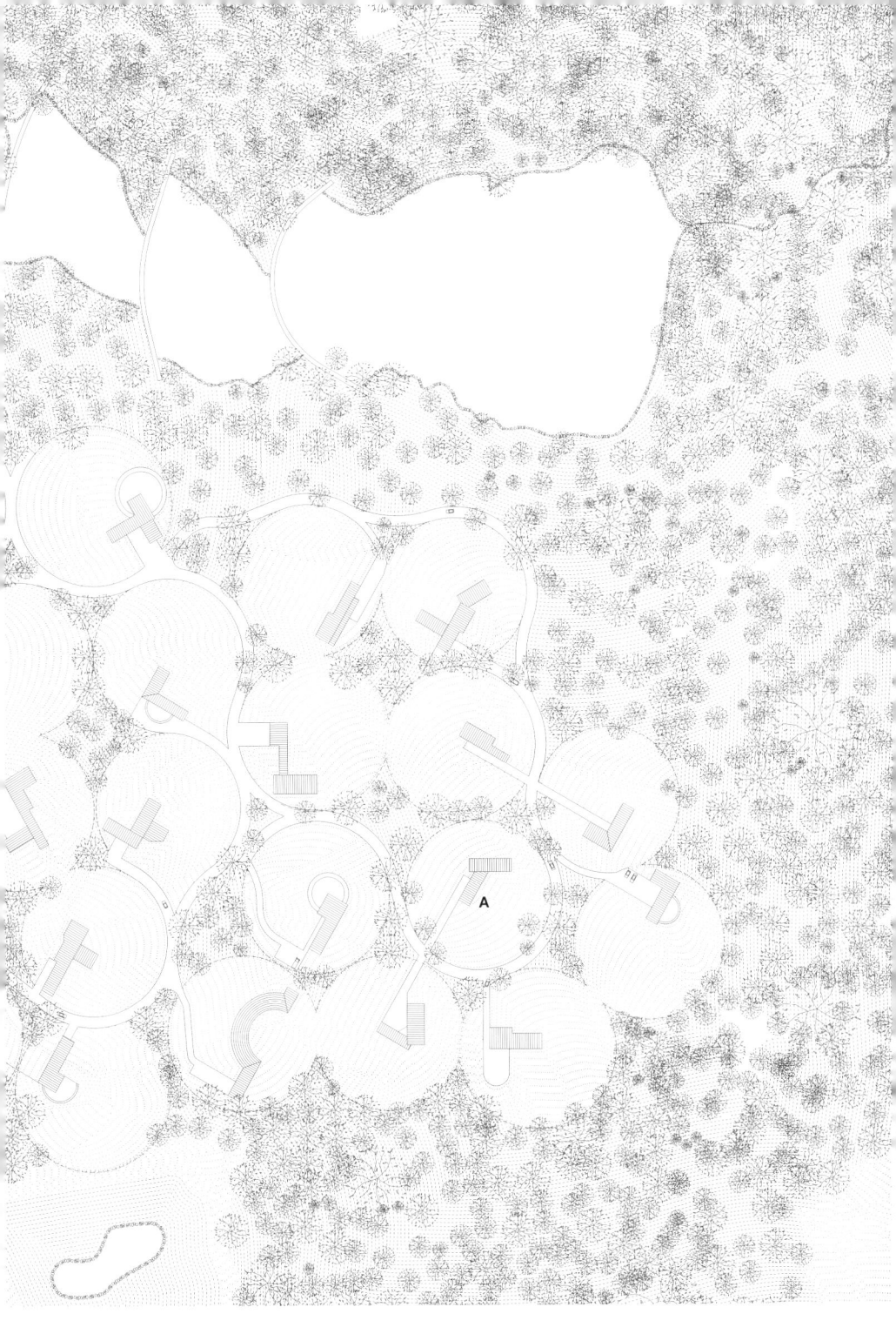

29haの起伏のある農場と森、泉から流れる小川と、24mの高低差がある土地に、ライトはほぼ1エーカー(0.4ha)の円形の敷地を44戸分と、これらの円形に沿って蛇行する細い道路を計画した。ライトは敷地の間の共有空間に所有者たちが公園、庭園、遊歩道、レクリエーション用のエリア等をつくることを提案し、残りは、維持の必要のないコミュニティの植栽として自然のまま残し、時勢の樹木や灌木を植えることになっていた。最終レイアウトでは、44軒から15軒となり、より自然を残す計画に変更された。

Q.1──1住戸に割りあてられたのは、1エーカー(約0.4ha)の円形の土地であった。円形の土地の半径はおよそいくらか。

Q.2──各円形の敷地に建てられる住宅の配置には、どんな配慮がされているか。

Q.3──公道から、Aの敷地へはどのようなルートでいくか。

Q.4──それぞれの敷地は、およそいくつのバッファー・ゾーンと接しているか。

ZOOM 3

要素をとり出して見る

mapping the element

3%

ズーミング3%の世界――部分が取りもどすもの

柱、壁、窓という建築の部位は、多くの人にとってなじみのある建築の構成要素です。住宅にあっては、人間のサイズに近く、また実際に手に触れることのできる身近な存在であることから、擬人化されたり、家族の一員を大黒柱と呼びならわしたりします。住まいに守られるという感覚を実感するのは、壁の厚さやその触覚がもたらす部分との直接的な交流です。個人の身体的な関係だけでなく、屋根はその家の格を示すと言われるように、形態がもつ情報をやりとりする社会的な存在でもあります。

しかし、建築部位は、モダニズムの時代を経て、部分と全体のトップダウンの序列のなかで矮小化され、部材としての効率化が最優先されることで、意味が弱められることになりました。ル・コルビュジエが壁をシャボン玉にたとえたように、部材の合理的な配置のもとで、内外をへだてる機能に特化し、そのために最適な形態と素材をもつことが要請されました。とはいえ、私たちは日を浴びて窓際に佇み、風景を眺めることに安らぎを感じ、殺風景なRC造のクロス張りの柱であっても、もたれかかり、写真を貼ったりして、私たちと建築をつなぐメディア(媒体)として、こうした建築部位と無意識のうちに交感しています。古くから変わらないこれらの建築部位は、私たちが建物を理解するときの大切なメディアとして個人の感覚や社会の中で位置づけられています。

建築の部位が、部材として矮小化されたのと同時に、建築の全体性が、建築内部の部位の合理的配置やコンセプトの一貫性を求めて建物単体で完結するようになり、周囲との関係が希薄になって、孤立するようになりました。さらに現在では、一つの単体の建築ですら、さまざまに詰めこまれる用途や氾濫するイメージや情報によって、全体性を獲得するどころか、ばらばらになりかねない状況です。

空間とは、周囲の物質的な境界や、環境との関わりの中でしか実際に見ることはできません。どちらに壁や窓があるかによって、人間の行為は変化するのです。空間と人の活動の間を取りもつのが建築部位であると言えます。同じサイズの空間であっても、窓辺にいたり、壁を背にすることで、人の活動はずっと複雑になります。

私たちが無意識のうちに経験している、建築部位が周囲につくり出すもの――その被い、触感、支え支えられる実感、なじみ深さ、ふるまいとの連動性――を一つ一つ見つけ出し、周囲の環境の細部と結びつけていく作業が、建築の全体性を取りもどし、私たちの生活を周囲に根づかせていく方法になるのではないでしょうか。その試みで得られる全体性は、すでに一つの建築の枠を超えて、自然や周辺環境の中に定着し、以前からその場にあったかのような存在感を示すはずです。

| 13
| 主室
| chamber

コムロンガン城 | Comlongan Castle

設計 ——

場所 英国、ダンフリース | Dumfries, Scotland, UK

期間 1451

Name　2階平面図兼配置図
Scale　　　　　　1:800
Orientation

コムロンガン城は、15世紀に建てられた砦で、現在はイベントホールとして使われている。分厚い壁に囲まれた主室の周囲にさまざまな小部屋、ニッチが付属している。2層目の主室である大ホールには、キッチンや書斎、控え室、大きな暖炉が深い壁厚の中に引き込まれて接続し、奥行のある小さな窓が高い位置から光をもたらしている。

Q.1——城の外形の大きさを測りなさい。

Q.2——主室の面積を計算しなさい。

Q.3——4面の壁厚をそれぞれ測りなさい。

Q.4——主室に直接接続していない部屋と、主室から直接見通すことのできない部屋を別の色で着色しなさい。

13 主室
chamber

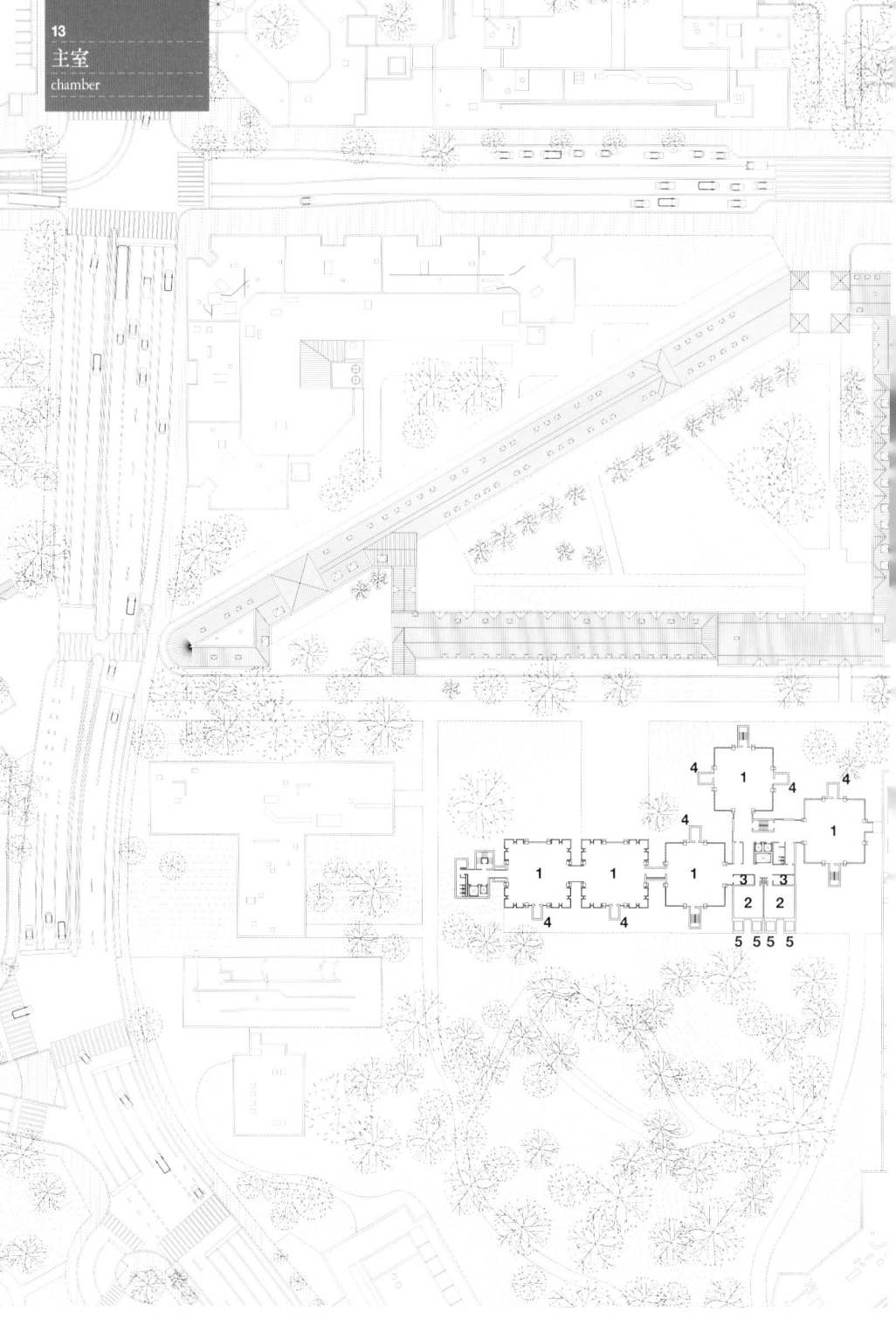

ペンシルバニア大学リチャーズ医学研究棟
Richards Medical Research Building

設計 ルイス・カーン | Louis I. Kahn
場所 米国, フィラデルフィア | Philadelphia, Pennsylvania, USA
期間 1957-1961

Name	基準階平面図兼配置図
Scale	1:1500
Orientation	
1	研究室
2	動物室
3	動物実験室
4	排煙・排気ダクト
5	給気用ダクト

SITES – Architectural Workbook of Disposition | ZOOM 3 | 13 | chamber

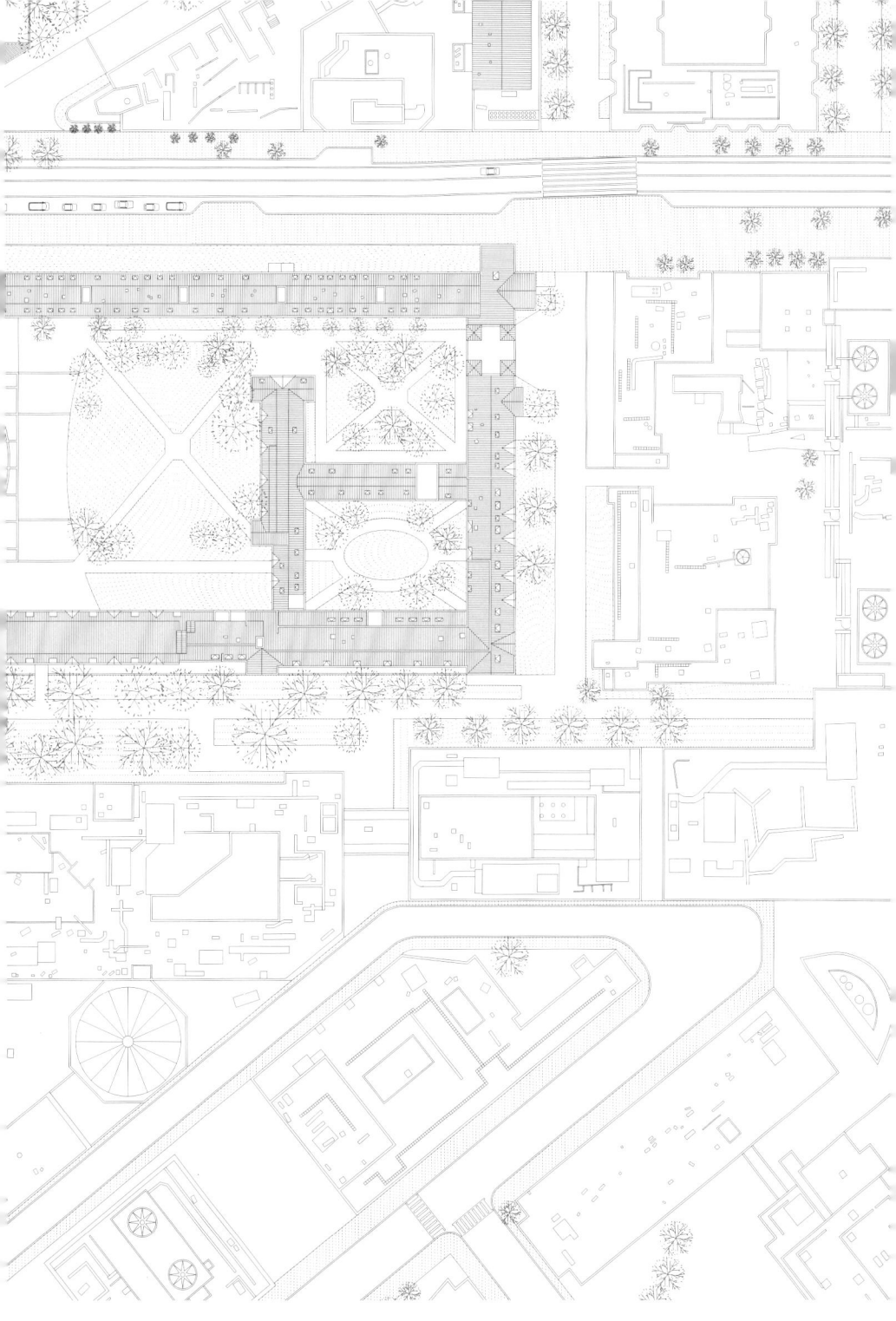

この建物は、カーンの母校であるペンシルバニア大学構内の、古い建物が建ちならぶ地区にある。廊下を設けることをやめてワン・フロアにワンルームの研究室とし、それを縦方向に重ねて独立した研究室棟にまとめ、建物全体を研究室の集まりとして構成している。動物実験室をエレベータ・シャフト等と併せて設備棟として1つにまとめ、人のいる研究室棟とは完全に隔離した。また研究室棟には、給排気のダクトや、非常階段が納められたレンガのタワーが寄り添っている。

Q.1──一つの研究室の面積を測りなさい。

Q.2──研究室に付属する排煙・排気ダクト、階段を着色しなさい。

Q.3──動物室、動物実験室を中心とした縦動線のためのスペースが納まったサービス棟を着色しなさい。

Q.4──主室である研究室の四隅は、どのような空間的特徴のある場所となっているか。

解説編 | 13

主室
chamber

pp.080-083

[コムロンガン城]

建物の外観が室内の形を示していると思うのは、壁の厚みが一定であると暗黙の内に信じているからである。コムロンガン城の主室(ホール)は、外観の直方体から窺い知れる矩形のボリュームをしてはいるが、分厚い壁の中で無数の付属室やニッチや階段がうごめいている。

Q.1——立面図から、もっとも大きな窓と、小さな窓のサイズを測りなさい。

Q.2——断面図から、各階の床レベルを測って、立面図に点線で描きこみ、窓の位置が床に対してどの高さにあるか調べなさい。

Q.3——大きな窓は主にどこに配されて

コムロンガン城

Orientation
1　エントランス
2　井戸
3　牢獄
4　主室
5　控え室
6　キッチン

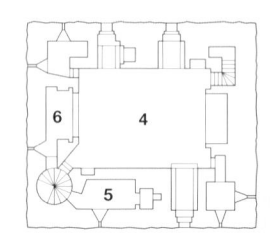

2階平面図

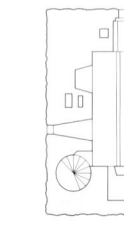

4階平面図

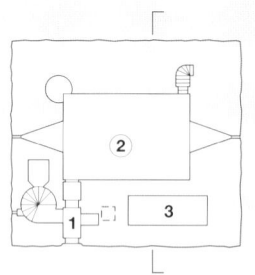

1階平面図 | 1:500

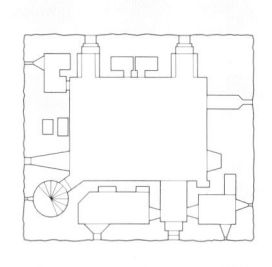

3階平面図

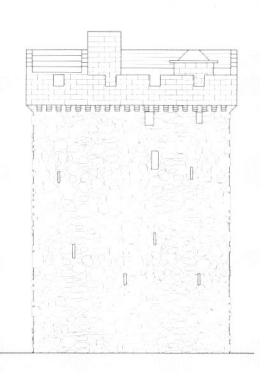

東側立面図

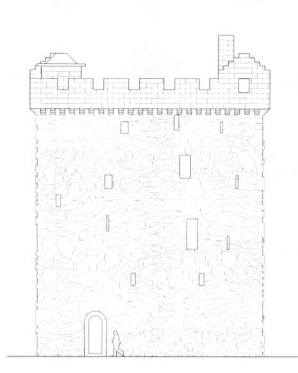

北側立面図

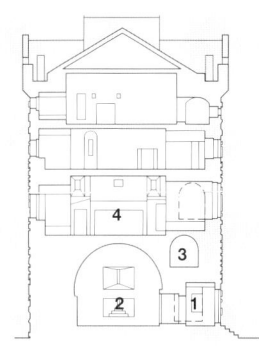

断面図 | 1:500

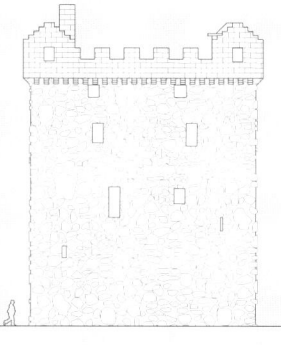

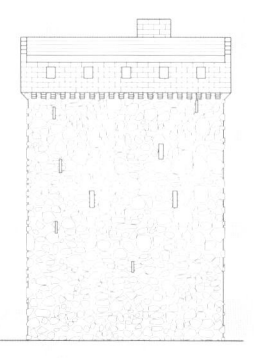

南側立面図 | 1:500

西側立面図

いるか。

[ペンシルバニア大学
リチャーズ医学研究棟]
動物実験室のある棟(設備棟)は、現場打ちコンクリートで、研究室を取りまくダクト、非常階段はレンガ造、研究室はプレキャスト・プレストレスト・コンクリートによって建設され、スペースの役割に応じて、構法も変えている。研究室棟は各辺を三等分した位置に合計8本の柱を配置し、その柱に対してメインとなる梁を井桁状にのせている。

Q.4——研究室棟の柱を着色しなさい。

Q.5——研究室に付属するダクト、階段室、さらに柱は正方形平面の角に配されていない。そのようにした設計者の意図を想像しなさい。

Q.6——この建物の立面上の特徴を述べなさい。

**ペンシルバニア大学
リチャーズ医学研究棟**
ルイス・カーン

Orientation	
1	研究室[医学棟]
2	エレベータおよび階段
3	動物室
4	動物実験室
5	給気用ダクト
6	給気用シャフト
7	排煙・排気用ダクト
8	研究室[生物棟]
9	エントランス・ポーチ
10	倉庫
11	搬入路
12	事務室
13	水槽
14	排煙・排気用ダクト

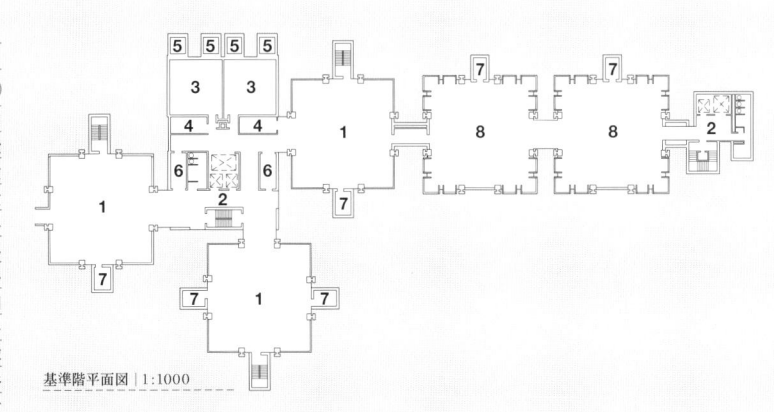

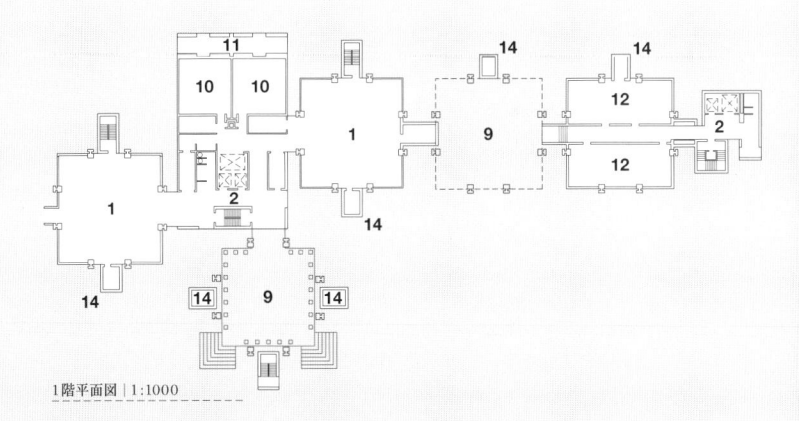

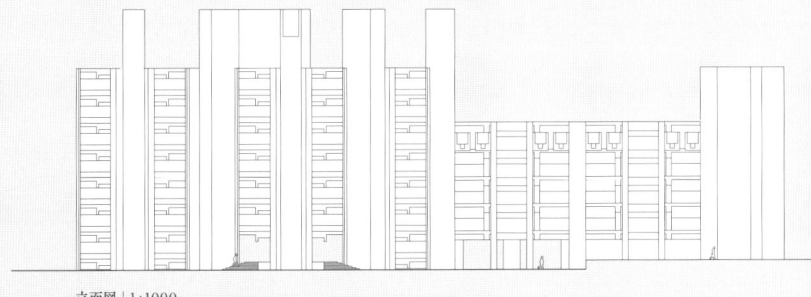

基準階平面図 | 1:1000

1階平面図 | 1:1000

立面図 | 1:1000

14
柱
column

マイレア邸 | Villa Mairea

設計 アルヴァー・アールト | Alvar Aalto
場所 フィンランド, ノールマルク | Noormarkku, Finland
期間 1938-1939

Name	1階平面図 兼配置図		
Scale	1:600		
Orientation			
1	エントランス	9	事務室
2	エントランス・ホール	10	キッチン
3	リビングルーム	11	スタッフルーム
4	図書室	12	サウナ
5	ミュージック・ルーム [接客室]	13	プール
6	ウィンターガーデン	14	外暖炉
7	ダイニングルーム		
8	社長室		

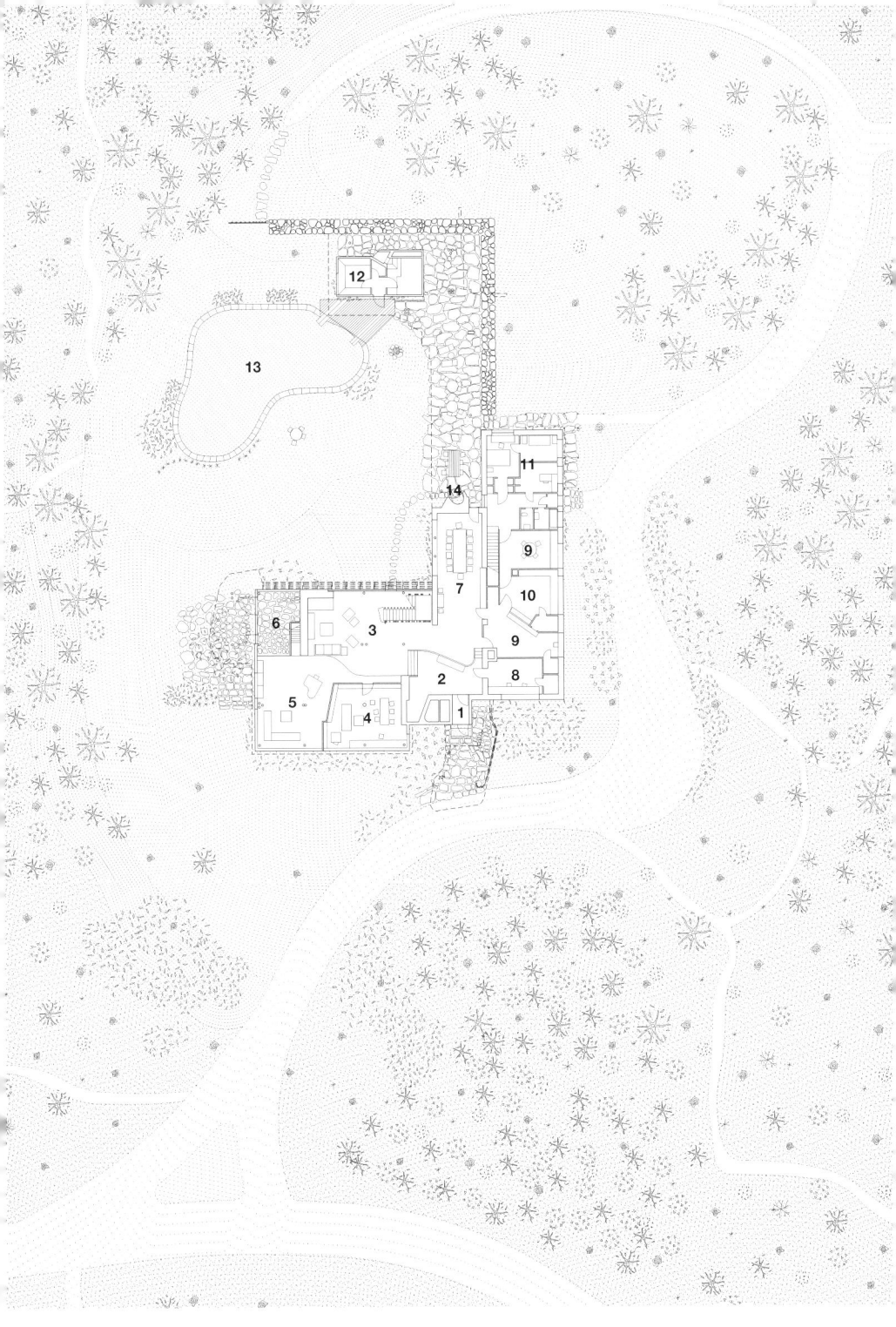

アカマツやカバの林に囲まれた美しい田園風景が広がる、20mほど起伏のついたなだらかな丘の上にある別荘。リビングやダイニングといった主要空間をワンルームとして中庭に向け、リビング正面の向かい側には離れとなったサウナ小屋があり、母屋とサウナとはテラスでゆるやかに連結されている。そのテラスには外暖炉が設けられ、サウナのあとに暖をとったり、炉辺で食事が楽しめるようになっている。図書室の1本の鉄筋コンクリートの柱を除いて、柱はすべて円形鋼で黒い塗装が施されて、2本組や3本組になっていたり、籐で覆われていたり、バーチ材の縞があしらわれていたりと、多様に個性化されている。

Q.1──柱を着色しなさい。

Q.2──リビングルーム、接客室、書斎、温室を含むほぼ正方形のエリアの柱スパンはおよそいくらか。

Q.3──柱を個性化することによって、規則的な柱スパンにどのような変化が起こると思うか。

Q.4──太陽の光をぎりぎりまで浴びて夕方も明るく過ごせる部屋はどれか。

14
柱
column

サヴォア邸	Villa Savoye

設計 ル・コルビュジエ | Le Corbusier
場所 フランス、ポワッシー | Poissy, France
期間 1929-1931

Name	1階平面図兼配置図	10	化粧室
		11	サンルーム
Scale	1:800		
Orientation			
1	エントランス		
2	駐車場		
3	エントランスホール		
4	寝室		
5	ユーティリティ		
6	リビングルーム		
7	キッチン		
8	配膳室		
9	テラス		

北に向かってなだらかに傾斜する緑鮮やかな一面の草地の上に、大きな白い箱が地上からもち上げられている。構成はほぼ正方形の箱の中に、L型の内部空間をはめ込み、地面から切り離され、さらにその上を屋上庭園としているというものである。1階のピロティの平面形は、自動車の回転するU字型のカーブがエントランスの半円形のガラス壁を決定づけている。

Q.1──柱スパンを測りなさい。

Q.2──柱のグリッドから、ずれている柱を着色して、ずれた理由を考えなさい。

Q.3──平面図の中から屋外空間を探し、各階ごとに着色しなさい。

Q.4──3回折り返すスロープはどこからどこまでをつないでいるか。

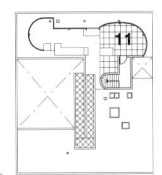

3階平面図 | 1:1000

2階平面図 | 1:1000

15
壁
wall

ロンシャンの教会 | Nortre-Dome-du-Haut Chapel

設計 ル・コルビュジエ | Le Corbusier
場所 フランス、ロンシャン | Ronchamp, France
期間 1950-1955

Name	1階平面図兼配置図
Scale	1:1000
Orientation	
a	ロンシャンの教会
1	エントランス
2	会衆席
3	祭壇
4	礼拝堂
b	守衛室
c	巡礼者の宿泊所

フランス南西部、ロンシャンの村の外れの丘の上に建つ巡礼礼拝堂。林を抜けて山道を登っていくと、大きな白い壁が人を受け止めるようにそり曲がって待ち受ける。凹面と凸面にカーブし、緩い縦勾配のついた数枚の壁が、コンクリート打放し仕上げの巨大な屋根を支える構成である。日常のミサは、200人を収容する室内で行われるが、年に数回の1万人以上の巡礼者が集まるときは、東側の凹壁を背後にして、外でミサがとり行われる。

Q.1 ── 何枚の凹凸の壁によってこの礼拝堂はできているか。

Q.2 ── 外から見た場合の、凸の壁と凹の壁を二色で塗り分けなさい。

Q.3 ── 山道を登ってアプローチしてきたとき、人を受け止めるという壁はどれか。

Q.4 ── 屋外でミサが行われる場合、会衆はどのあたりに集まって、どちらを向いているか。

Q.5 ── 凹凸の壁が切り替わる部分はどのように使われているか。

15
壁
wall

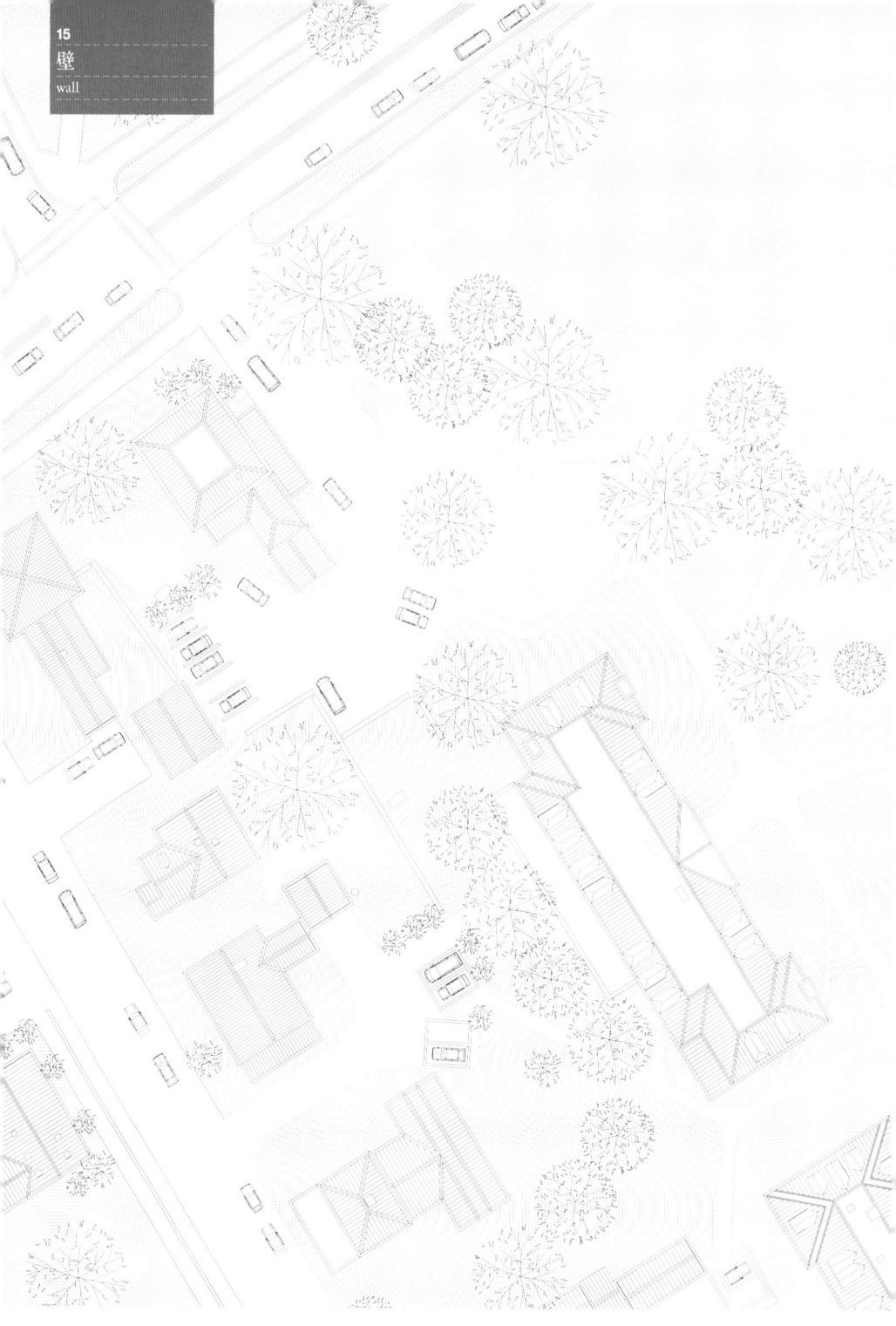

フィリップ・エクセター・アカデミー図書館
Library, Philips Exeter Academy

設計 ルイス・カーン | Louis I. Kahn

場所 米国 エクセター | Exeter, New Hampshire, USA

期間 1965-1972

Name	1階平面図兼配置図
Scale	1:800
Orientation	
a	図書館
1	回廊
2	エントランス
3	雑誌閲覧室
4	雑誌書架
5	キャレル
6	司書室
b	食堂

SITES – Architectural Workbook of Disposition | ZOOM 3 | 15 | wall

芝生に覆われたキャンパスの中心にある大学の図書館。一辺36mほどの立方体に近い単純な形が、芝生のうえに無造作に置かれているように見える。1階はロッジアが四周をめぐり、どこからでもアプローチすることができ、外観は四面とも同じ立面をもつ。各外壁は、コーナー部分の角が落とされ、最上階ではフレームだけが上へと伸び、間から空が透かし見える。となりには、同じくカーンによって設計された、ほぼ同平面形状の食堂が振って配置されている。

Q.1── 「落とされた」角とは、どういう形状のことをいうのか。

Q.2── 外観を構成する4つの立面は、角が落とされたり、上下端がロッジアやフレームになることでどのように見えると思うか。

解説編 | 15
壁
wall

pp.090-093

[ロンシャンの教会]
巨大な屋根は、フレームが外被によって覆われた航空機の翼のような構造である。屋根と壁がぶつかる箇所では、細いスリットが入り、自立した壁と屋根の表現を強調する。礼拝堂内部は、祭壇に向かって高くなる天井や、床面の操作によって東西の主軸が強調される。

Q.1——南面の壁の厚みは、東に向かって薄くなっている。壁の最大と最小の厚みを測りなさい。

Q.2——断面図に見える塔は、光を採りこみ、塔の下部にある南礼拝堂に光を落としている。同様の塔はほかにいくつあると思うか。平面図から推測しなさい。

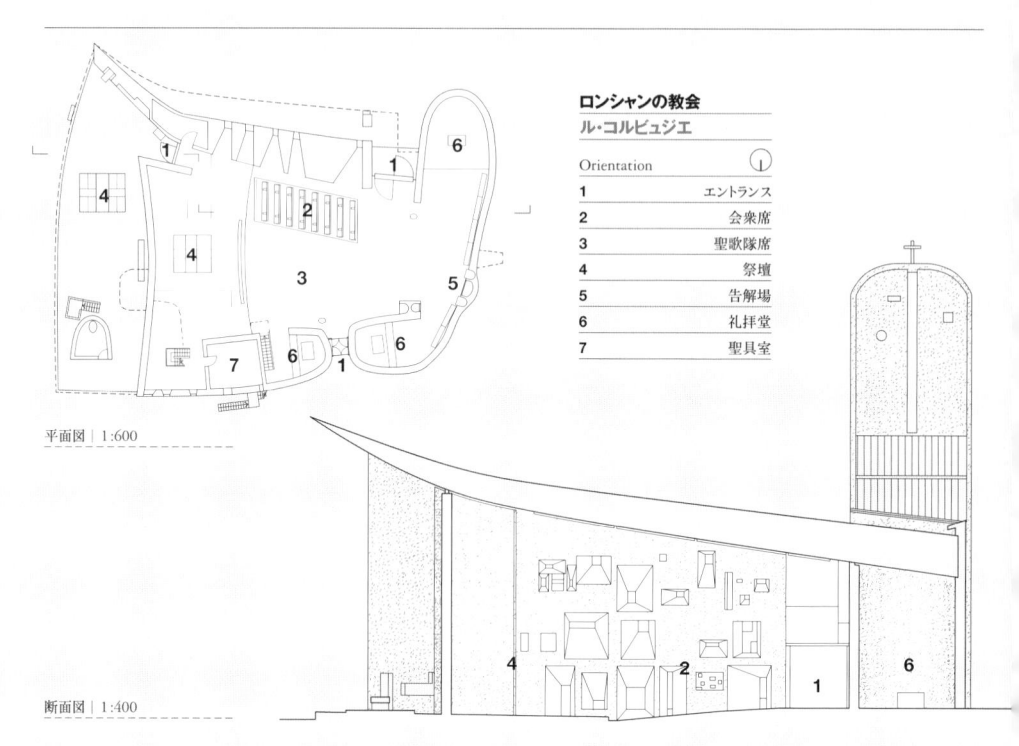

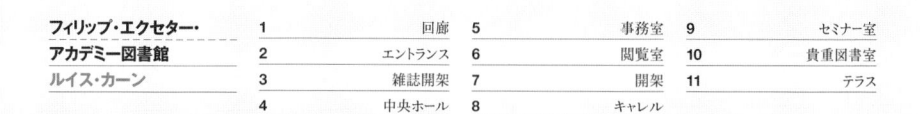

ロンシャンの教会
ル・コルビュジエ

Orientation
1 エントランス
2 会衆席
3 聖歌隊席
4 祭壇
5 告解場
6 礼拝堂
7 聖具室

平面図 | 1:600

断面図 | 1:400

フィリップ・エクセター・アカデミー図書館
ルイス・カーン

1 回廊
2 エントランス
3 雑誌開架
4 中央ホール
5 事務室
6 閲覧室
7 開架
8 キャレル
9 セミナー室
10 貴重図書室
11 テラス

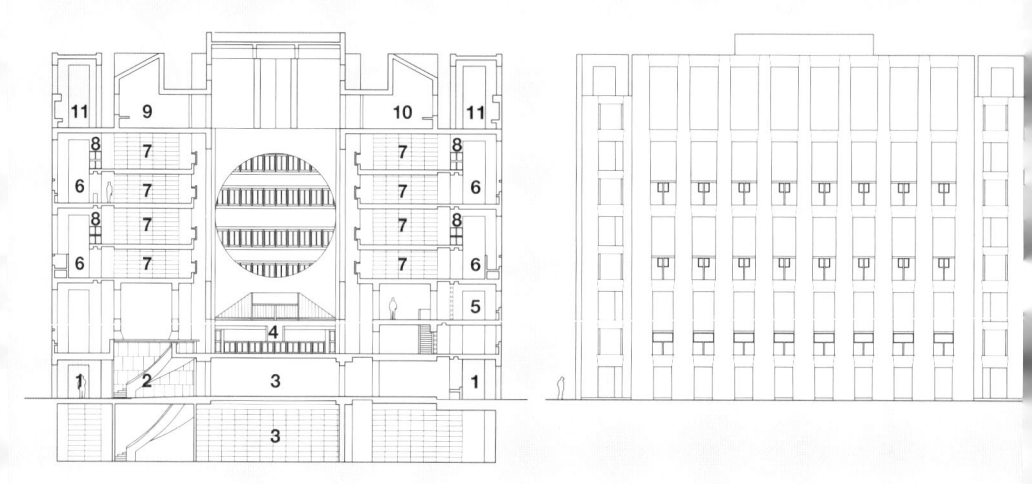

断面図 | 1:600

立面図 | 1:600

Q.3——東西の軸が強調されているという礼拝堂内部の床にはどういった操作がなされているか。

[フィリップ・エクセター・アカデミー図書館]
外壁の柱は負担する荷重の軽減にともなって上に行くほど次第に細くなる。力学的な安定感と力強さが強調され、上階ほど大きな開口部を得られる。平面は、3層の入れ子構造で、中央ホール、書架が並ぶ本のための空間、閲覧室とキャレル(個人用書架および机)が置かれた読書のための空間の順に、内側から外に向かって対称に配されている。

Q.4——この図書館は地上何階建てか。

Q.5——同心円状の閲覧室、書架、中央ホールは天井高が異なる。閲覧室、中央ホールはそれぞれ、書架スペースの何層分の天井高があるか。

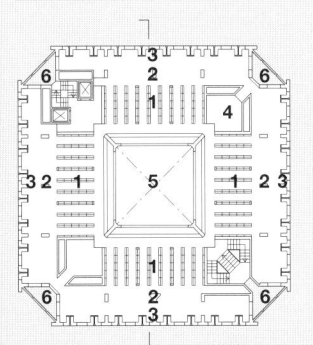

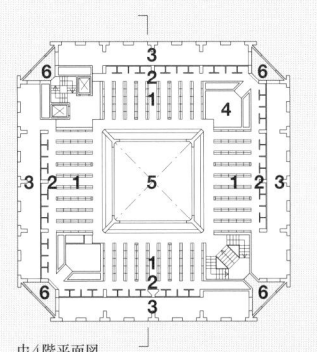

4階平面図
1	書架	4	リスニング・ルーム
2	閲覧室	5	吹抜け
3	キャレル	6	ポーチ

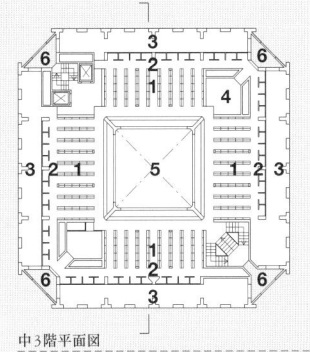

中4階平面図
1	書架	4	教員室
2	キャレル	5	吹抜け
3	吹抜け上部	6	ポーチ

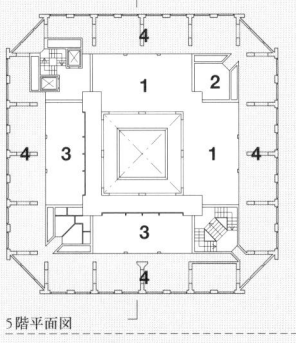

5階平面図
1	貴重図書室	4	屋上テラス
2	事務室		
3	セミナー室		

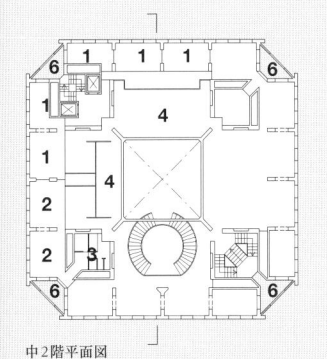

中2階平面図
1	事務室	4	視聴覚ブース
2	ラウンジ	5	吹抜け
3	更衣室	6	ポーチ

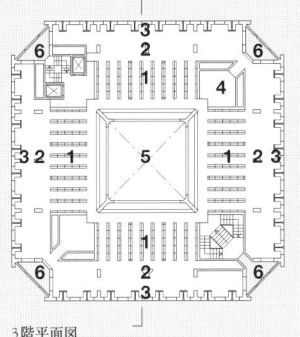

3階平面図
1	書架	4	リスニング・ルーム
2	閲覧室	5	吹抜け
3	キャレル	6	ポーチ

中3階平面図
1	書架	4	教員室
2	キャレル	5	吹抜け
3	吹抜け上部	6	ポーチ

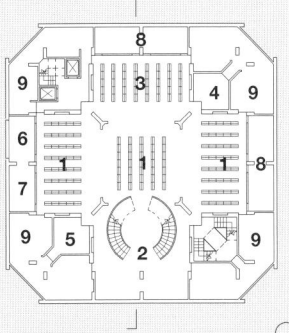

地階平面図 | 1:1000
1	雑誌書架	6	搬入室
2	マイクロフィルム室	7	守衛室
3	アーカイブ	8	倉庫
4	展示準備室	9	機械室
5	AV資料倉庫		

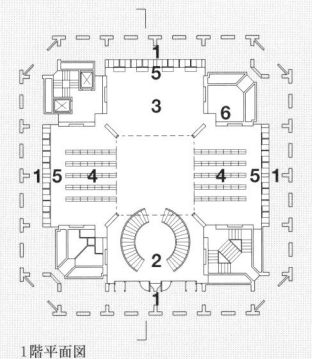

1階平面図
1	回廊	4	雑誌書架
2	エントランス	5	キャレル
3	雑誌閲覧室	6	雑誌司書室

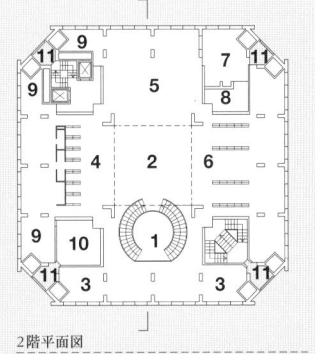

2階平面図
1	主階段	7	司書室
2	中心ホール	8	館長室
3	雑誌コーナー	9	作業スペース
4	貸出カウンター	10	コピー室
5	カード目録	11	ポーチ
6	レファレンスデスク		

16 ピロティ
piloti

リナ・ボ・バルディ邸 | Casa de Vidro

設計 リナ・ボ・バルディ | Lina Bo Bardi
場所 ブラジル、サンパウロ | São Paulo, Brazil
期間 1951

Name	地上階平面図兼配置図	b	スタジオ
Scale	1:700	c	守衛室
Orientation	⊖	d	池
		e	ガレージ
a			住居
1			エントランスへの階段
2			物置
3			使用人の寝室
4			使用人のリビングルーム
5			ワードローブ
6			ベランダ
7			中庭

SITES – Architectural Workbook of Disposition | ZOOM 3 | 16 | piloti

サンパウロ市郊外に連なる丘のひとき わ高い頂きに、熱帯の森に背後を包ま れて建つこの自邸は、建築家リナ・ボ・ バルディが全面的に設計を手がけた 最初の建物である。舟のタラップのよう に揺れる金属製の階段を上がると、思 わず息をのむようなパノラマの光景が 広がる。リビングエリアは、光庭以外は ほぼ全面がオープンになっている。この 光庭から階下の庭の木が上に伸びて 家の中心を突き抜けている。一方、北 側には一列に並んだ寝室が細長い 中庭に面して、中庭の反対側には使 用人用のスペースが並んでいる。

Q.1——眺望のもっとも良い方位はどち らか。

Q.2——1階のピロティを経て、階段に よって2階のほぼ中央のエントランス に到達する。エントランスが主フロアの 中心にあることの利点を考えなさい。

16 ビロティ
piloti

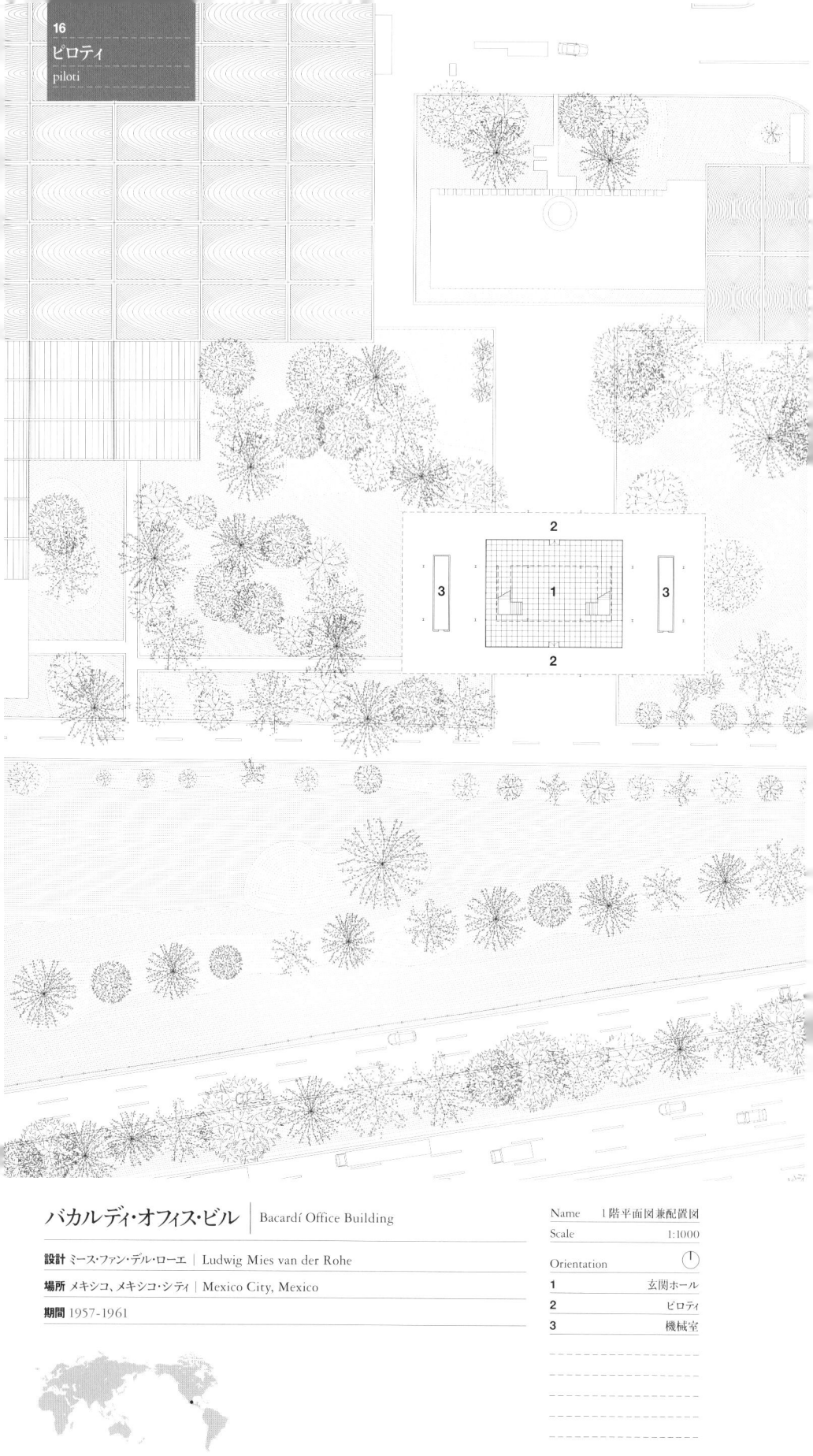

バカルディ・オフィス・ビル	Bacardí Office Building
設計 ミース・ファン・デル・ローエ	Ludwig Mies van der Rohe
場所 メキシコ、メキシコ・シティ	Mexico City, Mexico
期間 1957-1961	

Name	1階平面図兼配置図
Scale	1:1000
Orientation	
1	玄関ホール
2	ピロティ
3	機械室

SITES – Architectural Workbook of Disposition | ZOOM 3 | 16 | piloti

メキシコ・シティ郊外にある、ラムで有名な洋酒ブランド、バカルディ社の工場の敷地内には、ミースのオフィス棟とフェリックス・キャンデラによる瓶詰め工場が並ぶ。オフィス棟は広場の上に、柱を四隅に据えず、ヴォリュームがキャンティレヴァーとして張り出されている。ピロティの中央に1階エントランス・ホールと冷暖房機械室を据え、主要な執務空間が2階に設けられている。

Q.1——ピロティ部分を着色しなさい。

Q.2——柱スパンとキャンティレヴァーの張り出し距離を測りなさい。

Q.3——上部が吹抜けであるエリアを着色しなさい。

Q.4——完全なシンメトリーである平面図の対称軸を描きなさい。

解説編 | 16
ピロティ
piloti

pp.096-099

[リナ・ボ・バルディ邸]
2階は水平に切り取られた空間で、鉄筋コンクリートの薄い2枚のスラブに挟まれ、細長い円柱で串刺しにされている。壁はガラスで全面を覆われ、屋根はわずかに傾斜している。リビングエリアは、ダイニングルーム、図書館、独立している暖炉を含むリビングルーム等、異なる機能に割り当てられ、周囲にひろがる森のパノラマが、空間を一つにまとめている。

Q.1 ── 1階と2階における柱の位置関係はどうなっているか。

Q.2 ── 使用人のスペースと主スペース

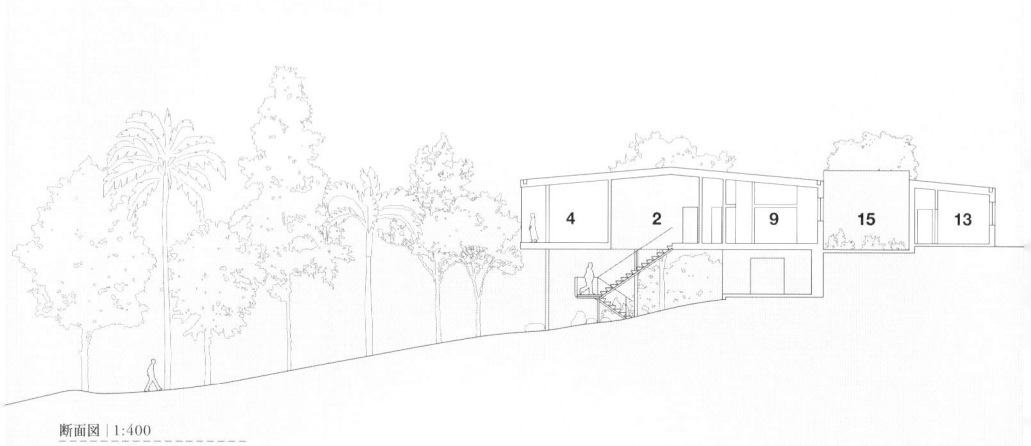

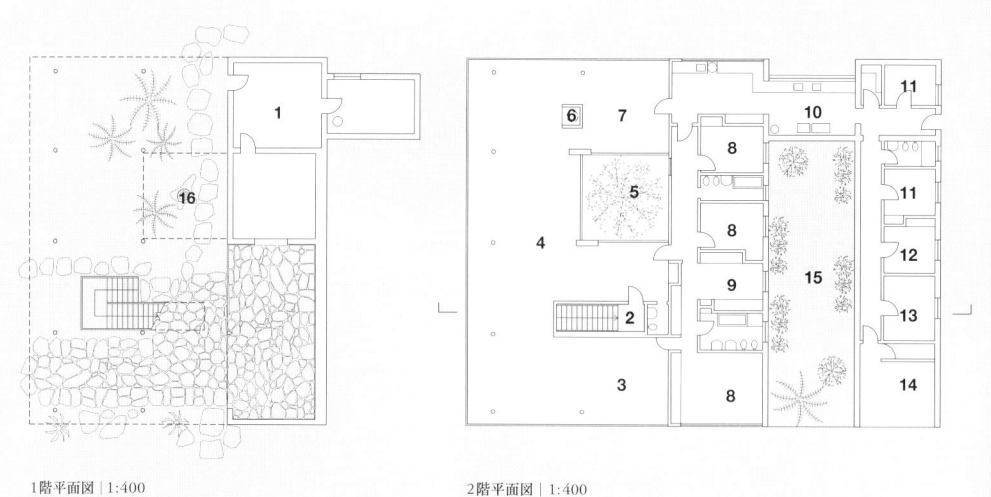

断面図 | 1:400

1階平面図 | 1:400

2階平面図 | 1:400

リナ・ボ・バルディ邸							
リナ・ボ・バルディ							
Orientation	1	物置	7	ダイニングルーム	13	ワードローブ
	2	エントランス	8	寝室	14	ベランダ
	3	図書室	9	クローゼット	15	中庭
	4	リビングルーム	10	キッチン	16	上部光庭
	5	光庭	11	使用人の寝室		
	6	暖炉	12	使用人の居間		

をつなぐ部屋は何か。

[バカルディ・オフィス・ビル]
地上階と上階からなり、平面計画においては、マホガニーのパーティションで区切られたユニバーサルスペースの執務空間が、吹抜けのホールによって地上階のガラスのヴォリュームと結ばれる。シンメトリックに配置された階段のあるホールからは、執務する従業員の姿が一望できる。

Q.3——1階、2階の天井高は、それぞれ3m、4mである。1階のエントランスにいるアイレベルが1.5mの人から、2階の天井が見える範囲は最大でどこまでか、断面図二面に図示しなさい。

バカルディ・オフィス・ビル
ミース・ファン・デル・ローエ

Orientation	
1	ピロティ
2	玄関ホール
3	機械室
4	事務室
5	会議室
6	吹抜け

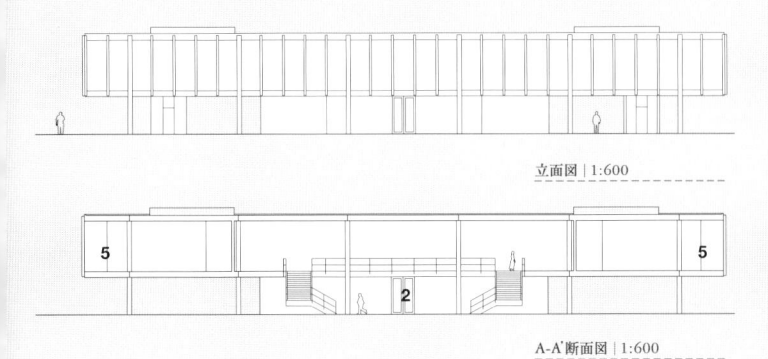

立面図 | 1:600

A-A'断面図 | 1:600

B-B'断面図 | 1:600

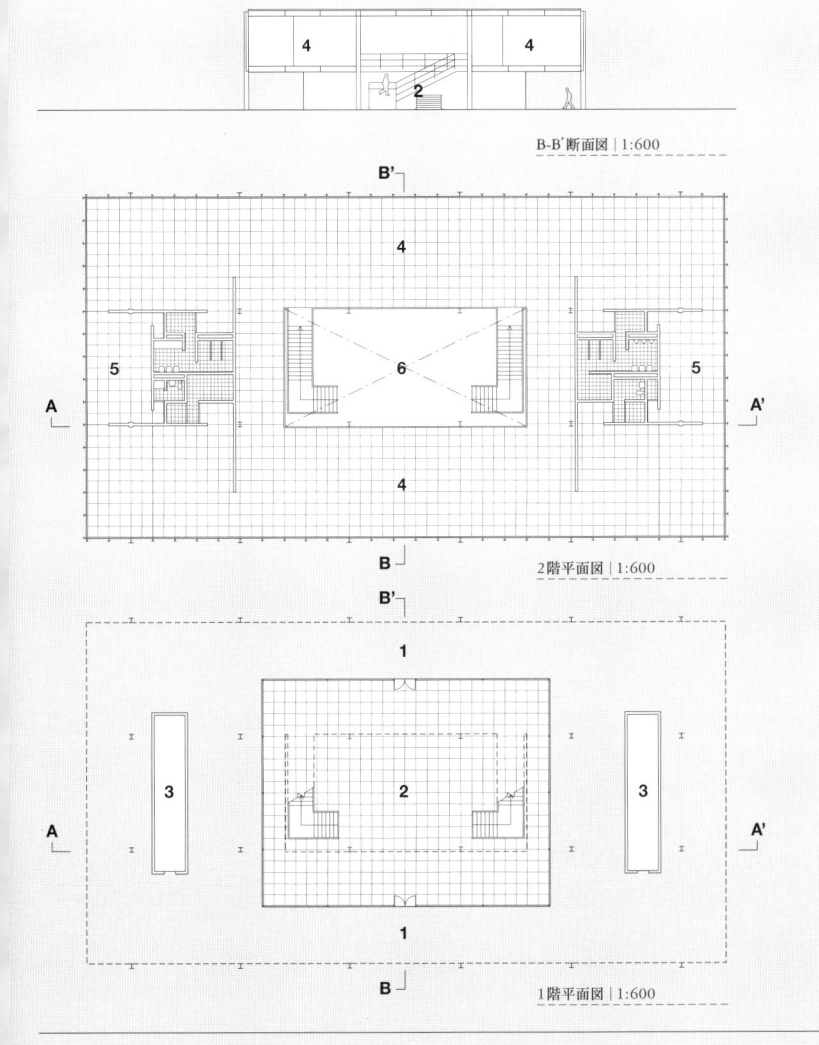

2階平面図 | 1:600

1階平面図 | 1:600

17
テラス
terrace

落水荘 | Fallingwater

設計 フランク・ロイド・ライト | Frank Lloyd Wright
場所 米国、ベアラン | Bear Run, Pennsylvania, USA
期間 1936

Name	1階平面図 兼配置図	b	ガレージ
Scale	1:500	c	ゲストハウス
Orientation		d	プール
a	落水荘	e	ブリッジ
1	ポーチ	f	樫の木
2	エントランス	g	木製橋
3	ダイニングルーム	h	上部パーゴラ・ブリッジ
4	リビングルーム		
5	暖炉		
6	キッチン		
7	テラス		
8	プール		

SITES – Architectural Workbook of Disposition | ZOOM 3 | 17 | terrace

生い茂る木々の間を流れる渓流の美しい滝の上を敷地として設計された住宅。渓谷に架かる橋を渡り、道の上に架かるパーゴラをくぐって、狭く低いエントランスから入ると、大きく水平に広がる空間があらわれ、滝の上のテラスまで人を導く。鉄筋コンクリートのテラスは5m以上空中に飛び出し、峡谷にかかっている。ライトが'ウェイターの持つ盆'と形容したように、2、3階のテラスは幾重にも重なり、テラスは自然の風景の中に突きだされている。

Q.1——図中のxの地点から、1階南西のテラスまでのルートを描きなさい。

Q.2——1階にはいくつのテラスがあるか。

Q.3——それぞれのテラスの広さは何m²か。

Q.4——リビングルームの広さは何m²か。

17 テラス
terrace

シュミンケ邸 | Schminke House

設計 ハンス・シャロウン | Hans Scharoun
場所 ドイツ、レーバウ | Löbau, Germany
期間 1932-1933

SITES – Architectural Workbook of Disposition | ZOOM 3 | 17 | terrace

Name	1階平面図兼配置図
Scale	1:500
Orientation	
1	エントランス
2	ホール
3	ダイニングルーム
4	キッチン
5	仕事場
6	寝室
7	リビングルーム
8	サンルーム
9	温室
10	テラス

敷地は、隣接するクライアント所有の工場とは反対の北側に眺望が望め、東側の境界に沿った通りに向かって下る傾斜地である。家を太陽（と工場）か、それとも眺望のいずれに向けるかについて、シャロウンは、リビングエリアを太陽の恵みを受けると同時に眺望も楽しめるよう、正確に南北方向に向く細長いフォルムとした。東西の端は敷地の境界線と平行にして、1階のガラス張りのサンルームとその前のテラス、上階の主寝室とそのテラスで最高の眺望を手に入れることができる。

Q.1──リビングエリアが向いている南北軸を描きなさい。

Q.2──シャロウンが「眺め軸」と呼んだ、東側の境界線と平行する軸に沿っている壁面を着色しなさい。

Q.3──リビングルーム、サンルーム、温室をとりまくテラスは、眺望と日光のいずれを楽しむために設けられているか。テラスをいくつかの部分に分けて、部分ごとに説明しなさい。

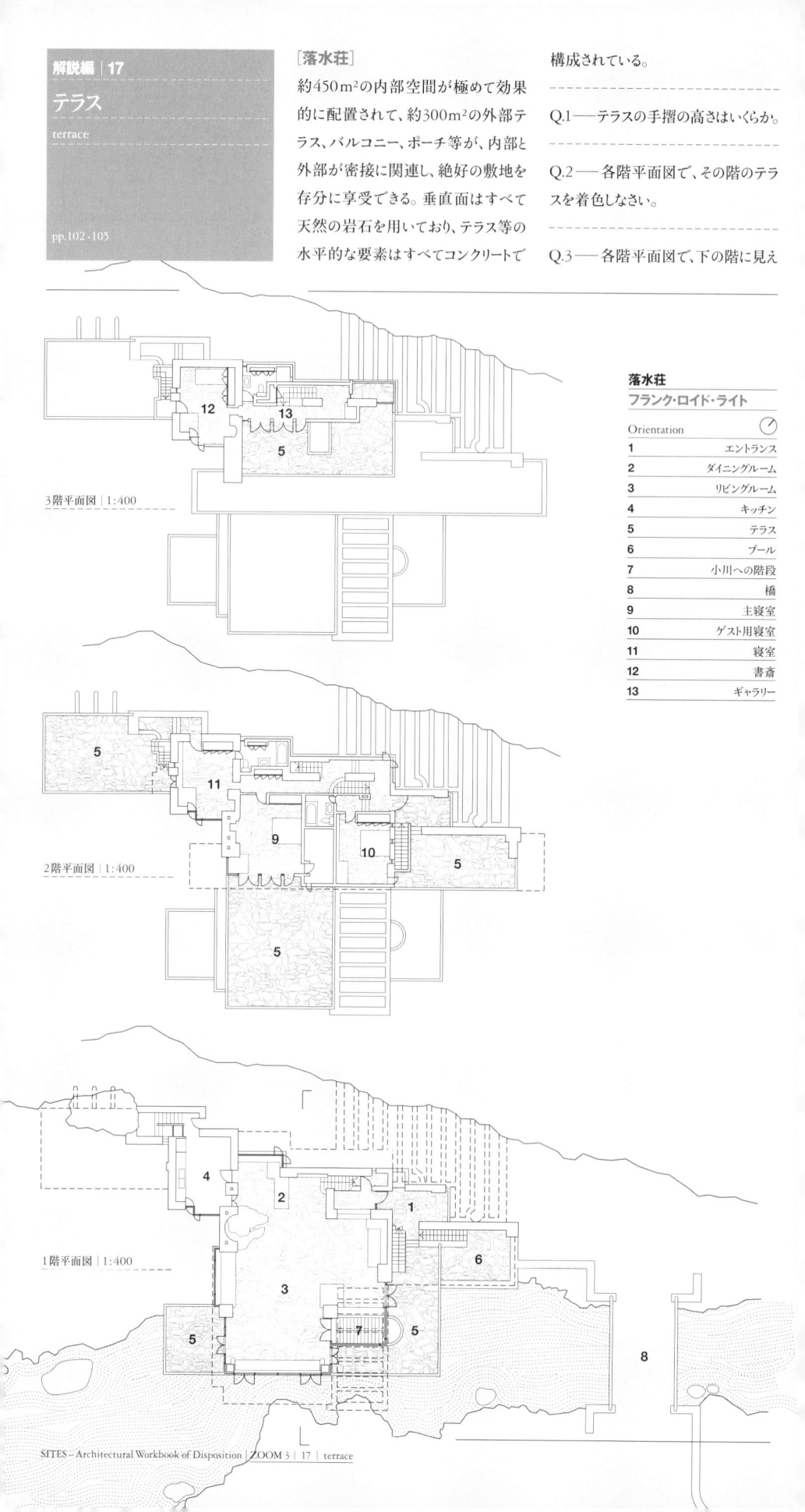

解説編 | 17
テラス
terrace

pp.102-105

[落水荘]
約450m²の内部空間が極めて効果的に配置されて、約300m²の外部テラス、バルコニー、ポーチ等が、内部と外部が密接に関連し、絶好の敷地を存分に享受できる。垂直面はすべて天然の岩石を用いており、テラス等の水平的な要素はすべてコンクリートで構成されている。

Q.1——テラスの手摺の高さはいくらか。

Q.2——各階平面図で、その階のテラスを着色しなさい。

Q.3——各階平面図で、下の階に見え

3階平面図 | 1:400

2階平面図 | 1:400

1階平面図 | 1:400

落水荘
フランク・ロイド・ライト

Orientation	
1	エントランス
2	ダイニングルーム
3	リビングルーム
4	キッチン
5	テラス
6	プール
7	小川への階段
8	橋
9	主寝室
10	ゲスト用寝室
11	寝室
12	書斎
13	ギャラリー

るテラスを別の色で着色しなさい。

Q.4 ── 落水荘のテラスの重なり方にはどのような特徴があるといえるか。

[シュミンケ邸]
リビングエリアの南向きの窓は比較的狭い水平の連続窓で、日光を採り込みつつ、プライバシーを調節し、北側は強い日射を受ける恐れがないため、全面ガラスの壁がテラスに向かって開き、遠くの景色を眺められる。2層吹抜けのホールにある主階段は東の境界線に沿って配され、平面中央にダイナミックな要素をつくりだし、住宅内の動きのパターンを豊かにしている。

Q.5 ── 2階のテラスを着色しなさい。

Q.6 ── 1階のテラスのうち、上部を覆われている部分を、1階平面図に着色しなさい。

Q.7 ── シュミンケ邸のテラスの重なり方にはどのような特徴があるといえるか。

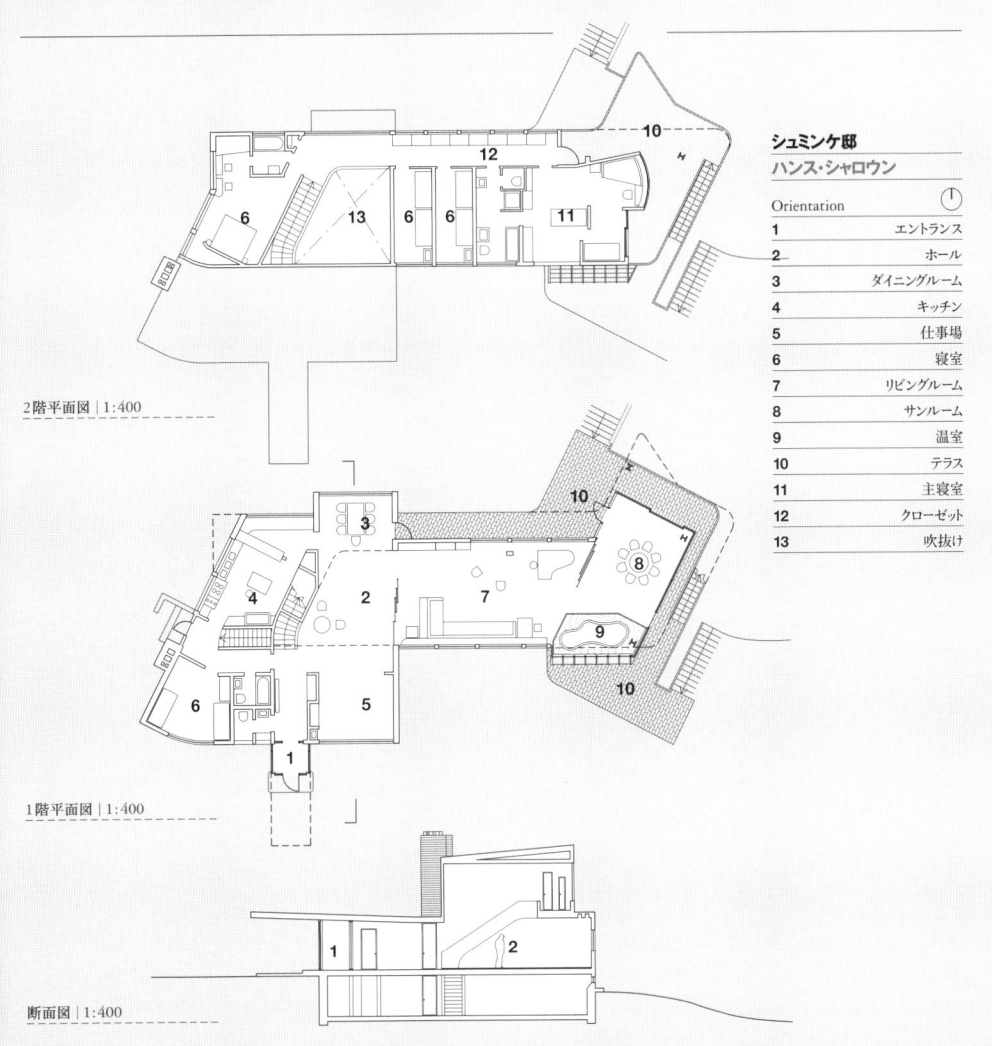

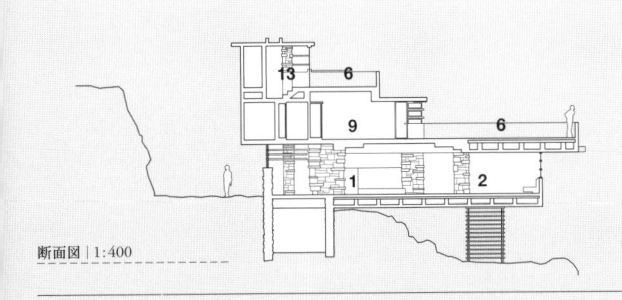

2階平面図 | 1:400

1階平面図 | 1:400

断面図 | 1:400

断面図 | 1:400

シュミンケ邸
ハンス・シャロウン

Orientation
1　エントランス
2　ホール
3　ダイニングルーム
4　キッチン
5　仕事場
6　寝室
7　リビングルーム
8　サンルーム
9　温室
10　テラス
11　主寝室
12　クローゼット
13　吹抜け

18 床 floor

ソーク生物学研究所 | Laboratory Buildings for Salk Institute

設計 ルイス・カーン | Louis I. Kahn
場所 米国、ラ・ホヤ | La Jolla, California, USA
期間 1959-1965

Name	1階平面図 兼配置図
Scale	1:2500
Orientation	

- a 研究棟
- 1 実験室
- 2 研究室のポーティコ
- 3 中庭
- 4 図書室
- 5 サービスタワー
- b 集会棟［未完］
- 6 ホール
- 7 食堂
- 8 閲覧室
- 9 図書室
- 10 ゲストルーム
- 11 ジム
- 12 オーディトリアム
- 13 庭
- c 住居棟［未完］
- d 機械棟

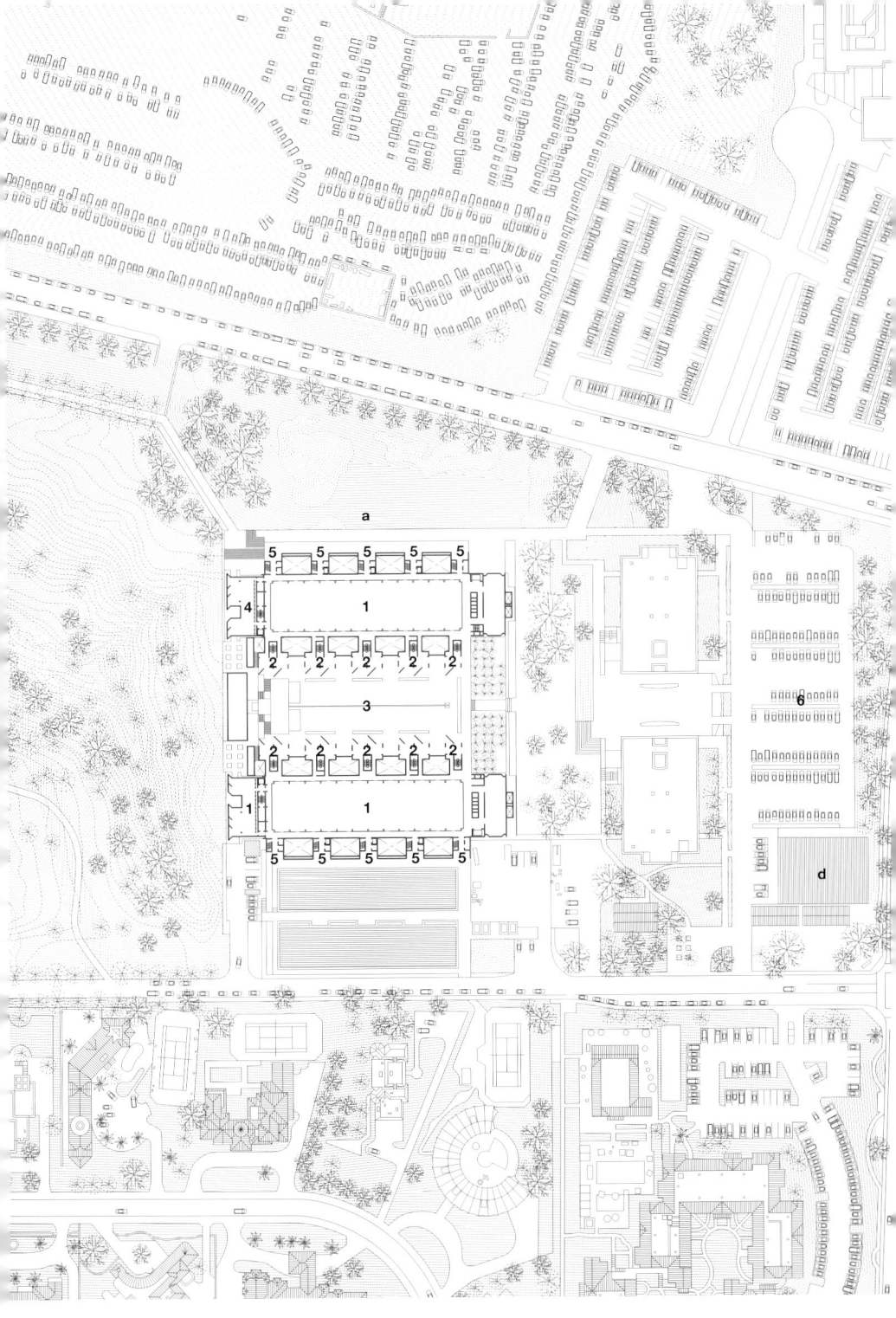

敷地は小高い丘の上の太平洋を望む崖の突端に位置する。もともとの計画では、研究棟（実験室と研究者の個室）、集会棟（オーディトリアム、図書館、野外劇場、宿泊施設）、住居棟（研究者の宿舎）の大きく3つの要素からなる壮大なプロジェクトであったが、結果的には研究棟だけが実現された。西側の太平洋に向かって東西にまっすぐ伸びる主軸を中心に、中庭を挟んで左右対称に建物が配置されている。東西軸方向に内側から順に研究者の個室ユニット群、実験室、サービスタワーが置かれ、建物本体の骨格ができあがっている。海に向かって開かれた窓をもつ三角の張り出しが個室ユニットに付属している。

Q.1──個室ユニット群、実験室、サービスタワーを異なる色で着色しなさい。

Q.2──建物全体の配置における、対称軸を描きなさい。

Q.3──対称軸の内側から3つの部分が並ぶ順序にはどんな意味があるか。

解説編 | 18
床
floor

pp.108-109

[ソーク生物学研究所]
実験室部分の断面では、実験室と2.7mの高さがあって人が通れるパイプ・ラボラトリーと呼ばれる配管のための部屋とが交互に重なっている。階段とブリッジによって実験室とつながる個室部分は、階高の低いパイプ・ラボラトリーのあるレベルに設定されていて、研究個室にふさわしいヒューマン・スケールになっている。一方、実験室のレベルは、実験室を出た研究者が中庭を見下ろしながら休憩できる天井高の高いテラスになっている。パイプ・ラボラトリー内に、フィーレンディール梁を挿入することで、実験室の内部には柱がなくなり、極めて高いフレキシビリティが

ソーク生物学研究所
ルイス・カーン

Orientation ⊖

1	パイプ・ラボラトリー	5	サービス通路	10	ライトウェル
	[設備スペース]	6	外部通路	11	事務室
2	実験室	7	サービスタワー	12	機械室
3	研究室	8	トイレ	13	クーリングタワー
4	研究室のポーティコ	9	研究室へのブリッジ	14	中庭

上階パイプラボラトリー階平面図 | 1:1000

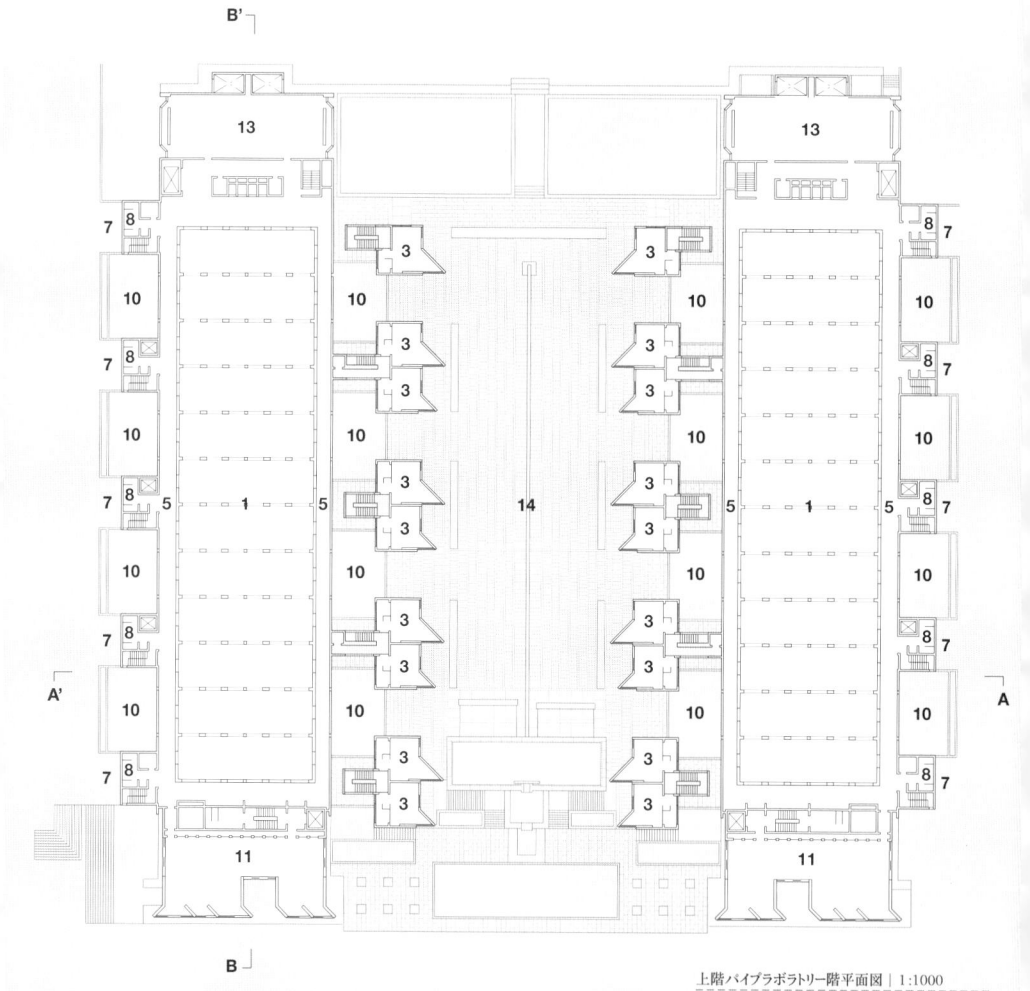

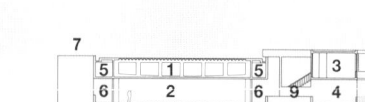

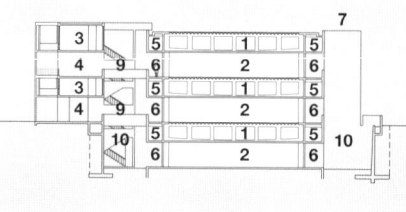

A-A'断面図 | 1:1000

得られている。

Q.1——実験室とパイプ・ラボラトリーのセットと、研究個室とテラスのセットはそれぞれいくつあるか。

Q.2——断面図で、天井高2.7mのパイプラボラトリーと研究室を着色しなさい。

Q.3——各層で1つの階段を共有する2つの研究室は、西側の太平洋へのビューを確保するために、三角の張り出し部分に工夫がある。それは何か。

上階実験室階平面図 | 1:1000

B-B'断面図 | 1:1000

18
床
floor

ヴェネツィアの病院計画案 | New Hospital in Venice

設計 ル・コルビュジエ | Le Corbusier
場所 イタリア, ヴェネツィア | Venice, Italy
期間 1965

Name 最上階平面図兼配置図
Scale 1:5000
Orientation

ル・コルビュジエの死によって未完に終わった病院の計画。ヴェネツィアのグラン・カナルの北西端、ヴェネツィアとメストレを隔てるラグーンに突き出た場所が敷地である。この計画はプランを水平方向に展開し、機能ごとに分かれた階をレイヤー状に重ね合わせ、最上階はすべて病室にあてられている。建物の高さは旧市街に合わせて4層に抑えられ、水平方向に中庭をはらんで海へと展開する。

Q.1──中庭を着色しなさい。

Q.2──病室28床のまとまりが正方形モデュールを構成している。そのモデュールの大きさを測りなさい。

Q.3──この病院全体で何床の規模をもっているか。

Q.4──病院に必要な機能を備えた4層のレイヤーによってこの病院は水平方向に、増築が可能な計画となっている。さらに560床を増床すると仮定して、前ページに増築案を描きこみなさい。最上層の動線確保と、下層において正方形モデュールに採光がとれるよう中庭を挿入すること。

19
天井
ceiling

ヴォクセニスカの教会 | Church, Vuoksenniska

設計 アルヴァー・アールト | Alvar Aalto
場所 フィンランド、イマトラ | Imatra, Finland
期間 1956-1958

Name	1階平面図兼配置図
Scale	1:600
Orientation	
1	教会入口
2	礼拝堂
3	祭壇
4	説教台
5	(分割して使うときの)ロビー
6	地下チャペル入口

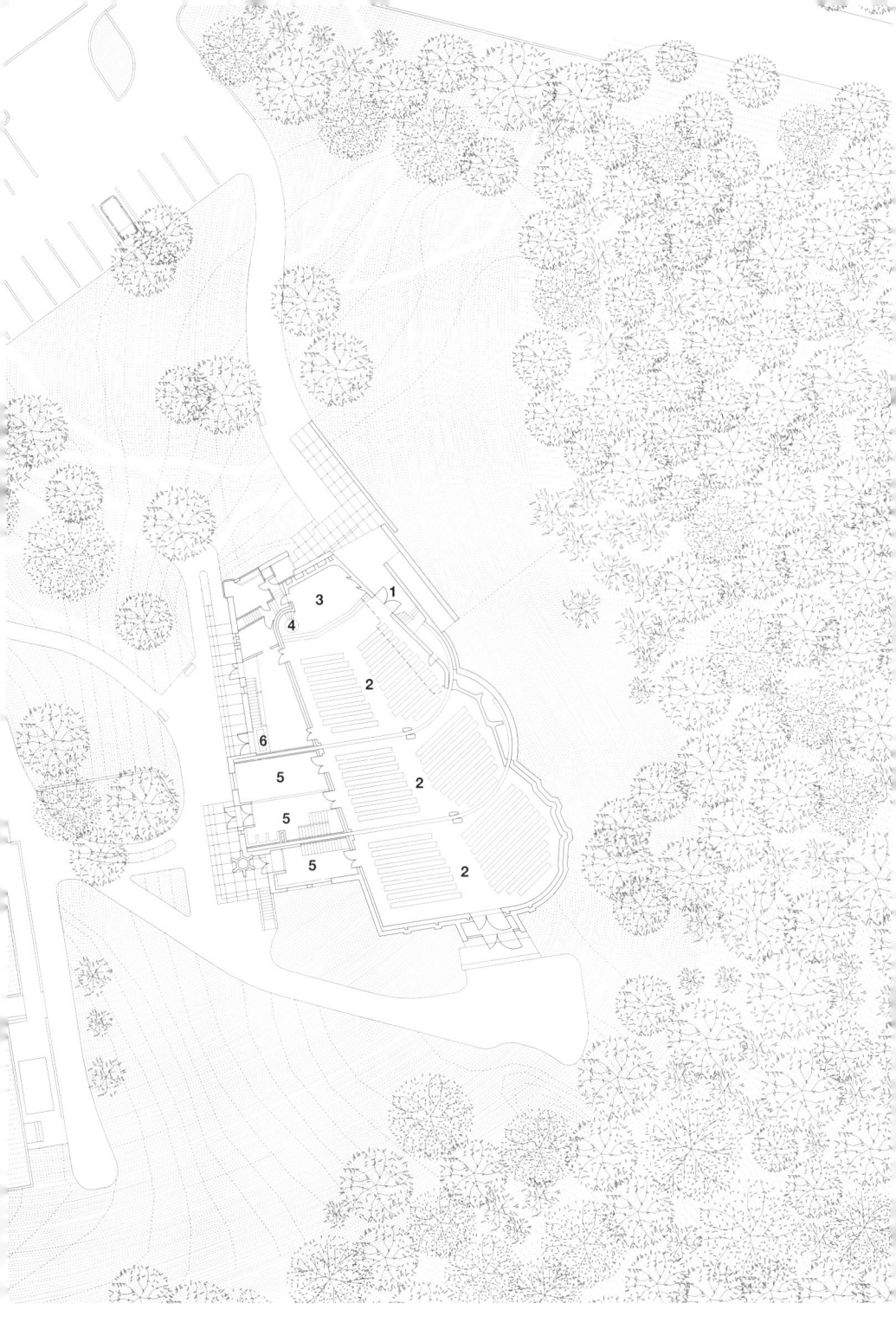

この教会は、アールトによる工業都市イマトラのマスタープランの一部として設計された。800席以上あるこの礼拝堂は、3つのホールが連続し、うち2ホールは必要があれば可動式の仕切り壁で分離できる。各300席ほどある3つのホールは、本来の礼拝の場所としてだけでなく、地域の社会的な活動に使われ、複数の入口によって3つのセクションは独立して使用することができる。分割して使用する場合、可動間仕切りは弧を描いて完全に壁の内部に収納される。天井もそれぞれのホールでまとまりがうまれるように曲面が用いられている。

Q.1──礼拝堂(3つのホールをあわせて)には合計でいくつの出入口があるか。

Q.2──ホールが分割され、祭壇を含むホールでミサが行われている場合、最後部のホールを利用するにはどの扉から出入りするか。

Q.3──全部で4枚ある可動間仕切りは、どこに収納されるか。図中に着色しなさい。

19 天井
ceiling

バウスヴェア教会 | Bagsveard Church

設計 ヨーン・ウッツォン | Jørn Utzon
場所 デンマーク, コペンハーゲン | Copenhagen, Denmark
期間 1973-1976

Name	1階平面図 兼配置図
Scale	1:1000
Orientation	

1	エントランス
2	教会ホール
3	祭壇
4	控室
5	オフィス
6	控人室
7	教区ホール
8	会議室
9	キッチン
10	中庭
11	礼拝堂

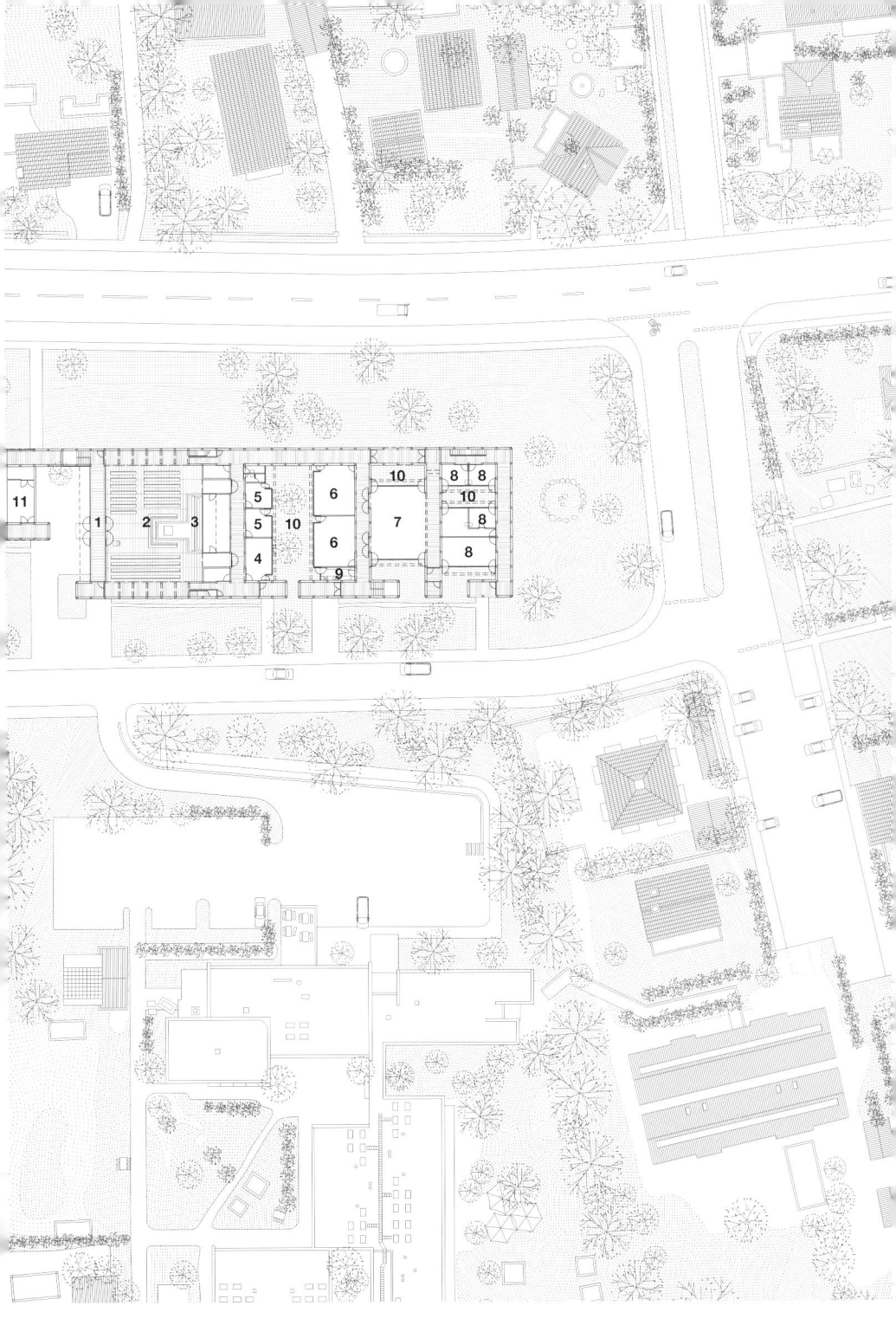

教会ホールに、いくつかの集会室や付属の施設が付け加えられた複合宗教センター。敷地は細長く、三方を道路に接している。採光はほとんど上部から採り、閉鎖的なファサードであるが、カバの木が全体を囲うように植えられ、やわらなか雰囲気を醸している。教会へは奥行のないガラス張りのポーチを通り、両側の廊下が動線の要となっている。建物は2.2mのモデュールを使用し、天井の円筒シェルをプレファブ・コンクリート・フレームの壁が支える構造となっている。

Q.1 ── 芝生の切り欠きから判断して、北面と南面にはそれぞれいくつの出入口があるか。

Q.2 ── 2.2m幅の動線空間を着色しなさい。

Q.3 ── 三方以上を壁に囲まれた外部空間を着色しなさい。

Q.4 ── 動線空間(廊下)と外部空間によって分割されたいくつかのゾーンは、機能上、どんな意図をもって配列されているか。

解説編｜19
天井
ceiling

pp.114-117

[ヴォクセニスカの教会]

Q.1——天井のうねりは、礼拝堂の構成とどんな関係にあるか。

Q.2——断面図の奥に縦長に並んで見えているものは、窓である。これらは床からどれだけの高さにあるか。また、そのような高さである理由を述べなさい。

Q.3——トップライトの向きから考えて、どこに光を落とすことを想定しているか。

[バウスヴェア教会]

教会ホールのコンクリートの天井は、曲面によって廊下方向に高さが大きく変化する。入口の下では低く始まり、その後急上昇して高く上がり、そのすき間を

ヴォクセニスカの教会

アルヴァー・アールト

1	礼拝堂
2	祭壇
3	エントランス・ポーチ
4	塔

断面図｜1:300

バウスペア教会

ヨーン・ウッツォン

1	礼拝堂
2	エントランス
3	教会ホール
4	祭壇
5	聖具室
6	オフィス
7	中庭
8	控人室
9	教区ホール
10	会議室

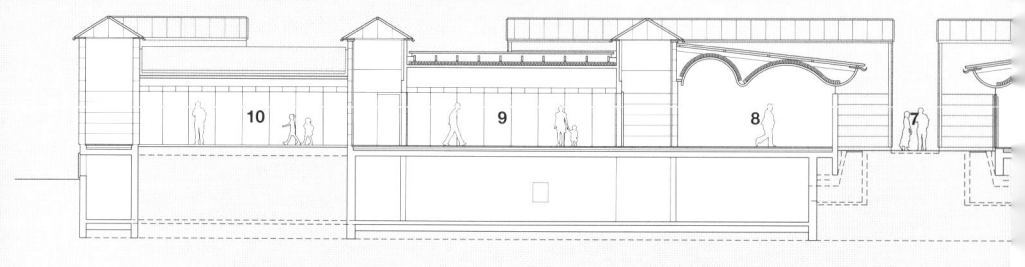

断面図｜1:300

通り抜けた光が後方から流れ込む。十字架の浮かぶ祭壇に向かって再び空間は低くなる。外観は内部空間に対応し、内部のうねる天井が、それに従う階段状の外皮となってあらわれる。

Q.4——教会ホールにおいて、天井高がもっとも高いところと低いところを測りなさい。

Q.5——教会ホール内のうねる天井は来館者にどのような空間体験をもたらすと思うか。

Q.6——水平な天井が架けられている場所と、うねる天井が架けられている場所の、プログラム上（用途上）の違いは何か。前ページの平面図も参考にして答えなさい。

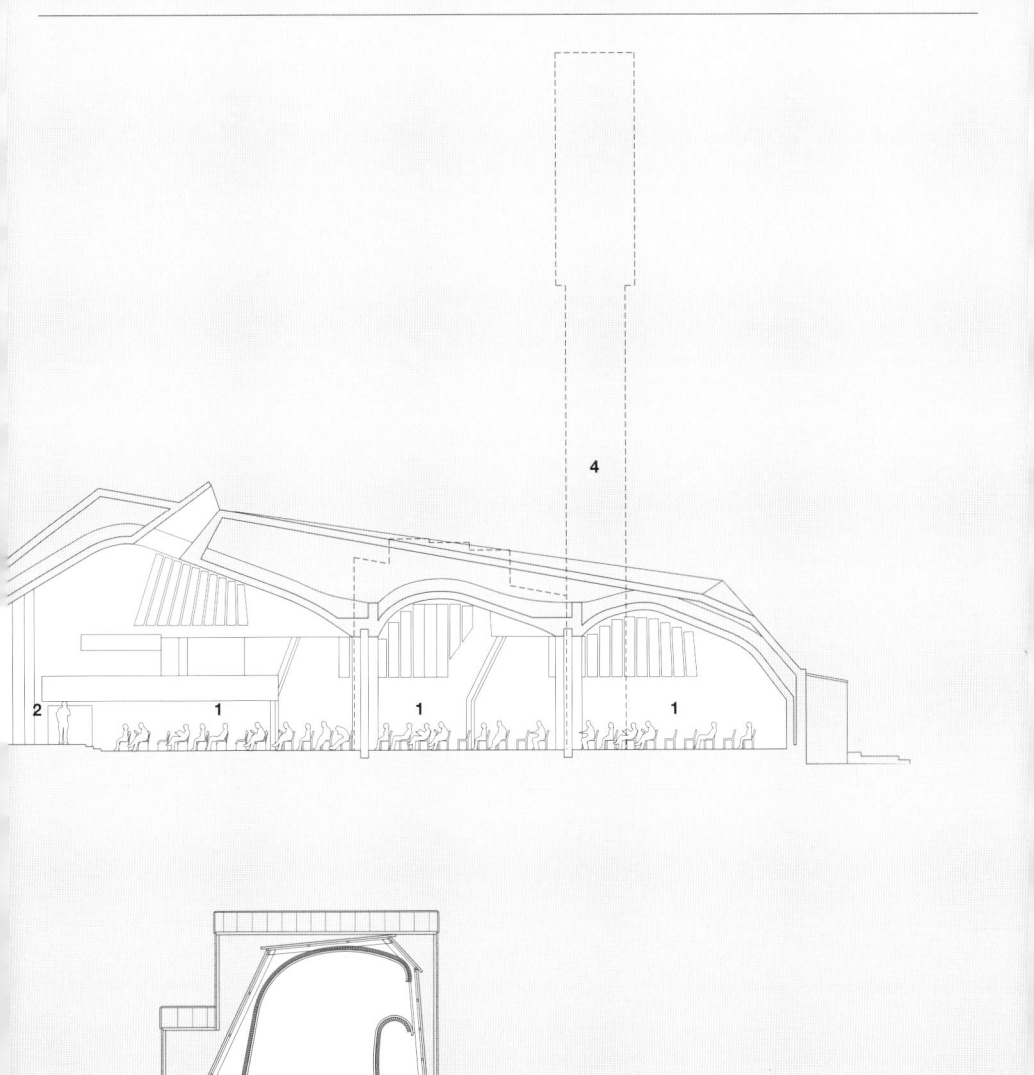

20
屋根
roof

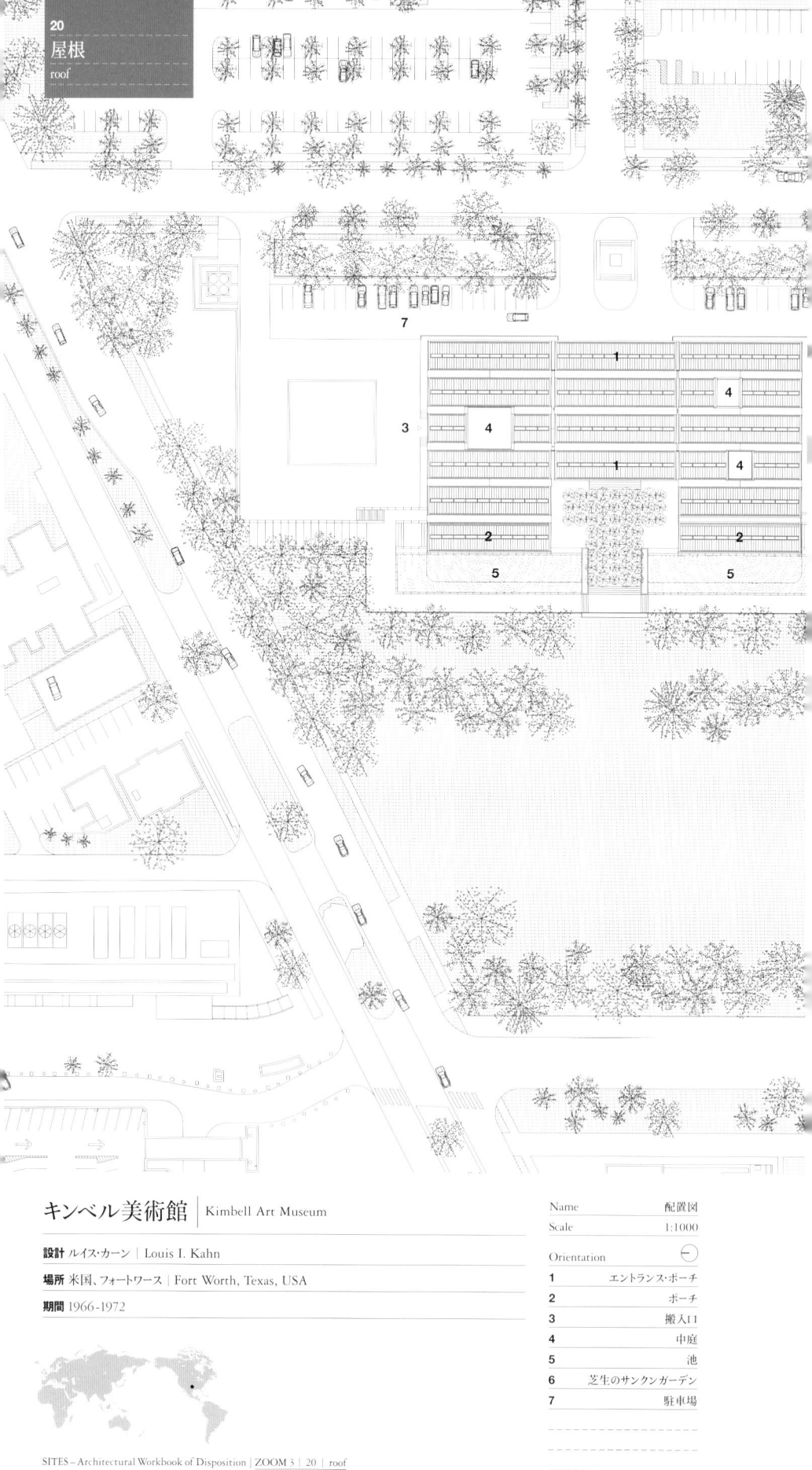

キンベル美術館 | Kimbell Art Museum

設計 ルイス・カーン | Louis I. Kahn
場所 米国、フォートワース | Fort Worth, Texas, USA
期間 1966-1972

Name	配置図
Scale	1:1000
Orientation	⊖
1	エントランス・ポーチ
2	ポーチ
3	搬入口
4	中庭
5	池
6	芝生のサンクンガーデン
7	駐車場

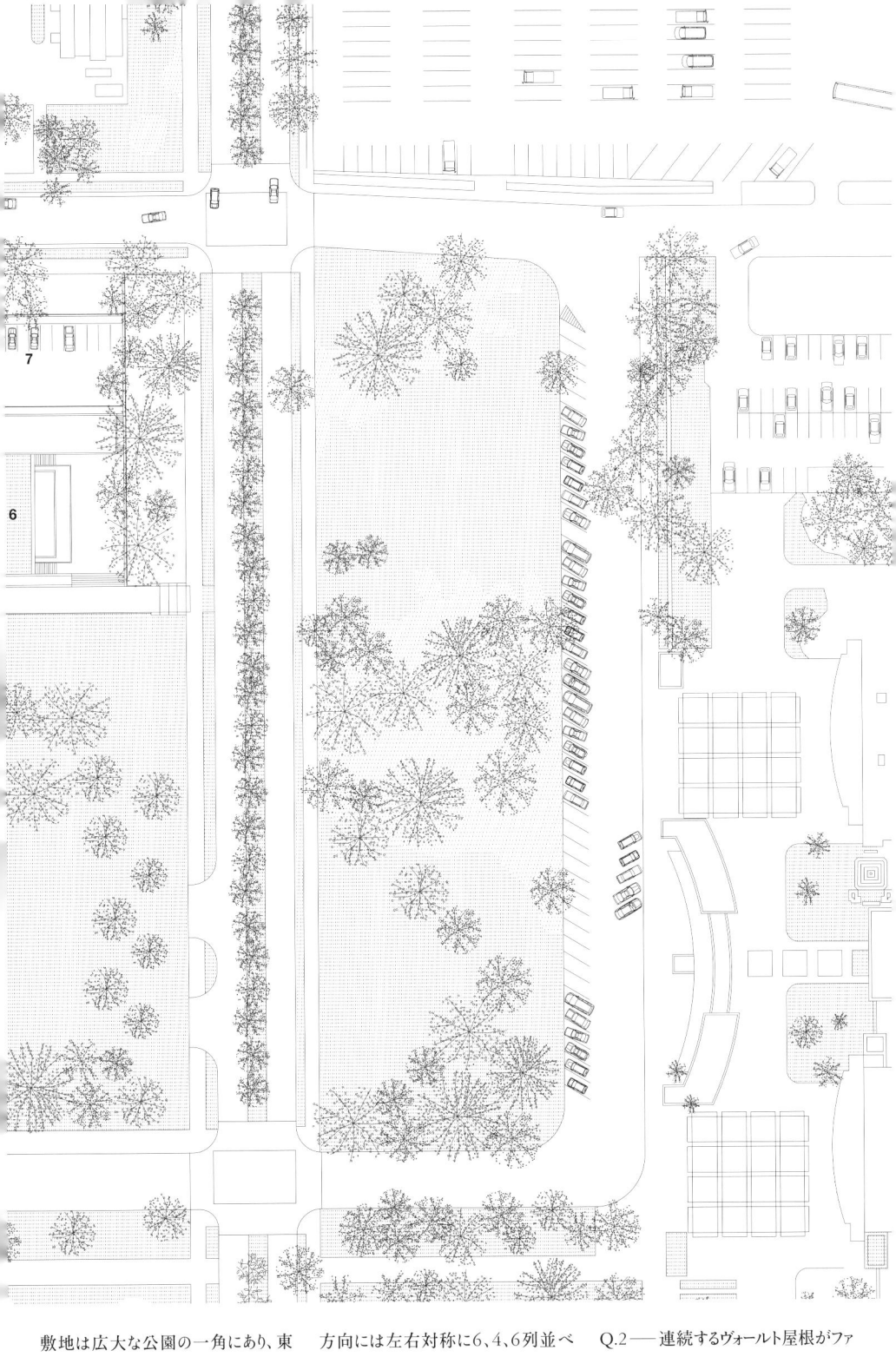

敷地は広大な公園の一角にあり、東側の道路のレベルと西側の公園のレベルとは、ちょうど建物一層分の段差があるため、この差を利用して巧みな断面計画がなされている。西側の公園からは建物は一層分しか見えず、木々の間に収まって穏やかなスケールになっている。幅約7.3m×長さ約30.5mのコンクリートでできたヴォールト状の屋根が、長手方向に3列、短手方向には左右対称に6、4、6列並べられている。その中に、3つの中庭——北のイスやテーブルの置かれた光庭、1階の修復室に光を落とす庭、噴水の庭——が、左右対称の平面に多様な変化を与える仕掛けとして挿入されている。

Q.1 ——7.3m幅のヴォールト屋根の部分を着色しなさい。

Q.2 ——連続するヴォールト屋根がファサードにあらわれるのはどの立面か。

Q.3 ——美術館が接する北と南のオープンスペースは、東西いずれのエントランス・レベルと同じであるか。

Q.4 ——東側と西側のエントランス・ポーチに至るアプローチの空間的な特徴をそれぞれ述べなさい。

20 屋根 roof

テキスタイル工場 デ・プルッフ | Textile Factory De Ploeg

設計 ヘリット・トーマス・リートフェルト | Gerrit Thomas Rietveld
場所 オランダ、ベルハイク | Bergeyk, The Netherlands
期間 1956-1958

Name	配置図
Scale	1:2000
Orientation	↑

国際的に名の知られるテキスタイル・ブランドの工場建築。最大144mに及ぶ横長連続窓を何連も建物の上部にとり、空を仰ぐようにわずかに傾く北向きのハイサイド・ウィンドウが均質な光をフロアに落とす。8m×24mの横長スパンで架構を配し、そこにアーチ・シェル構造の屋根を架けることで採光窓である屋根と空間の架構を一体化し、半アーチ状のコンクリート・フレームがリズミカルに並ぶ空間を生みだしている。

Q.1——8×24mのスパンが、縦横それぞれいくつ並んでいるか。

Q.2——工場建築において、ハイサイド・ウィンドウが北向きであることの利点を述べなさい。

解説編 | 20
屋根
roof

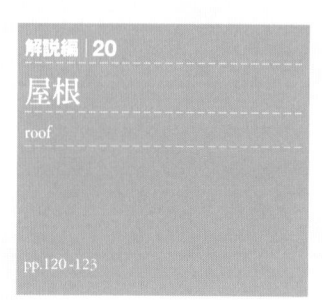

pp.120-123

[キンベル美術館]

東側の前面道路に面したエントランスのある地階には、必要最小限の大きさのエントランス・ロビーの他は、事務室、補修室、収蔵庫、機械室といった、美術館の機能を支える諸室が配置される。一方、エントランス・ロビーに降り注ぐ自然光に導かれて階段を上がった1階には、公園へと視線の抜ける明るいエントランス・ギャラリーがある。そこを中心に、左右に展示室が広がり、フロア全体がほぼワンルームの形式でシンプルに構成された美術館の主空間となる。頂部にスリットがとられたヴォールト屋根の下には、反射板が吊られ、透過する柔らかな自然光を発しなが

キンベル美術館
ルイス・カーン

Orientation ―

1	ポーチ
2	エントランス・コート
3	エントランス・ポーチ
4	地階からの階段
5	書店
6	ショップ
7	中2階の図書室
8	ギャラリー
9	中庭
10	修復スタジオ上部
11	オーディトリアム
12	バー
13	キッチン
14	ロビー
15	事務室
16	収蔵庫
17	修復スタジオ
18	機械室

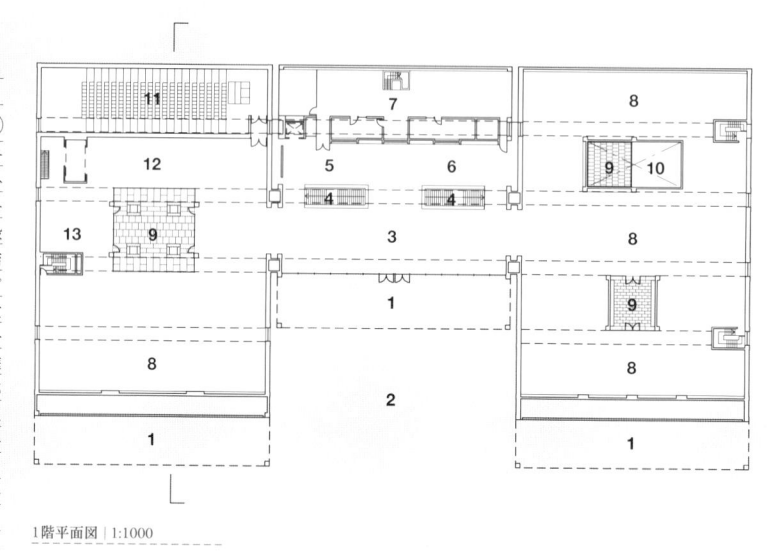

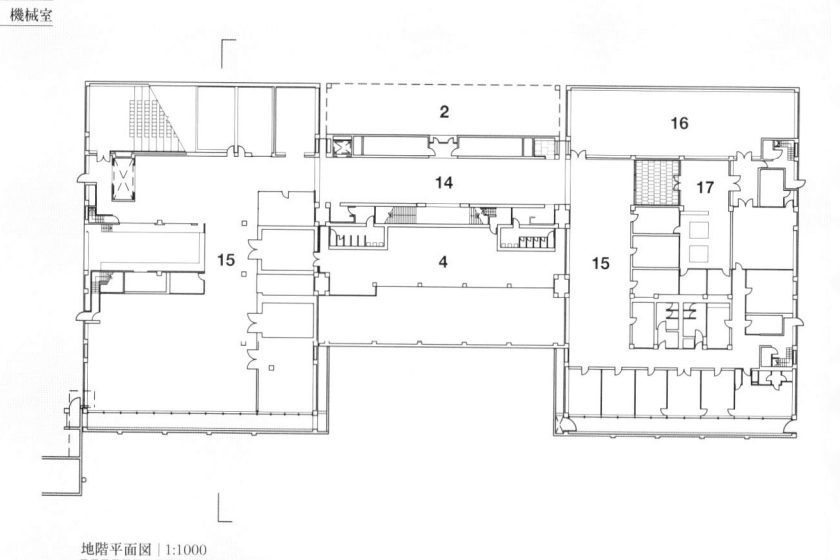

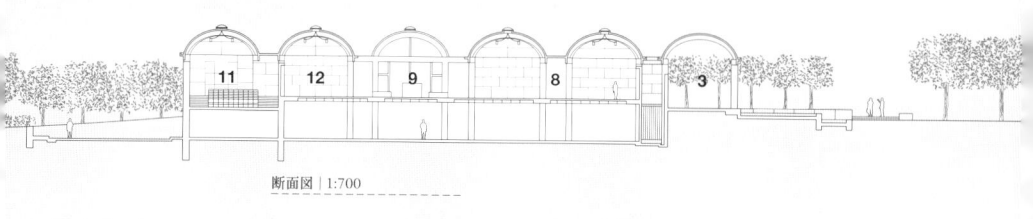

1階平面図 | 1:1000

地階平面図 | 1:1000

断面図 | 1:700

ら、間接光によってコンクリート打ち放しの天井を下から照らし、室内全体を満たしている。

Q.1——1階平面のヴォールト屋根に挟まれた約2mの帯の部分（点線）は、どういった機能が割りあてられているか。

Q.2——屋根のモジュールと、中庭とオーディトリアムのサイズはどんな関係があるか。

[テキスタイル工場 デ・ブルッフ]
連続するアーチ状フレーム構造は、東西立面にもそのまま反映された。特にアプローチ側の西立面では、フレーム単位の立面を、平面的にのこぎり状に雁行し、単調になりがちな工場建築のファサードに動きを与えている。

Q.3——この工場の床面積を測りなさい。

Q.4——ハイサイド・ウィンドウから光が入らない部屋を着色しなさい。

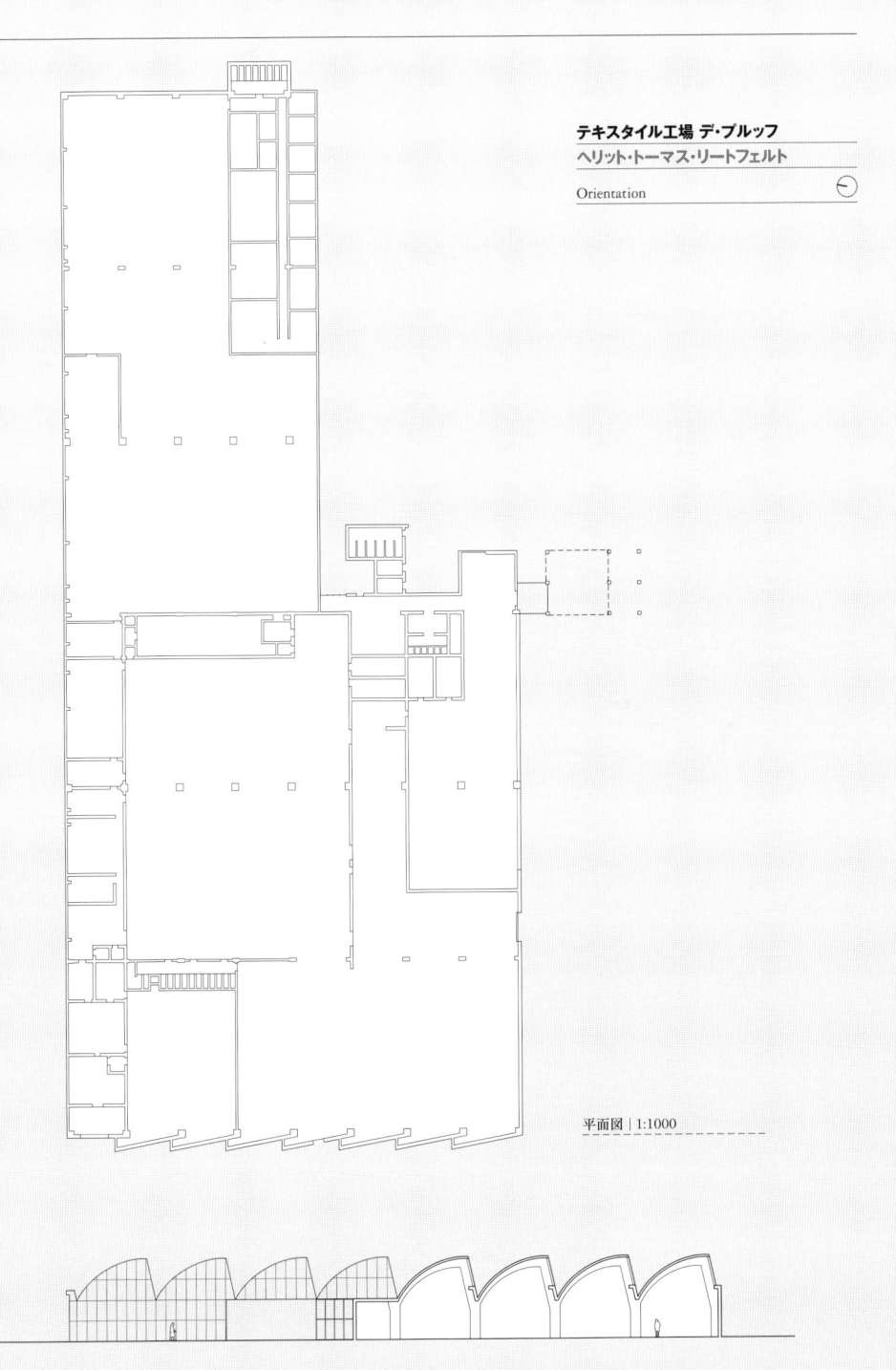

テキスタイル工場 デ・ブルッフ
ヘリット・トーマス・リートフェルト
Orientation

平面図 | 1:1000

断面図 | 1:700

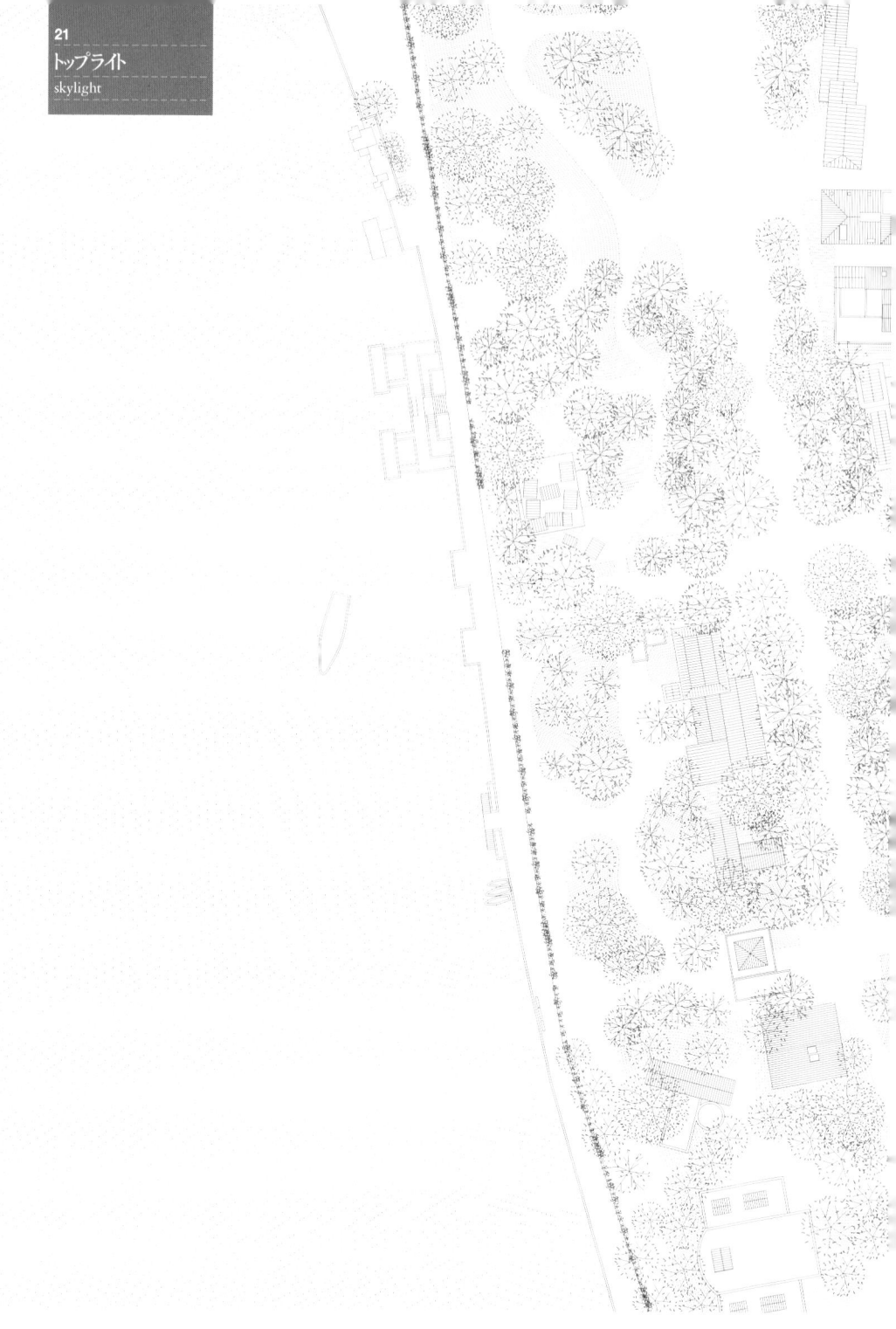

21	トップライト
	skylight

ヴェネツィア・ビエンナーレ オランダ館
Netherlands Pavilion for the Venice Biennale

設計 ヘリット・トーマス・リートフェルト | Gerrit Thomas Rietveld

場所 イタリア、ヴェネツィア | Venice, Italy

期間 1953-1954

Name	1階平面図兼配置図
Scale	1:1500
Orientation	↗
a	オランダ館
1	エントランスポーチ
2	上部天井ルーバー
b	付属事務室
c	イタリア館

町の中心部から少し離れた、静かな公園地区にあるビエンナーレ会場の目抜き通りに面し、メイン・イベントが行われるイタリア館のすぐ左隣という恵まれた場所にこのオランダ館はある。内部の展示空間は、16m角の方形平面で天井高が6mのワンルームであるが、内側に差し込まれた3つの壁が空間を分節している。風車状に配された高さ8mの矩形とL字型のボリュームの内側上部には、ハイサイド・ウィンドウがはめられ、そこから入る自然光が天井ルーバーを介して壁に落ちる。そのやわらかな光で満たされる3つの空間のボリュームが、時間の変化にしたがってゆるやかに変化する。

Q.1──内部の3つの壁を着色しなさい。

Q.2──ハイサイド・ウィンドウが上部にある部分を着色しなさい。

Q.3──そのうち、午前中と夕暮れにもっとも明るくなる場所はそれぞれどこか。

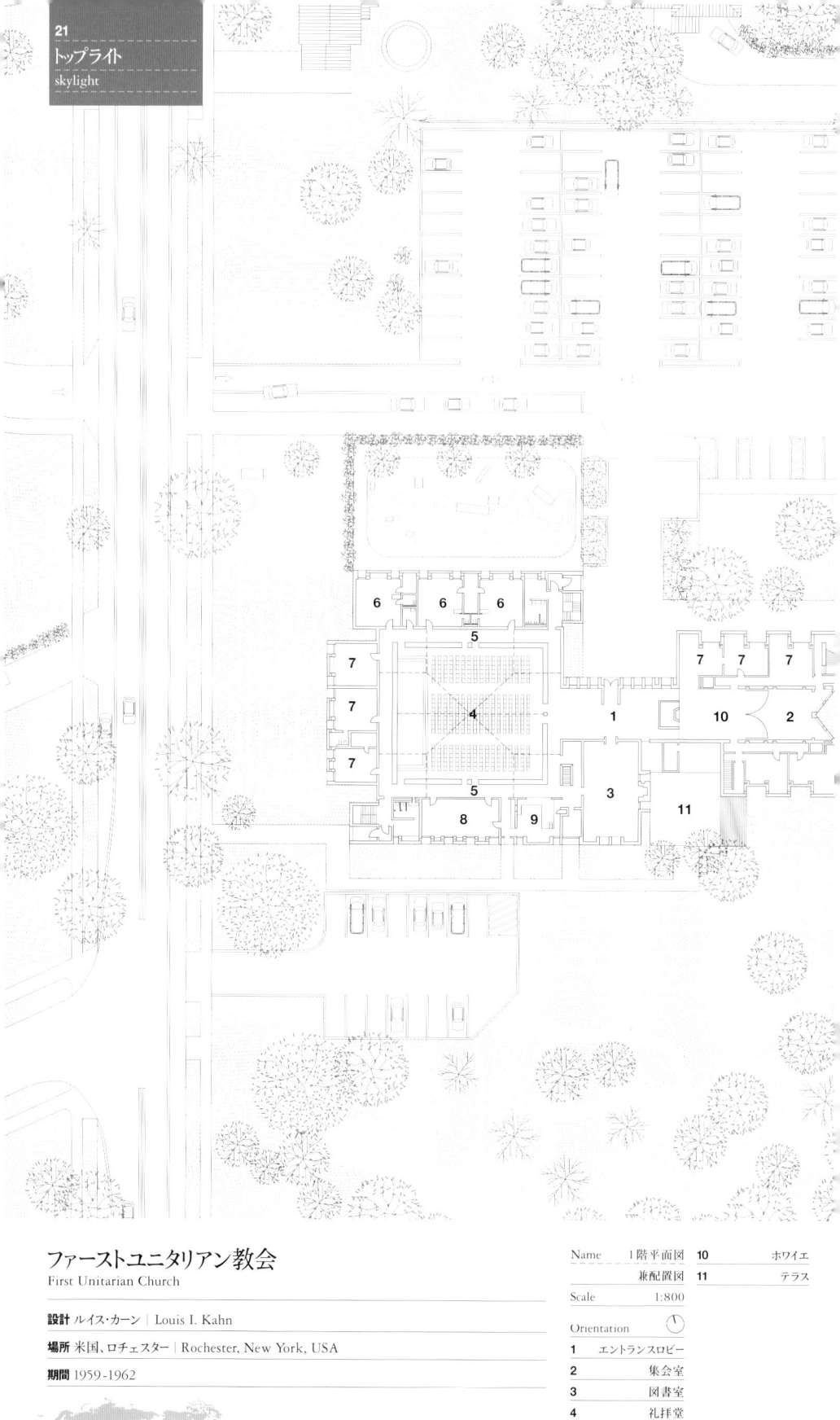

21 トップライト
skylight

ファーストユニタリアン教会
First Unitarian Church

設計 ルイス・カーン | Louis I. Kahn
場所 米国, ロチェスター | Rochester, New York, USA
期間 1959-1962

Name	1階平面図	10	ホワイエ
	兼配置図	11	テラス
Scale	1:800		
Orientation			
1	エントランスロビー		
2	集会室		
3	図書室		
4	礼拝堂		
5	回廊		
6	教室		
7	事務室		
8	ワークショップ室		
9	キッチン		

オンタリオ湖を挟んでカナダと国境を接するニューヨーク州ロチェスターの郊外にある教会および付属学校。大きな礼拝堂の平面は、ほとんど完全な正方形である。内側2面に採光面をもった大きなハイサイド・ライトが礼拝堂の四隅(点線)にとられ、ここから内部に光を導いているため、部屋の雰囲気は、太陽の高度、天候、季節の変化に応じて移り変わってゆく。窓はレンガの組積造によって作りだされたスリット状の深いひだの奥にとられてその存在感を消し、ハイサイドのトップライトも内側に向けられているため、立面はレンガのテクスチャーが強く主張する。

Q.1──ハイサイド・ライトが上部にある部分を着色しなさい。

Q.2──そのうち、午前中にもっとも明るく輝く場所はどこか。

Q.3──教室と事務室の外壁面はどのような形状になっているか。

Q.4──窓はその外壁面のどこにとられているか。

21 トップライト
skylight

ブリンモア大学エルドマン・ホール
Erdman Hall, Bryn Mawr College

設計 ルイス・カーン | Louis I. Kahn

場所 米国、ブリンモア | Bryn Mawr, Pennsylvania, USA

期間 1960-1965

Name	1階平面図
	兼配置図
Scale	1:1000
Orientation	

1	エントランス
2	レセプション
3	事務室
4	ホール
5	ラウンジ
6	クローク・ルーム
7	暖炉
8	食堂
9	キッチン
10	ゲスト・ルーム
11	寝室
12	トイレ
13	駐車場

フィラデルフィア郊外の緑豊かな丘陵に位置するアメリカ東部の名門女子大学の学生寮。正方形プランをもつ三層の建物が3つ、45度の角度で振られ、そのコーナー部分で連結されて、アプローチ路と直角方向に横一線に並べられて全体ができあがっている。中央の建物のコーナー部分に採られた細いスリットの入口から中に入ると、四隅のハイサイドのトップライトから自然光が降り注ぐ、明るい吹抜けのエントランス・ホールになっている。左右の建物の中心にも同じような吹抜けとトップライトが採られ、それぞれがラウンジと食堂になっており、これら3つの吹抜けを取り囲むようにして、建物の外周部に個室群が配置されている。

Q.1──ハイサイド・ウィンドウは合計いくつあるか。

Q.2──ラウンジをとり囲む寮室と同様の構成で、全棟の2・3階に寮室がある場合、合計でいくつの個室があるか。

Q.3──寮室を窓の違いで分類すると何種類あると言えるか。

解説編 | 21
トップライト
skylight

pp.126-131

いずれの建物も、4方向に向いた突出したハイサイド・ウィンドウを持ち、ホールに立つと、その4つのハイサイド・ウィンドウから落ちる光をすべて見渡すことができるため、天候や季節、時間によって刻々と光の状況が変わる。用途は、ギャラリー、教会ホール、学生寮ホールと異なるが、シンメトリックな平面をもつ広い空間を、光によって多様に変化させる手法がとられている。

Q.1——ハイサイド・ウィンドウに囲まれた室の中央から空が見えるのは、3つの建物のうちどれか。

Q.2——外部(アプローチ)から、トップライ

ヴェネツィア・ビエンナーレ・オランダ館
ヘリット・トーマス・リートフェルト

Orientation
1　エントランスポーチ
2　ギャラリー
3　事務室

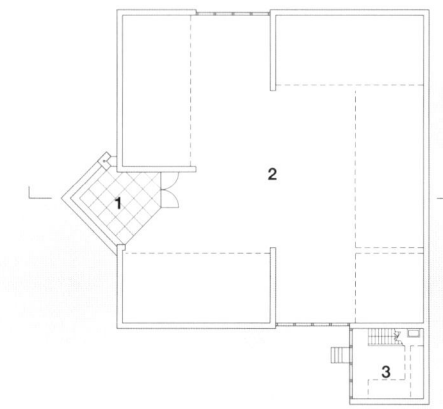

平面図 | 1:400

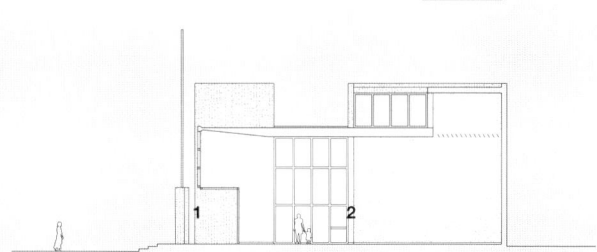

断面図 | 1:400

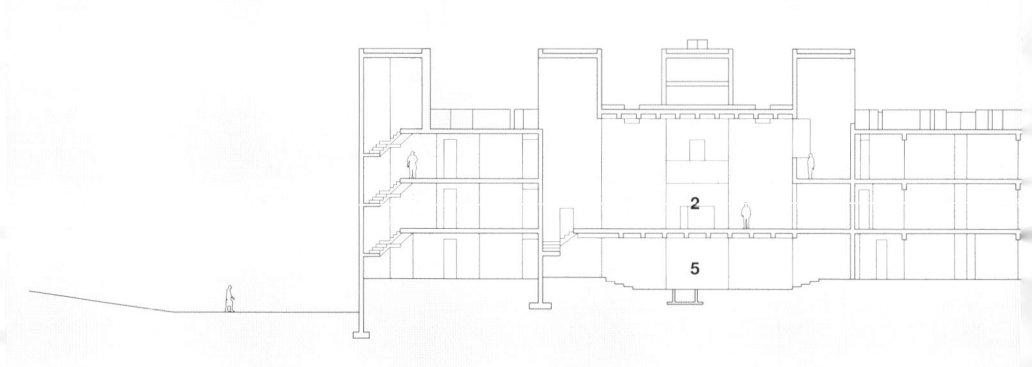

トのガラス面が見えるのは、3つの建物のうちどれか。また、そのようにした理由は何か。

ファースト・ユニタリアン教会
ルイス・カーン

1	エントランスロビー
2	礼拝堂
3	事務室
4	ホワイエ
5	集会室

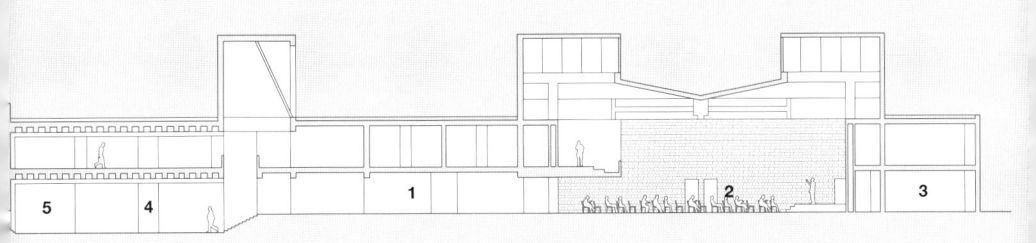

断面図 | 1:500

ブリンモア大学エルドマン・ホール
ルイス・カーン

1	入口ホール
2	サロン
3	食堂
4	機械室
5	レクリェーション室

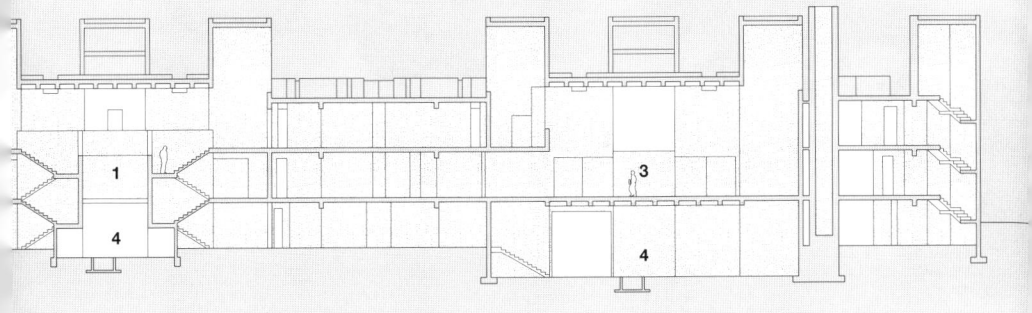

断面図 | 1:500

ZOOM 4

都市の配置を見つける

nature of city

5%

ズーミング5％の世界——まちの配置図

都市を眺める視点はさまざまです。高層ビル群の夜景やネオンを写真におさめるマニアもいます。夜景スポットや高層ビル、タワーの展望室等の特定の場所から、都市はフレームによって切りとられ、都市らしさというイメージを付与されます。

都市特有の風景は、近代以降、都市が人間の生活の中心になってから、私たちの感性のなかにずいぶんすり込まれてきたのではないでしょうか。風景としての都市は、古くはヴィスタとして、現在では景観法や住民による取り組み、民間の大規模開発によって計画され、そして、それをはるかにしのぐ勢いで、コードや市場原理によってサイズやかたちを誘導されながら、圧倒的な環境として地上を覆い、眼前に現れています。現在の都市環境の特徴は、意図的に編集された都市らしさのイメージよりも、普段利用している地図のなかにこそはっきりと表されています。

例えば、同じように圧倒的な環境(自然環境)であるアラスカの森を、地図の中で見ようとしても、植生と高度、水陸の差以外、有効な差異を認めることができません。一方、都市という人工環境は、地図のなかでは描くものに事欠きません。都市の地図には、私たちが慣れ親しんだざまざまなものが配され、内外の差異、機能の差異、所有の差異、価値の差異…が、無数の線となって描かれています。興味深いことに、だからといってその環境に身を置くと、都市の風景がアラスカの風景に比べて決定的に多様であるかというと、必ずしもそうとは言い切れません。いったん引いて見ると、今日の大都市とその周辺は、画一的に開発され、それぞれの特徴を見いだすことは極めて難しくなっています。ドラスティックな始まりもなく、終わりもなく、淡々と続いてさまざまなものがヒエラルキーなく絡み合うミクスチュアとして地図に描かれ、目の前に広がっています。

同時に、風景はただ眺めるものではなく、実際に利用する対象(資源)としても扱われるようになりました。車という手段の投影である道路は、かなたの風景へと人や物を導くために延長され、埋立ての技術が周囲の山々から適当な土量の山を探し出します。一方で界隈性のある路地や山菜採りのできる里山は少数派の取るに足らない趣味の問題として閑却され、地図のなかに表現されることはありません。風景とオーソライズされた技術の相互投影は、地図上にも明確にあらわれているのです。

物置、車、自転車、ゴミ箱、電柱、マンホールの蓋、クーリングタワー、アンテナ、看板、植え込み、街灯、ブランコ、すべり台、ベンチ…、これらは、都市に投影された技術の副産物としてまちのいたるところにあふれています。同時に、都市固有の「地勢」である街区(ブロック)、地割(ロット)、隅切り、袋地等と直接、間接的に関わり、都市の地勢を把握するための示標となって、都市での活動にきっかけを与えています。これらを風景と呼ぶにはあまりに貧弱かもしれませんが、道ばたや建物に付属するこうした表象を、都市の風景とまったく関係のない些細なものとして切り捨てたり、便宜で切り取ったりすることに違和感を覚えます。それは、圧倒的な現在の都市環境がもつ、さまざまに目配せされた没中心、没個性の連続する生活の場を、これまでの都市のイメージや、地図、さらには私たちが描く配置図が十分にすくい取ってこられなかったからでしょう。

22
袋地
bagging

ラ・ロッシュ=ジャンヌレ邸 | Vilas La Roshe and Jeanneret

設計 ル・コルビュジエ | Le Corbusier
場所 フランス、パリ | Paris, France
期間 1923

Name	2階平面図兼配置図
Scale	1:600
Orientation	◯
1	画廊
2	ダイニングルーム
3	寝室
4	ホール上部
5	テラス

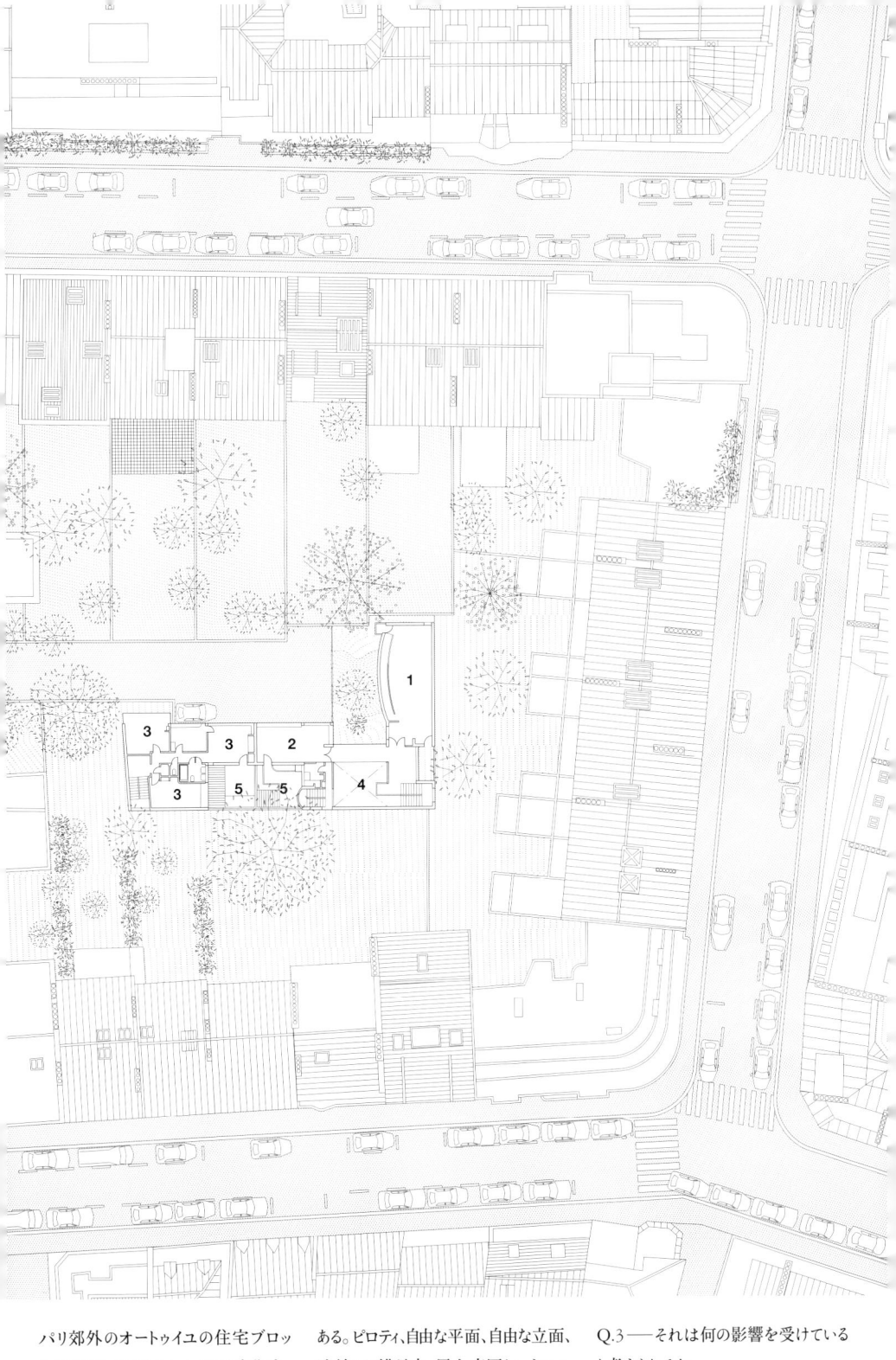

パリ郊外のオートゥイユの住宅ブロックの袋地に設計された二戸建住宅。木々の間をぬって建てられ、敷地の南側の境界線ぎりぎりに建ち、南に窓をとることが難しかった。そのため、3階でヴォリュームを一部後退させて2階に二軒共有の小さなテラスをとり、屋上には緑の多い庭が設えてある。ギャラリー棟は地面から浮き上がっており、1本の円い柱で中央が支えられたピロティである。ピロティ、自由な平面、自由な立面、連続した横長窓、屋上庭園というコルビュジエの提唱した「近代建築の五原則」がそろった初めての建築である。

Q.1 ── この住宅と周囲の建物との棟間距離を各面で測りなさい。

Q.2 ── 2階の平面で、建物が欠きこまれている箇所を着色しなさい。

Q.3 ── それは何の影響を受けていると考えられるか。

22
袋地
bagging

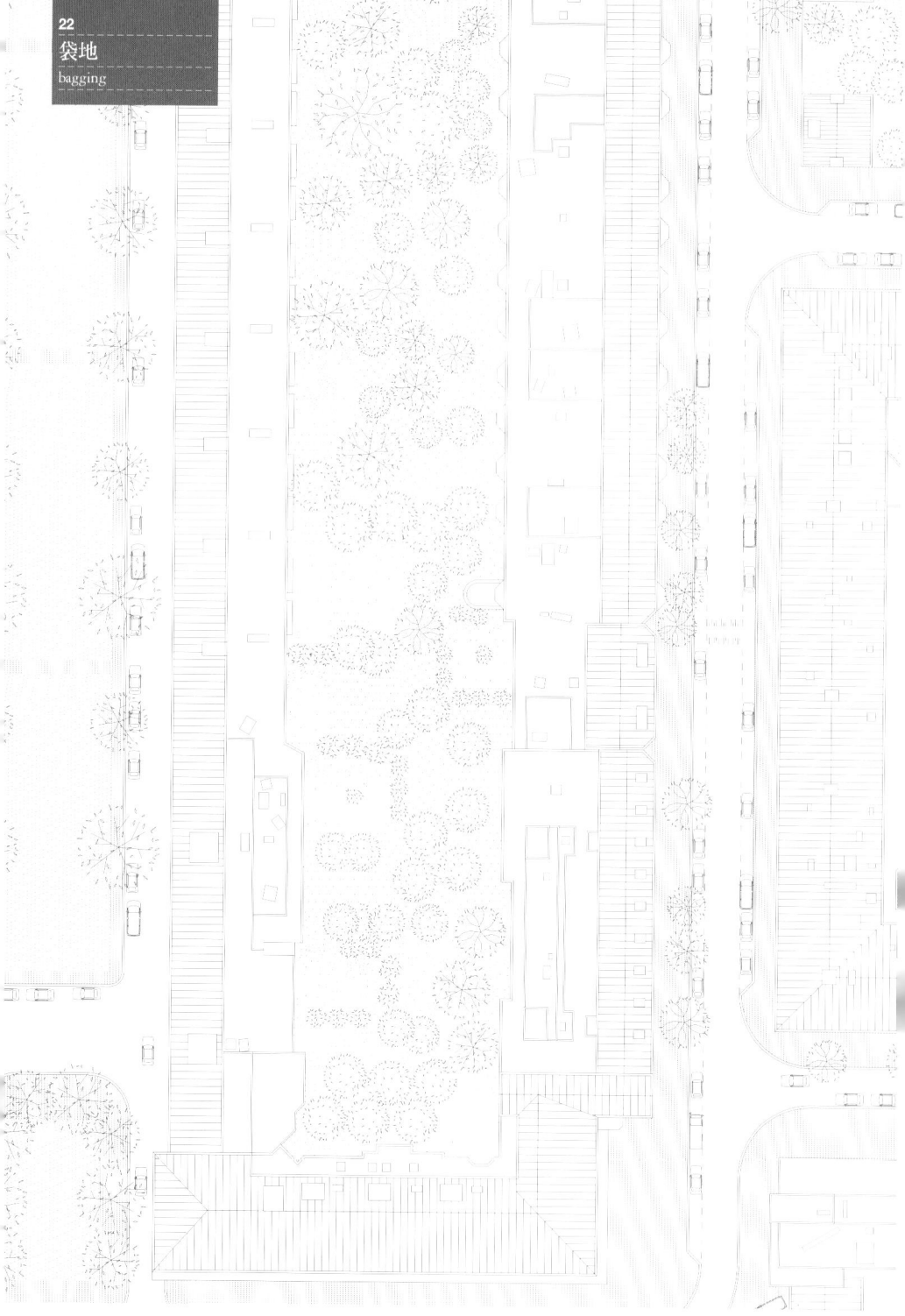

オープン・エア・スクール | Open-air School

設計 ヨハネス・ダウカー | Johannes Duiker
場所 オランダ、アムステルダム | Amsterdam, The Netherlands
期間 1928-1930

Name	2階平面図兼配置図
Scale	1:900
Orientation	↑
1	教室
2	屋外教室
3	クロークルーム
4	事務棟
5	中庭へのゲート

オープン・エア・スクールは、子供たちのためにより良い環境を提供するというコンセプトのもとで設計された私設の学校である。アムステルダムのごく普通の中庭をもったタウンハウスが並ぶ街区の袋地にこの学校はある。ダウカーの提案は当初、特定の敷地を想定せずに作成されたが、実際に見つけられた敷地は、住宅ブロックに囲まれた安価な中庭であった。しかし現在も、周辺の小学校の敷地として利用され、中庭に対して斜めに教室を配置することで、オープンな環境を生みだしている。

Q.1——周囲の建物に対して45度振って配置することで、周囲を取り囲む建物と教室の距離はどうなるか。

Q.2——屋外教室はどちらの方角を向いているか。

Q.3——一般に、学校が集合住宅の中庭に建てられる場合の利点は何か。

解説編 | 22
袋地
bagging

pp.136–139

[ラ・ロッシュ=ジャンヌレ邸]
連続した屋内スペースは「建築的プロムナード」を実践していると言われる。ブリッジ下のエントランスから入り、ホールに突出するバルコニーに促されて奥まった階段を上がり、再び入口の上部に戻ってきてブリッジを渡って食堂に達するという一連の動線である。一方、食堂へは向かわずにギャラリー左手のカーブを描くスロープを上がりきって、ホールから見えていた図書室から振り返れば、ブリッジやその下のエントランスが見える。

Q.1──2つの世帯を分ける隔壁はどれか。各階で着色しなさい。

Q.2──2つの住宅の間取りから、それぞれの家族像を想像しなさい。

Q.3──ラ・ロッシュ邸の、エントランス・

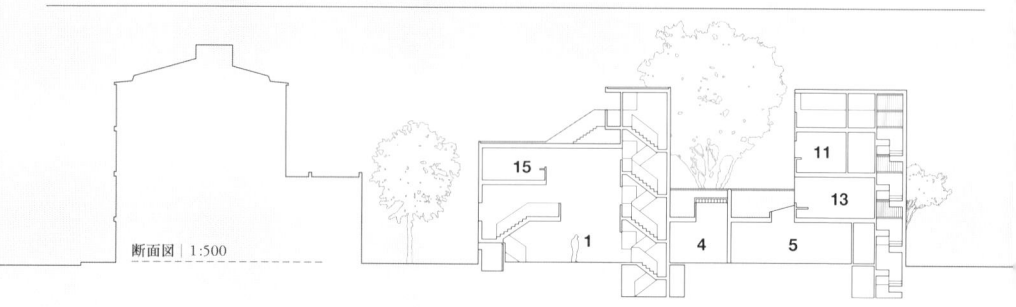

断面図 | 1:500

ラ・ロッシュ=ジャンヌレ邸
ル・コルビュジエ
Orientation

1	ホール	5	スタジオ	9	吹抜け
2	予備室	6	物置	10	画廊
3	使用人室	7	ガレージ	11	ダイニングルーム
4	キッチン	8	ピロティ	12	配膳室

1階平面図 | 1:500   2階平面図   3階平面図

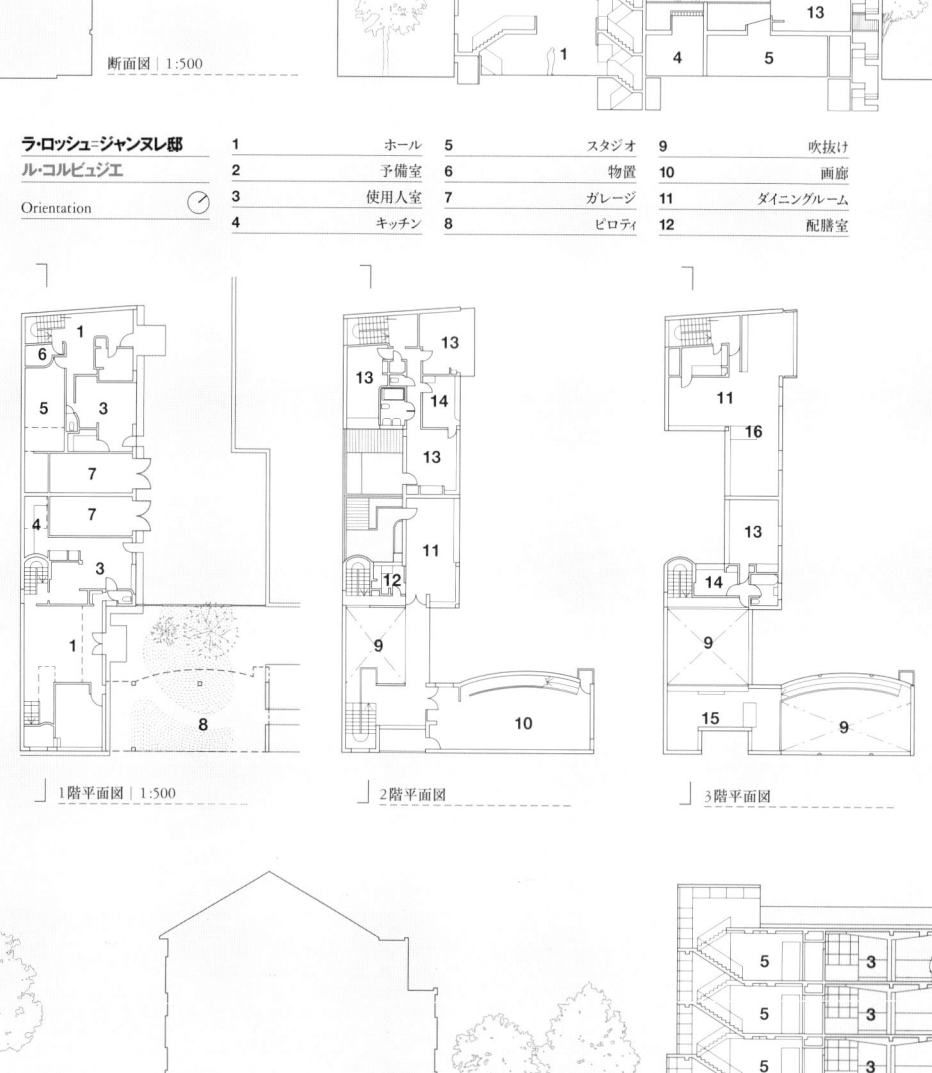

断面図 | 1:500

ホール→ダイニングへのルートと、エントランス・ホール→図書室へのルートをそれぞれ描きなさい。

Q.4——ラ・ロッシュ邸の「建築的プロムナード」は、どこを中心に展開されているか。

[オープン・エア・スクール]
基準階は2つの正方形の教室が、それとかたちも大きさも同じ正方形のテラス（屋外教室）に面するといった対称形をなしている。教室は中央の階段ホールに面するコーナーを除き、四面で外気に接しているため、まさしくオープンエアスクールと呼ぶに相応しい空間となっている。柱は正方形の辺の中央に配され、構造グリッドは正方形の空間グリッドと45度振れて重なることで、空間のコーナーから構造体が消されて空間に開放感を与えている。

Q.5——柱を着色しなさい。

Q.6——柱のグリッドに沿っている要素は何か。

Q.7——柱の正方形グリッドの大きさと、1つの教室の大きさを比較しなさい。

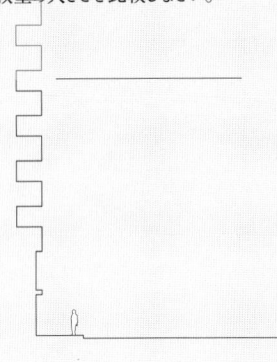

13	寝室
14	化粧室
15	図書室
16	広間

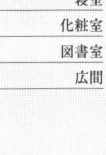

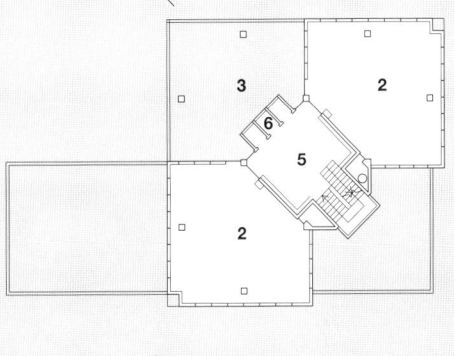

上階平面図 | 1:500

オープン・エア・スクール
ヨハネス・ダウカー

Orientation	
1	エントランス・ポーチ
2	教室
3	屋外教室
4	体育館
5	クロークルーム
6	トイレ

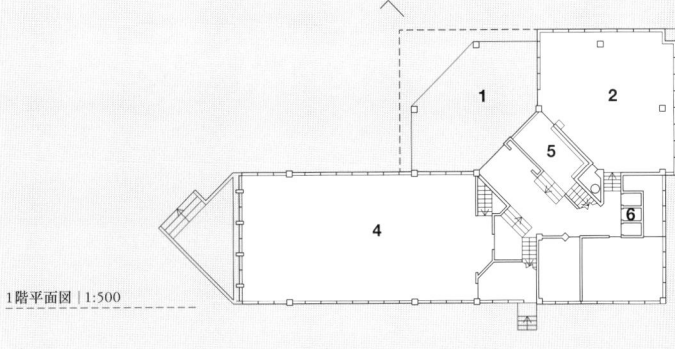

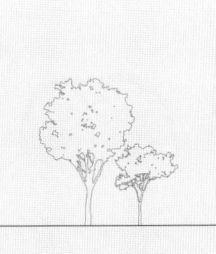

1階平面図 | 1:500

23	
ニッチ	
niche	

サント・スピリト聖堂 | Basilica di Santo Spirito

設計 フィリッポ・ブルネレスキ | Filippo Brunelleschi
場所 イタリア, フィレンツェ | Florence, Italy
期間 1444-1446

Name	1階平面図兼配置図
Scale	1:2000
Orientation	↑
a	サント・スピリト教会
1	身廊
2	側廊
3	側廊祭室[ニッチ]
4	袖廊
5	内陣
b	サント・スピリト広場
c	サンタトリニタ橋
d	ピッティ広場
e	マッジョ通り

サント・スピリト聖堂の再建にあたって、ブルネレスキは建築物をとりまく空間や状況がどのようなものであっても、建築は空間すべてをとり仕切るモデュールを基準として構成するべきであると主張した。この教会の平面は、側廊祭室（ニッチ）の奥行を1としたとき、側廊ベイは2×2の正方形、身廊の幅は4、身廊の円筒ヴォールトの迫元上端までの高さが5といったように、すべての寸法が数的に関係づけられていた。さらにこのニッチが、教会内部のすべての壁面をとり巻き、この建築の内部からは直線が排除されている。凹凸の連続が壁の厚みを感じさせないことによって、壁は非物質な存在となって空間を囲んでいる。

Q.1──袖廊方向の全長は、ニッチの奥行を1とした場合、いくつか。

Q.2──身廊方向の全長は、ニッチの奥行を1とした場合、いくつか。

Q.3──ニッチの奥行は、およそ3.2mである。身廊を内陣に向かって歩くとき、その人の歩幅を0.8mとすると、何歩ごとに身廊の柱を通りすぎるか。

23
ニッチ
niche

ドゥカーレ広場 | Piazza Ducale

設計 ──

場所 イタリア、ヴィジェーヴァノ | Vigevano, Italy

期間 1494

Name	1階平面図兼配置図
Scale	1:1500
Orientation	
1	ドゥカーレ広場
2	ドゥオーモ[1532-1606年]
3	ブラマンテの塔
4	スフォルツェスコ城
5	カルロ・アルベルト通り

SITES – Architectural Workbook of Disposition | ZOOM 4 | 23 | niche

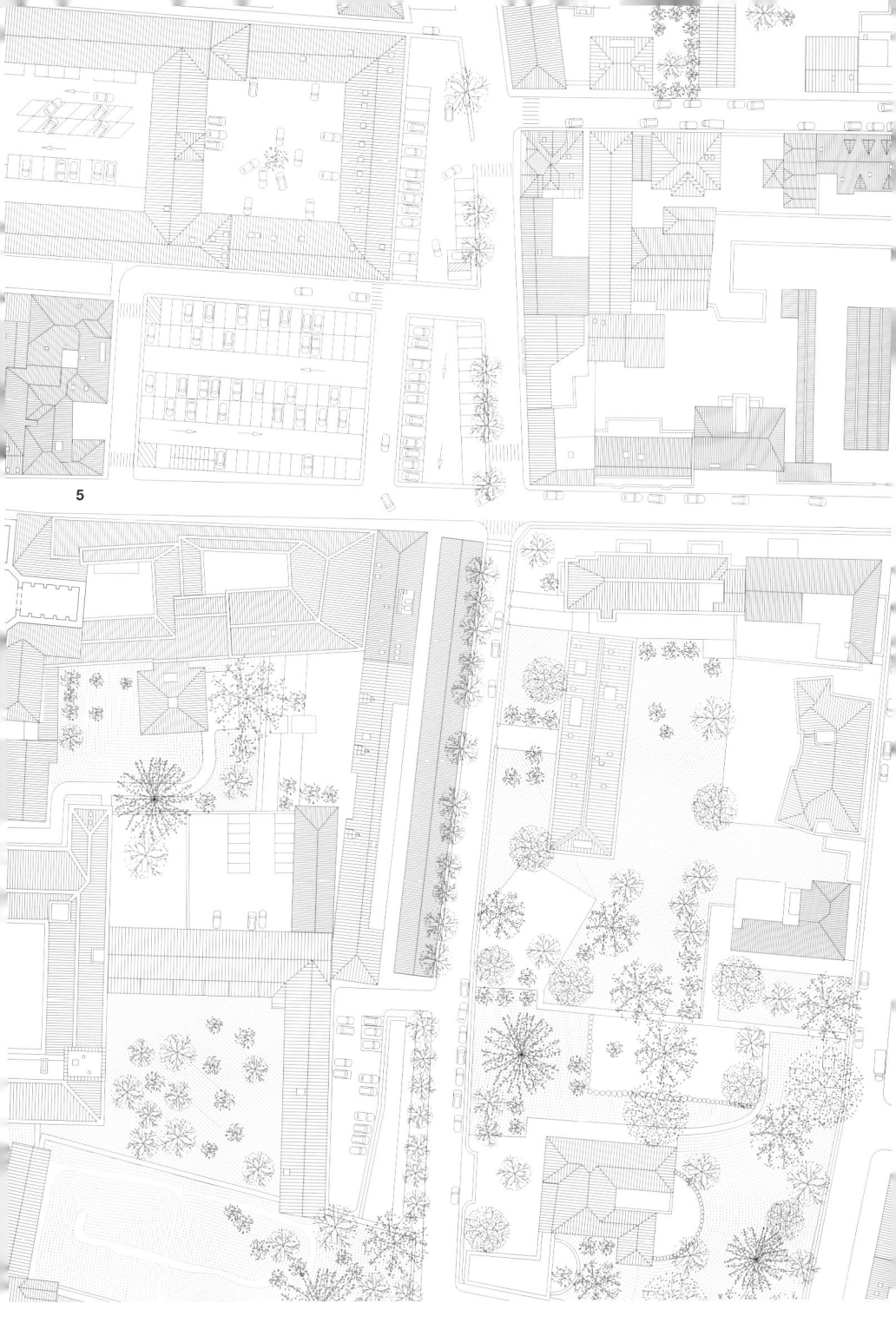

1494年に完成したドゥカーレ広場は、三方をアーケードのある建物に囲まれている。調和と統一を求めたルネサンス期の絵画的なデザインである。長さ134m、幅48mの広場の周りは、個々に異なる柱頭をもつ84本の円柱が並ぶ回廊(ポーティコ)になっており、建物にはレリーフやフレスコ画があしらわれている。ドゥオーモは1532年、アントニオ・ダ・ロナーテの設計で建築が始まり、1606年に凹型に湾曲したバロック様式のファサードが完成した。

Q.1——ドゥカーレ広場の長手方向の軸線を描きなさい。

Q.2——ドゥオーモの軸線は、広場の軸線に対してどのような関係にあるか。

Q.3——ドゥオーモのファサードは、カルロ・アルベルト通りを取り込んで、4つの開口部をもつ対称性のある構成となっている。ドゥオーモのファサードの軸線は、広場の軸線に対してどのような関係にあるか。

Q.4——広場の三面をめぐるポーティコと、広場につながる街路の関係はどうなっているか。

24
ロット
lot

バーバンク・ヴィレッジ | Barbank Village

設計 ウィリアム・タンブル | William Turnbull
場所 米国、シー・ランチ | Gualala, California, USA
期間 1985

Name	配置図
Scale	1:2000
Orientation	

開発の最北端に位置する、深い林の中のクルドサックにクラスター状に配置された45戸からなる、労働者住宅群。緩い勾配の土地に、巧妙に配置された簡素な建物の間を縫って道路が通り、道路の南側に丁寧に植えられた生垣が、北風から家を守る。樹木のラインは道をフォローし、クルドサックの終点をとり囲んでいる。住宅は大きく2つのタイプがある。1つは、二戸が境界線をまたいで一体となって配され、それぞれが反対方向に最大限のオープンスペースを確保するもの。もう1つは、周囲の建物の配置に応じ、それらを避ける形で敷地内に自由に配置されるものである。敷地境界線上の塀の端部は折り返して小さな倉庫や車庫となり、家財や車を風雨から守っている。

Q.1——二戸で1つの建物となっている住宅を着色しなさい。

Q.2——塀とその端部のスペースを着色しなさい。

Q.3——現在の日本の住宅の建て方と比較して、日本の一般的な住宅地にもこの配置が有効であるかどうかを検討しなさい。

24	
ロット	
lot	

サントップ・ホームズ | Suntop Homes

設計 フランク・ロイド・ライト | Frank Lloyd Wright

場所 米国、アードモア | Ardmore, Pennsylvania, USA

期間 1938

Name	1階平面図兼配置図
Scale	1:1000
Orientation	
1	リビングルーム
2	カーポート
3	ワークエリア
4	ダイニングキッチン
5	主寝室
6	浴室
7	リビングルーム上部
8	寝室
9	ユーティリティ

低コストの郊外開発のために設計されたこの集合住宅の敷地は、4つのクラスターに分かれ、それぞれのクラスターは複数の住戸が、交差した十字形のレンガ壁のまわりに風車型に配置されている。2階分の高さのあるリビングエリアの外と、中2階にあるキッチンとダイニングのエリアの外にはプライベートな庭園がある。主寝室の外のバルコニーはプライバシーを守る十字形の壁で囲まれ、4階には隔離された屋上庭園がある。

Q.1──敷地境界線で囲まれた1つのロットの中にいくつの住戸があるか。

Q.2──1つの住戸あたりの敷地面積を計算しなさい。

Q.3──周囲の一般的な地割りの戸建住宅を1つ選び、敷地面積を測りなさい。また一般的な住宅の、敷地内での建物の配置の特徴を述べなさい。

全階平面図 | 1:1000

25
人工池
pond

桂離宮庭園 | Katsura Imperial Villa

設計 ——

場所 日本、京都 | Kyoto, Japan

期間 1615-1663

Name	配置図
Scale	1:1700
Orientation	
1	表門
2	御幸門
3	通用門［黒御門］
4	中門
5	月波楼
6	古書院
7	中書院
8	楽器の間
9	新御殿
10	旧役所
11	臣下控所
12	御腰掛
13	洲浜
14	天の橋立
15	松琴亭
16	賞花亭
17	園林堂
18	笑意軒
19	中島［神仙島］
20	桜の馬場
21	四ッ腰掛
22	蘇鉄山

23	鼓の滝
24	米蔵
25	御幸道
26	大山島
27	旧鞠場
28	桂川
29	丹波街道

桂離宮の庭園は、王朝的な舟遊びの庭と近世的な回遊の庭が混在している。古書院、中書院が建てられた時期には、池は中島（神仙島）のある周辺だけであった。池はゆるやかな曲線を描き、寝殿造の面影が残るが、新御殿造営の際に、池の南にあった築山の周囲に池を広げて大山島をつくり、池の東に小さな池を掘り、石組みによって天の橋立や丸い海石を並べた浜辺をつくり、海の景色を模した。また笑意軒の前の池は、単純な直線の護岸に切石を使い、幾何学的に構成された。

Q.1 ── 王朝的なゆるやかな曲線を特徴とする池のエリア、石組みによる海を模したエリア、切石による単純な直線のエリアを、それぞれ別の色で着色しなさい。

25 人工池
pond

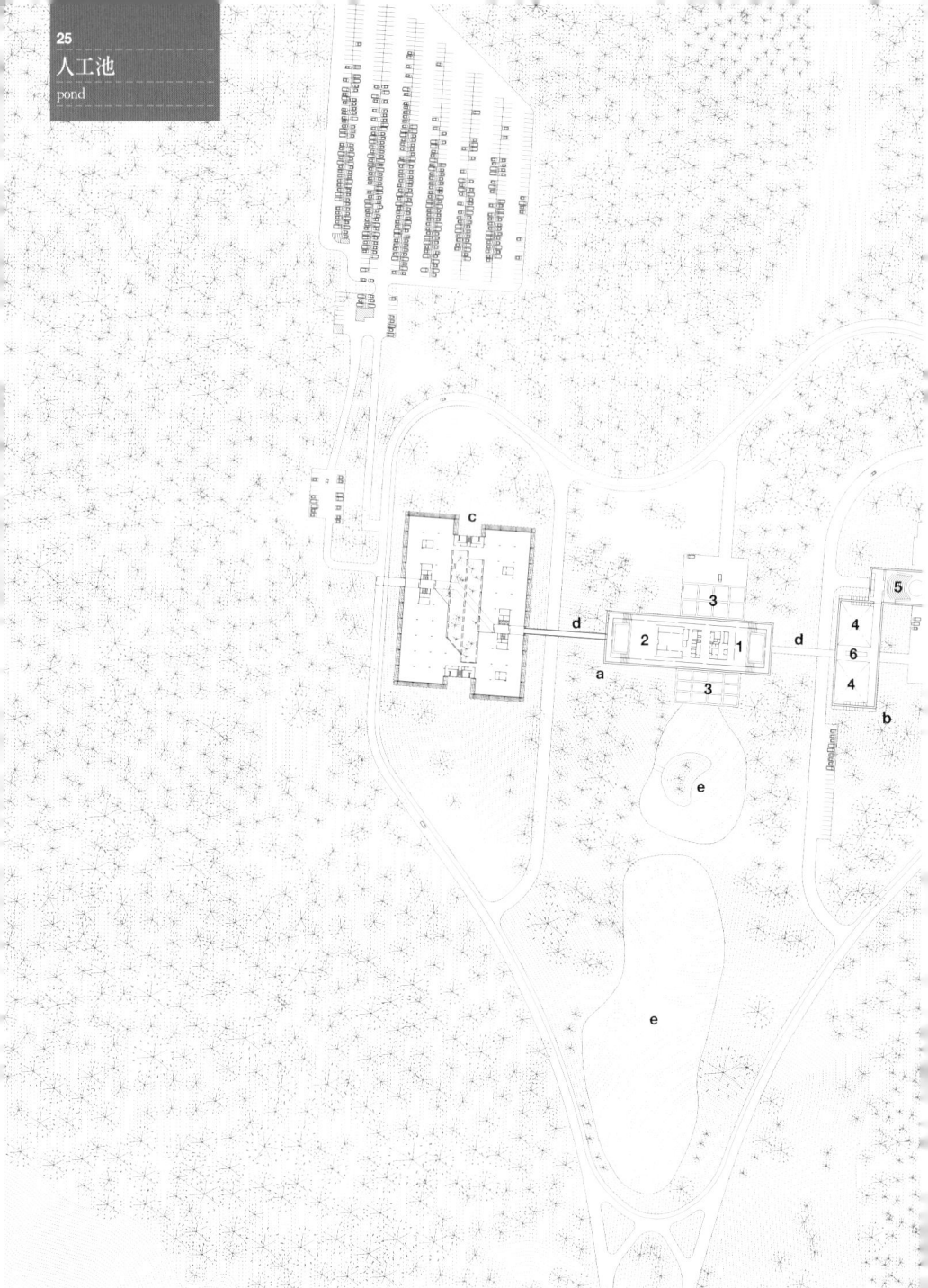

ディア・カンパニー本社 | John Deere and Company

設計 エーロ・サーリネン | Eero Saarinen
場所 米国、モリーン | Moline, Illinois, USA
期間 1957-1963

Name	1階平面図兼配置図
Scale	1:4000
Orientation	

a	事務所棟[本館]
1	役員食堂
2	従業員食堂
3	テラス
b	展示・オーディトリアム棟
4	ショールーム
5	オーディトリアム
6	ブリッジ
c	増築棟[西館]
d	ブリッジ
e	人工池

イリノイ州のゆるい起伏をもった65haの広大な敷地に、サーリネンは農機具メーカーの本社屋を設計した。南には人工池がゆったりと広がり、南端に巨大な樫の木がそびえ立っている。2つの人工池の水位はわずかに異なり、正門寄りは低く、建物側は高い。社屋の配置は谷間にまたがって東西にのびた事務所棟を中心にして、東と西に展示・オーディトリアム棟、増築の事務棟(の

ちにケヴィン・ローチ＋ジョン・ディンケルーによって設計、1978年完成)をそれぞれ配し、これらをブリッジで連結している。

Q.1——この2つの人工池のかたちの特徴を述べなさい。

Q.2——ブリッジによって連結された3つの建物から人工池を眺めた場合の見え方の違いについて説明しなさい。

Q.3——水面の高さが違うことによって、南端の敷地入口から社屋を見たとき、どのような効果があるか。

26
ブロック
block

サグラダ・ファミリア贖罪聖堂 | La Sagrada Familia

設計 アントニオ・ガウディ | Antonio Gaudí

場所 スペイン、バルセロナ | Barcelona, Spain

期間 1883-1926

Name	1階平面図兼配置図
Scale	1:2500
Orientation	
1	身廊
2	側廊
3	第二側廊
4	交差部
5	内陣
6	聖母被昇天の聖堂
7	聖具室／事務室
8	洗礼室
	聖体と懺悔のためのドーム
9	回廊

SITES – Architectural Workbook of Disposition | ZOOM 4 | 26 | block

1883年からガウディはこの聖堂の計画に着手した。前任者の設計によってすでに地下聖堂の工事が進んでおり、その計画を貫きつつ、高い塔を備えつけ、教会の垂直方向の展開を強化した。平面は、5身廊、3袖廊、後陣、交差部からなる、ラテン十字平面を構成するバシリカ形式の聖堂であり、立面は東に面する「誕生のファサード」、南に面する「栄光のファサード」、西に面す

る「受難のファサード」の3つのファサードをもっている。外部の騒音をさえぎり、宗教的雰囲気をつくる囲壁としての、また宗教的祭儀の行列が行われる場所としての回廊が、聖堂全体を方形に取り囲み連結する。

Q.1──バルセロナの標準的な街区（ブロック）の大きさを測りなさい。

Q.2──それに対して、サグラダ・ファミリア贖罪聖堂が建つ街区の大きさはいくらか。

Q.3──図中の点線は、ガウディのスケッチに描かれた、聖堂のために計画した広場の範囲を示している。この広場の形はどういう意図をもって決められたと思うか。

26
ブロック
block

シーグラム・ビル | Seagram Building

設計 ミース・ファン・デル・ローエ | Ludwig Mies van der Rohe
場所 米国、ニューヨーク | New York, New York, USA
期間 1954-1958

Name	1階平面図兼配置図
Scale	1:2000
Orientation	↑
1	高層棟[37階]
2	低層棟[4階]
3	低層棟[10階]
4	広場[プラザ]
5	プール

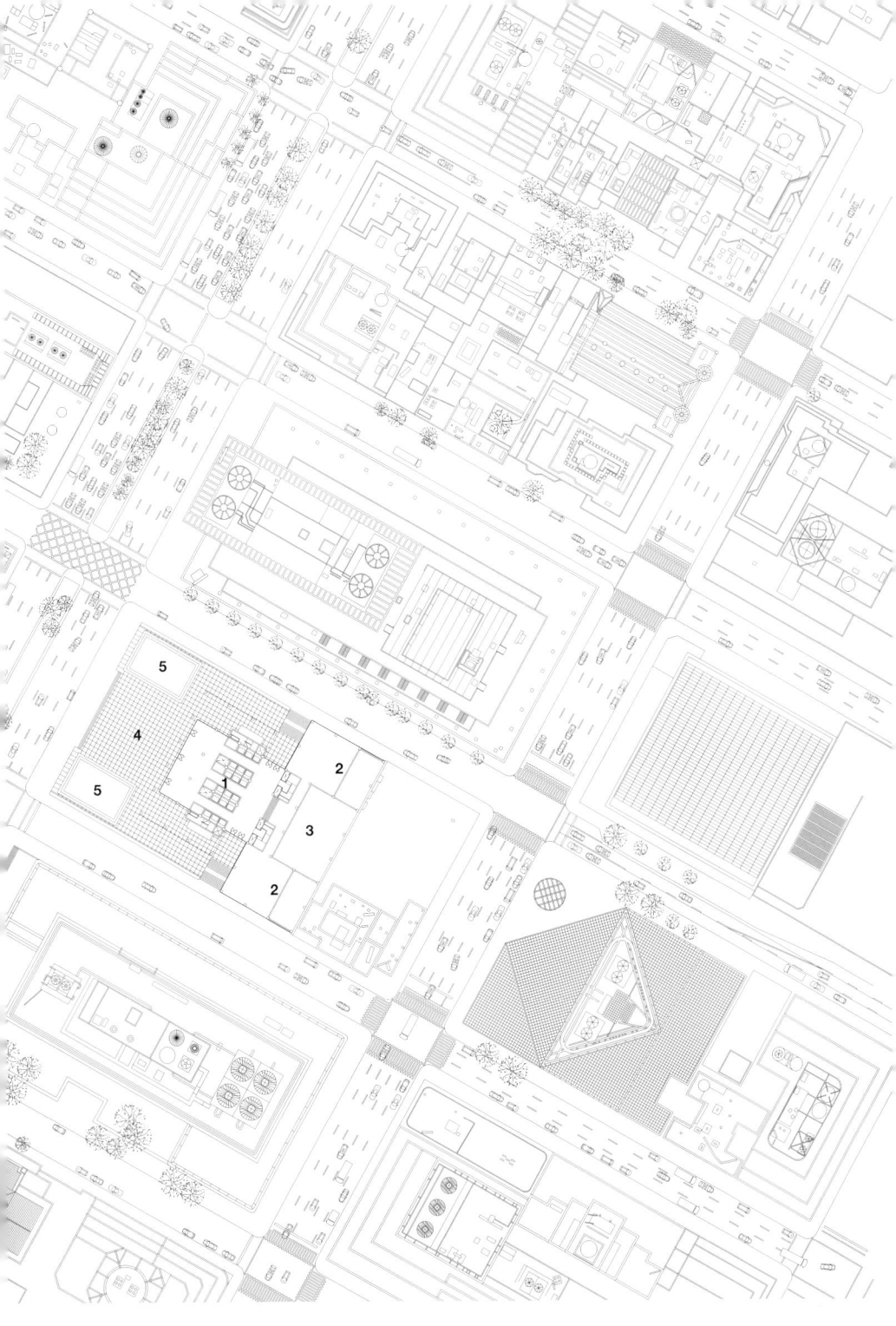

高度経済成長の1950年代半ばに、敷地の前面にかなりゆったりとした広場を設けて、経済的に価値の高い部分を公共空間とした。ミースは敷地境界線ぎりぎりまで建物を建てるニューヨークの都市構造と、従来の経済性を退けて、大型ビルが市民生活を育むことによって都市に恩返しするという新しいアーバニズムを提案した。シーグラム・ビル前の広場の広い面は入ロドアを通り抜け建物のロビーに続いており、内側と外側の明確な境界を定めないように配慮している。また、39階のタワーの背後には10階と4階の2つの低層棟が付属して、高層部を補完している。

Q.1──ニューヨークの標準的な街区の大きさを測りなさい。

Q.2──前面広場の広さを測りなさい。

Q.3──このシーグラム・ビルの成功によって、ブロック内に広場をもつスカイスクレーパーが誕生した。それらを図中から探しなさい。

解説編 | 26

ブロック
block

pp.154-157

[サグラダ・ファミリア贖罪聖堂]

全部で18本の塔の建設が計画されているが、今日までにようやく8本が建ったのみで、交差部の170mの巨大な塔もいまだに完成していない。身廊の列柱は重力の流れに一致し、安定した放物線アーチが用いられている。中央身廊部の柱は下部ではほとんど垂直であるが、途中で分岐し、傾き、さらに分岐してそれぞれ別の荷重を受ける。この結果、力線は絶えず柱の中心を通り、柱の太さを限界まで縮小することができ、同時に、外壁に自由に開口を穿つことが可能になった。

Q.1——身廊の断面図の分岐する柱を着色し、それぞれの分岐した柱が、どの荷重を受けているかを考えなさい。

	サグラダ・ファミリア贖罪聖堂
	アントニオ・ガウディ
1	身廊
2	側廊
3	第二側廊
4	交差部
5	内陣
6	聖母被昇天の聖堂
7	栄光のファサード
8	聖歌隊席

身廊断面図 | 1:1000

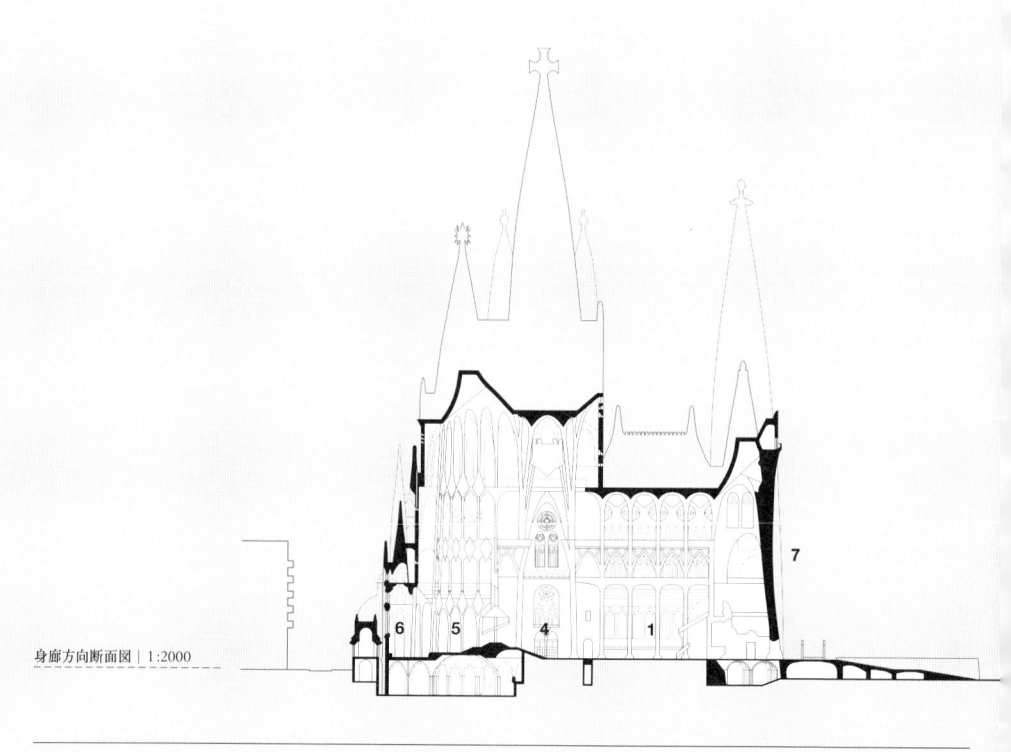

身廊方向断面図 | 1:2000

[シーグラム・ビル]

37階の高層棟が、エレベーター・コアを中心に持ち最上階二層を機械室として建物のスカイラインを飾っている。当時、156mの高さは同種の高層建築では世界最高であった。1階ロビーの天井高7.2mはガラス面を大きくセットバックさせ、都市空間を建物の中に引き込んだ。外装に、ブロンズのマリオンとスパンドレル、ブロンズフレームの窓枠をはめ、ガラスも同調するトパーズグレインの吸熱ガラスを使った、近代を象徴する記念碑的な建物である。

Q.2——サグラダ・ファミリア贖罪聖堂とシーグラム・ビルの高さを測りなさい。

Q.3——それぞれの建築が建つブロックの大きさと、周囲を取り囲む建物から考えると、それぞれの建物はどのように見られるか。

シーグラム・ビル
ミース・ファン・デル・ローエ

1	高層棟
2	低層棟
3	前面広場
4	パーク・アヴェニュー

北立面図 | 1:2000

西立面図 | 1:2000

27 角地 | corner

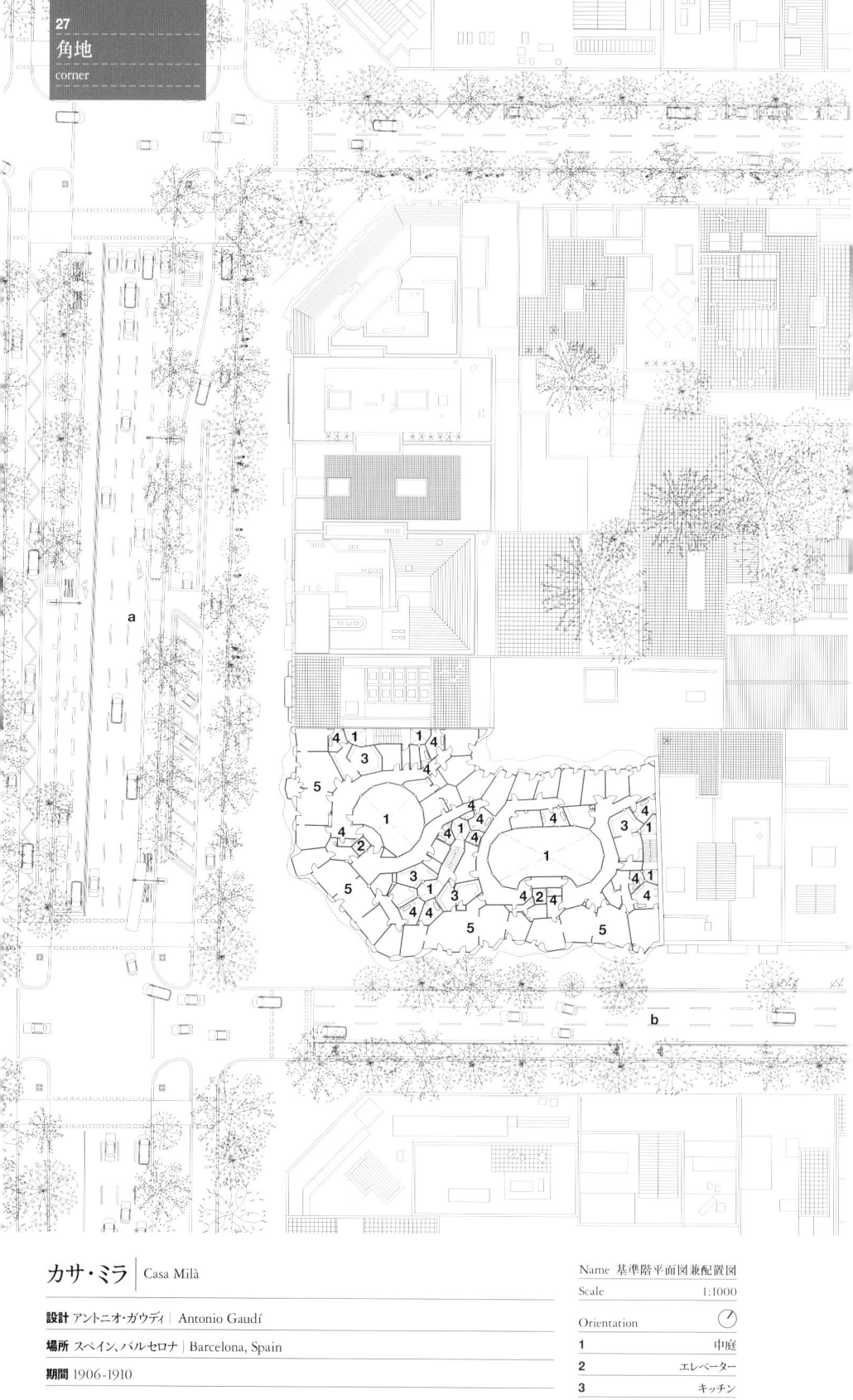

カサ・ミラ | Casa Milà

設計 アントニオ・ガウディ | Antonio Gaudí
場所 スペイン、バルセロナ | Barcelona, Spain
期間 1906-1910

Name	基準階平面図兼配置図
Scale	1:1000
Orientation	
1	中庭
2	エレベーター
3	キッチン
4	浴室、トイレ
5	リビング・ルーム
a	パセオ・デ・グラシア通り
b	プロヴェンサ通り

SITES – Architectural Workbook of Disposition | ZOOM 4 | 27 | corner

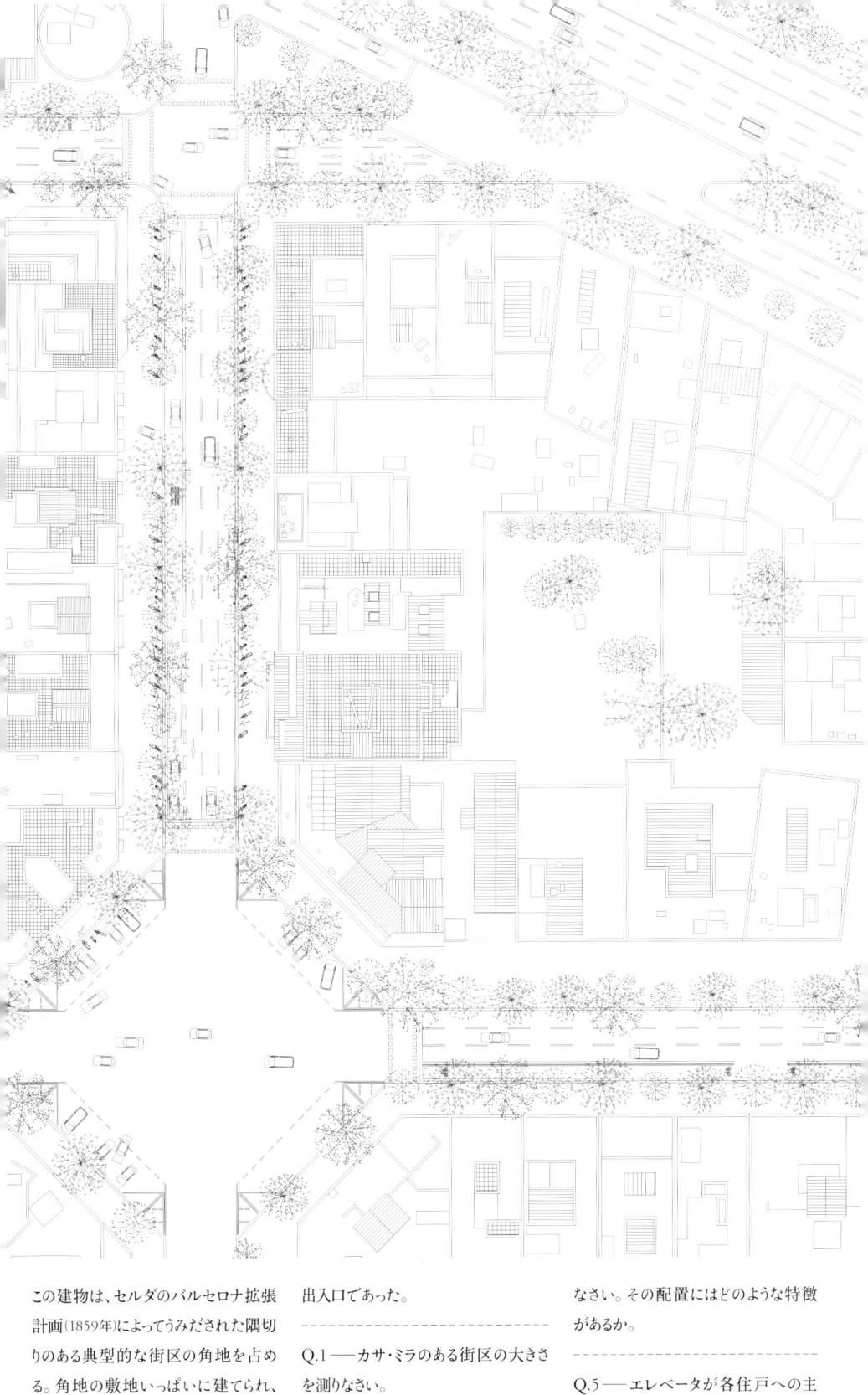

この建物は、セルダのバルセロナ拡張計画(1859年)によってうみだされた隅切りのある典型的な街区の角地を占める。角地の敷地いっぱいに建てられ、奥行が深いため円形と卵形の中庭を囲むように設計され、内部に光をもたらしている。この集合住宅へのエントランスは2つあり、1つはプロヴェンサ通り側から、もう1つは隅切り部からである。それぞれ人用の出入口と馬車通行用の出入口であった。

Q.1——カサ・ミラのある街区の大きさを測りなさい。

Q.2——隅切りの長さを測りなさい。

Q.3——中庭はいくつあるか。小さな中庭も含めて、着色しなさい。

Q.4——キッチンと浴室、トイレを着色しなさい。その配置にはどのような特徴があるか。

Q.5——エレベータが各住戸への主な動線となっている。平面図に示す基準階には何戸が入っているか。

Q.6——この建物への2つの出入口のうち、どちらが人用の出入口だと思うか。その理由も答えなさい。

解説編 | 27
角地
corner

pp.160-161

[カサ・ミラ]

周囲の建物が、それぞれの通りや隅切り部に応じてファサードのデザインを変えるのに対し、ガウディは隅切り部もふくめた、この巨大なファサードを1つの連続するものと考えた。7層のファサードは、隠蔽された鉄骨フレームに取り付けられ、壁面は各階層の分かれ目あたりで大きく波打ち、繰り返される。最上階の屋根裏部屋はレンガの薄肉板構造で、これはカタロニアの伝統的なレンガ構法によるカテナリーアーチと呼ばれる。そのアーチが連続的にテラスの床を支えている。屋根裏部屋の異なる柱間から生じるアーチの高さの変化が屋上階のランドスケープを形成し

カサ・ミラ
アントニオ・ガウディ

南立面図 | 1:350

ている。

Q.1——前ページの平面図を参考にしながら、展開図を、グラシア通り、隅切り部、プロヴァンサ通りに面している部分に分割しなさい。

Q.2——窓の配置とバルコニーの位置には、どのようなルールがあると思うか。前ページの平面図も参考にして答えなさい。

27 角地
corner

フリードリヒ通り駅前高層建築案 | Friedrichstrasse Office Building

設計 ミース・ファン・デル・ローエ | Ludwig Mies van der Rohe
場所 ドイツ、ベルリン | Berlin, Germany
期間 1921

Name	基準階平面図兼配置図
Scale	1:2000
Orientation	↻
a	フリードリヒ通り駅前高層建築
1	執務室
2	エレベータホール
b	シュプレー川
c	フリードリヒ通り
d	フリードリヒシュトラーセ駅

SITES – Architectural Workbook of Disposition | ZOOM 4 | 27 | corner

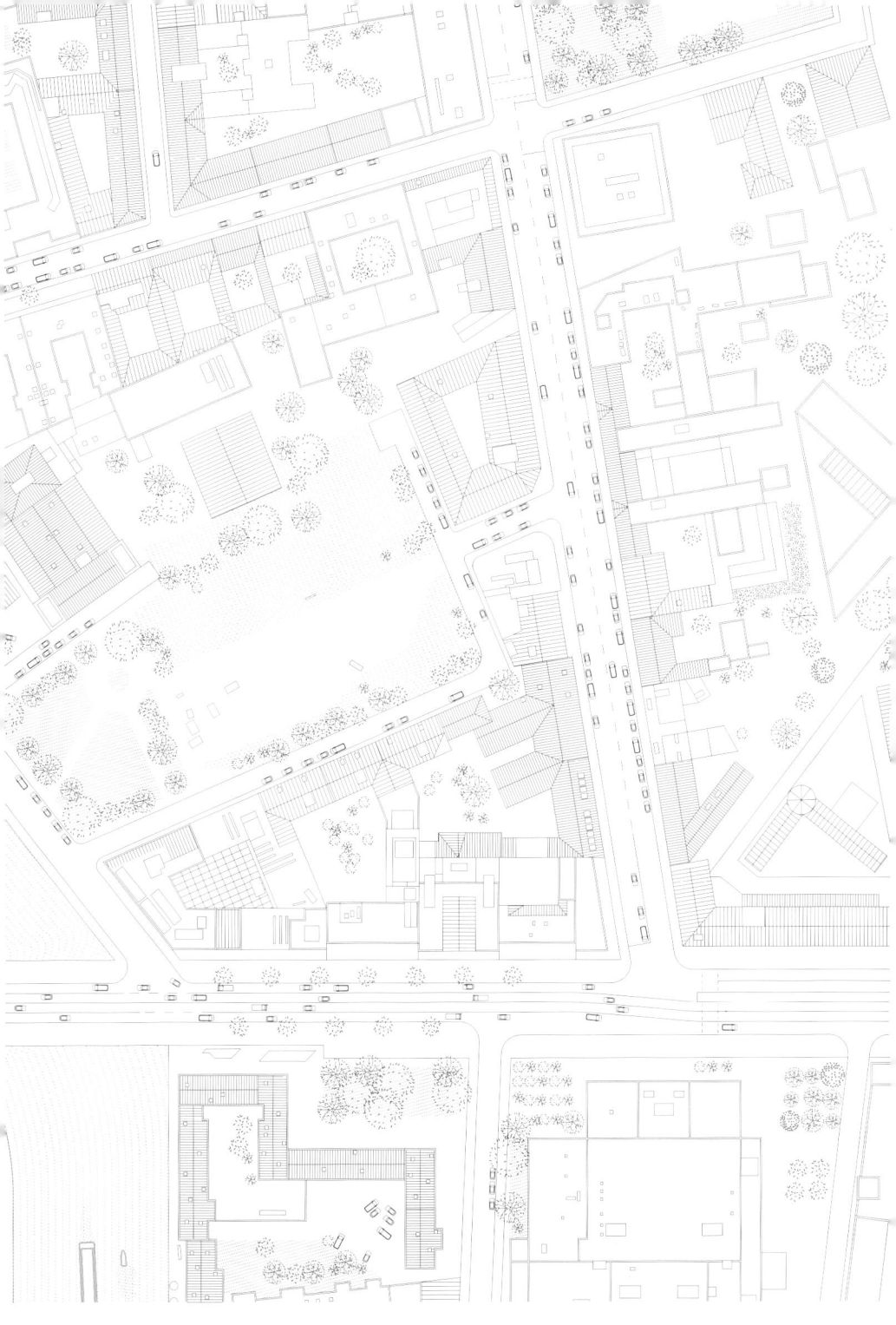

ミース・ファン・デル・ローエは、1921-24年までに、現在では有名になった5つの計画案をたて続けに発表した。その1つであるこのプロジェクトは、1921年、フリードリヒシュトラーセ鉄道駅、フリードリヒ通り、シュプレー川を結んだ三角形の区画の土地に計画された。キャンティレヴァーを用い、ガラスですべて外装された、鉄骨フレームによる20階建て、高さ80mのスカイスクレーパーであった。

Q.1──敷地の面積はおよそいくらか。図面を測って計算しなさい。

Q.2──事務室として使用されるこの建物が、このような複雑に枝分かれした平面形をもつ理由は何か。

Q.3──シュプレー川に面した外壁線はどのようになっているか。

Q.4──ガラスの反射を考えると、すべての外壁面に施されている、前述の外壁線の特徴はどのような効果を生むか。

Q.5──この建築の鋭角の立面をもっともよく眺めることのできる街路上のポイントはどこか。

28 展示場
housing exhibition

ヴァイセンホーフ・ジードルンク | Weissenhofsiedlung Werkbund Exhibition

設計 ミース・ファン・デル・ローエ＋リヒャルト・デッカー | Ludwig Mies van der Rohe / Richard Döcker
場所 ドイツ、シュトゥットガルト | Stuttgart, Germany
期間 1925-1927

Name	1階平面図 兼配置図
Scale	1:1000
Orientation	
a	エントランス
b	リビングルーム
c	ダイニングルーム
d	キッチン
e	寝室
f	テラス
1	ミース・ファン・デル・ローエ
2	J・J・P・アウト
3	ヴィクトール・ブルジョワ
4	アドルフ・グスタフ・シュネック
5	ル・コルビュジエ
6	ヴァルター・グロピウス
7	L・ヒルベルザイマー
8	ブルーノ・タウト
9	ハンス・ペルツィヒ
10	リヒャルト・デッカー
11	マックス・タウト
12	アドルフ・ラーディング
13	ヨーゼフ・フランク
14	マルト・スタム
15	ペーター・ベーレンス
16	ハンス・シャロウン

1925年、シュトゥットガルト市の支援を受けて、ドイツ工作連盟は同市で開催する現代建築展を企画し、展覧会全体の芸術責任者の仕事がミースに委託された。マスタープランは、建設予定地の丘を囲んで段状に築いた一連の低層建築として計画された。ヴァルター・グロピウス、ル・コルビュジエ、J・J・P・アウトら、ヨーロッパの優れたモダニストが招聘された。規格化と合理化を共通テーマに新しい生活像を示す建売住宅の展示場として3ヶ月だけ公開され、その後の近代建築運動に大きな影響を与えた。

Q.1 ── 各住戸のリビングルーム、寝室を別の色で塗り分けなさい。

Q.2 ── 各住戸へのエントランスを着色し、集合住宅、テラスハウス(長屋)、独立住宅の3種類に分類しなさい。

28 | 解説編
展示場
housing exhibition

pp.166-167

[ヴァイセンホーフ・ジードルンク集合住宅]

ミース・ファン・デル・ローエの集合住宅は、丘の頂上にあり、細長い建物は、内部の間仕切り壁から独立した鉄骨構造を用いて建てられた。集合住宅の平面には、階段とコアとなる水回りのキッチンと浴室の他は固定されたものはなく、各戸はさまざまな広さに分割でき、間仕切りは追加や取り外しができた。家族形態の多様さに対応し、住人のライフステージの変化にどう対応するかがテーマとなっていた。

Q.1——1階には何世帯が住んでいるか。

ヴァイセンホーフ・ジードルンク二戸建住宅
ル・コルビュジエ

Orientation
1	ランドリー
2	貯蔵室
3	使用人室
4	物置
5	書斎
6	トイレ
7	キッチン
8	寝室
9	浴室
10	リビングルーム
11	書庫
12	ルーフ・ガーデン

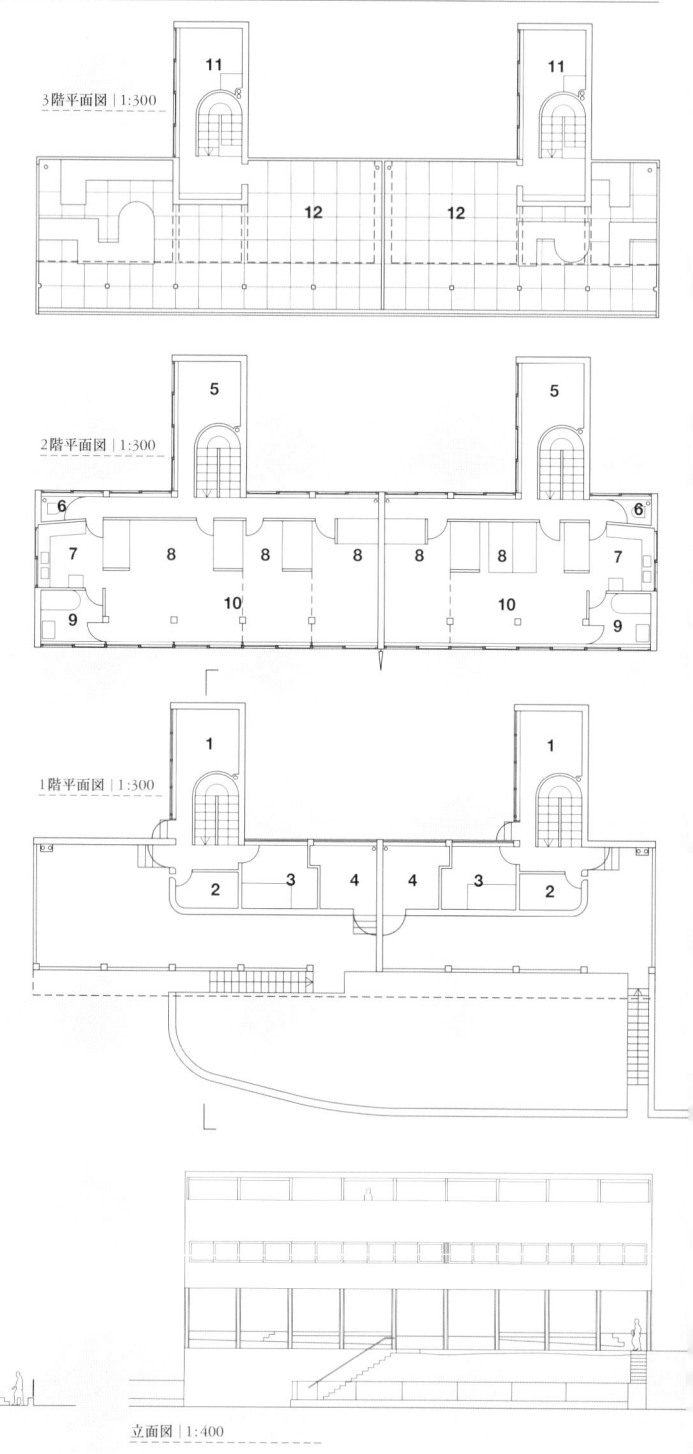

3階平面図 | 1:300

2階平面図 | 1:300

1階平面図 | 1:300

断面図 | 1:400

立面図 | 1:400

Q.2——各世帯を、nLDKでそれぞれ表わしなさい。

[ヴァイセンホーフ・ジードルンク二戸建住宅]
左右非対称の住宅二軒を合わせた二戸建住宅は、ピロティの列と建物の全長に及ぶ連続窓によって視覚的に繋がっている。この住宅は、昼間と夜間の使い分けができる実験的な室配置をしている。3層構造であり、1階は家事の場、主要階は2階、屋上は瞑想の場と設定されていた。主要階のリビングは夜間に小さなベッドを引き出して寝室となった。

Q.3——左右それぞれの住戸は、夜間には何人が寝ることができるか。

Q.4——ミース・ファン・デル・ローエの集合住宅におけるフレキシビリティと、ル・コルビュジエの二戸建住宅のそれの違いを、変化の頻度と転換される機能の点で述べなさい。

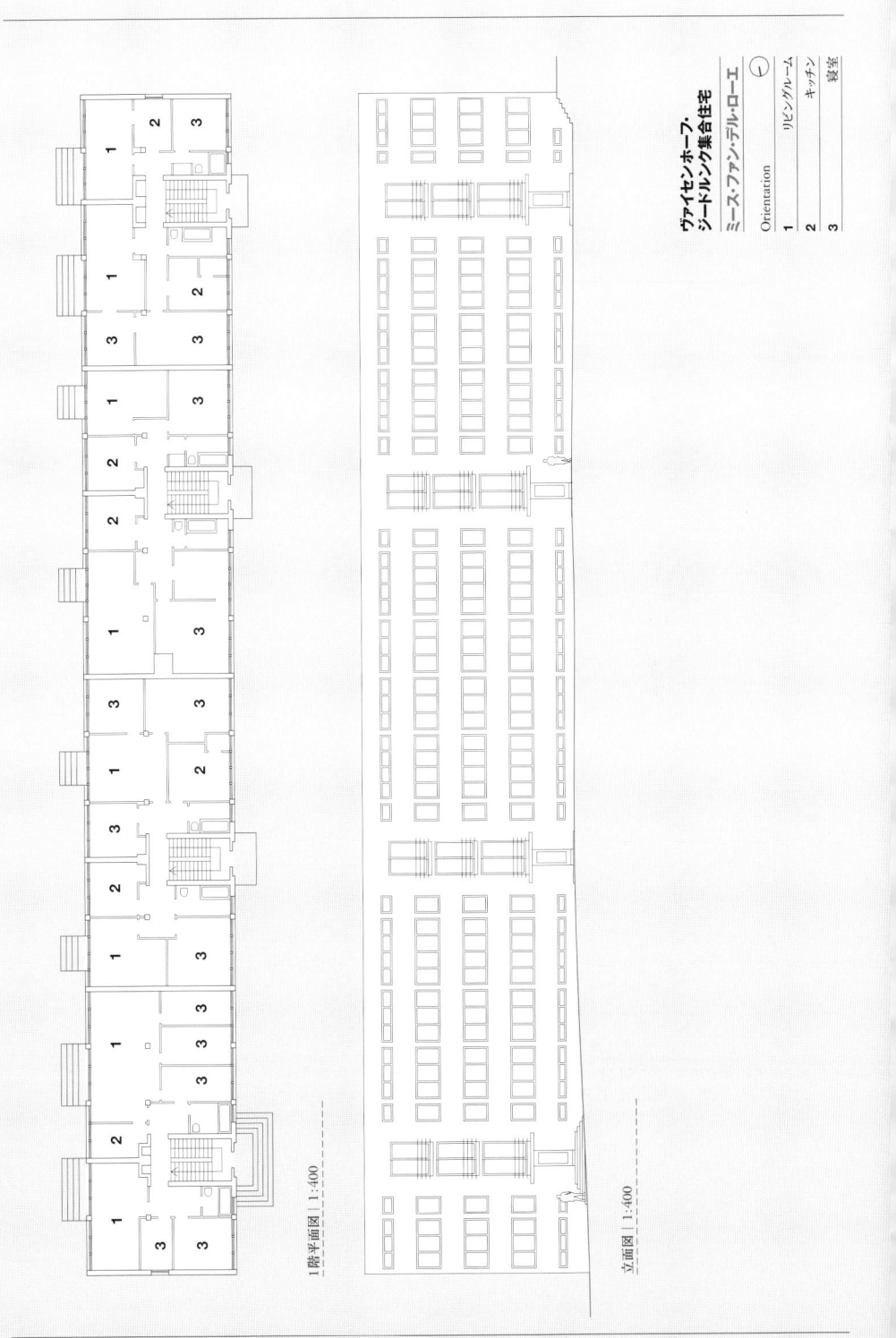

ヴァイセンホーフ・ジードルンク集合住宅
ミース・ファン・デル・ローエ

Orientation
1 リビングルーム
2 キッチン
3 寝室

1階平面図 | 1:400

立面図 | 1:400

29
パーキング
parking

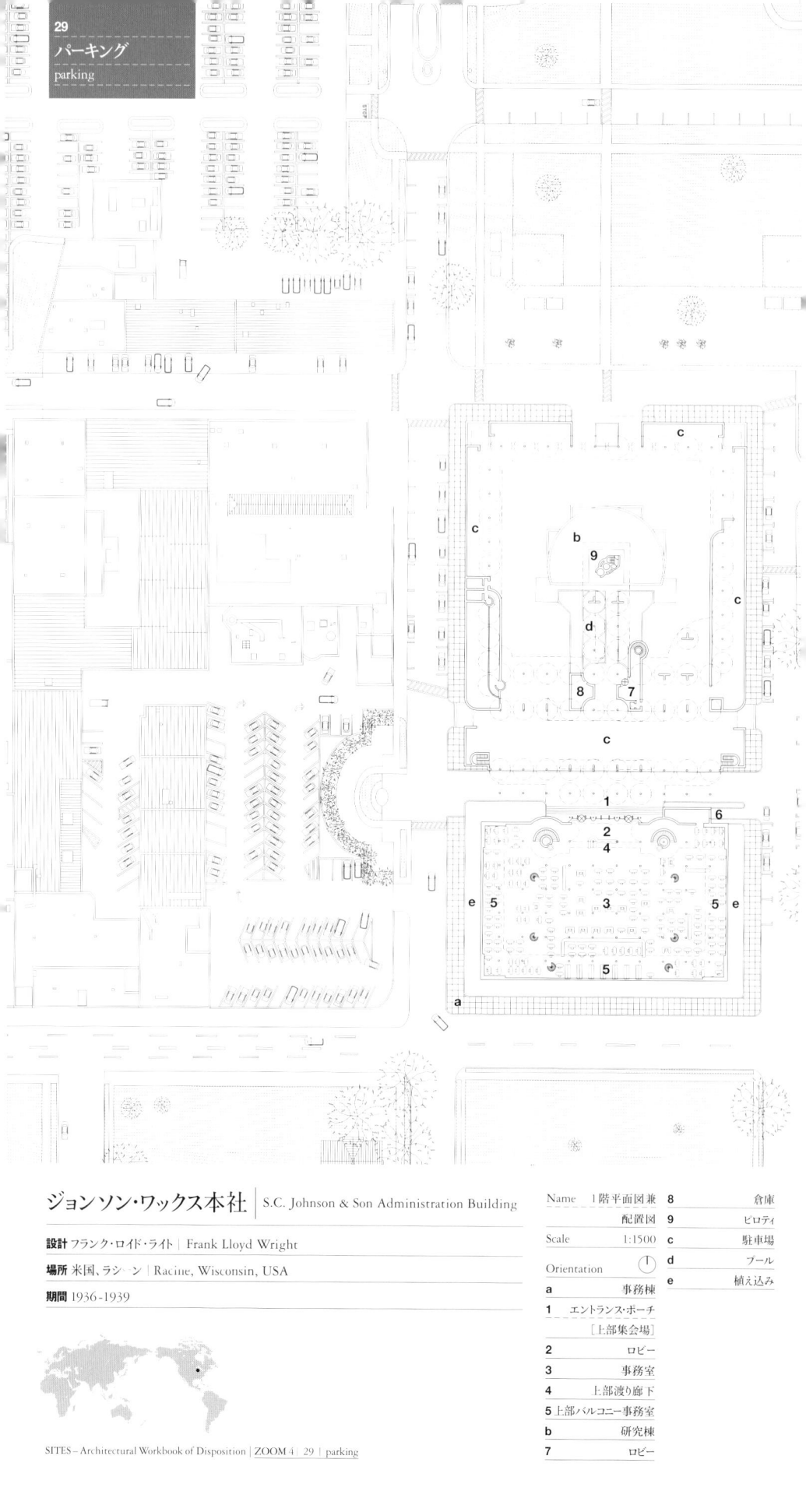

ジョンソン・ワックス本社 | S.C. Johnson & Son Administration Building

設計 フランク・ロイド・ライト | Frank Lloyd Wright
場所 米国、ラシーン | Racine, Wisconsin, USA
期間 1936-1939

Name	1階平面図兼配置図
Scale	1:1500
Orientation	

a	事務棟
1	エントランス・ポーチ[上部集会場]
2	ロビー
3	事務室
4	上部渡り廊下
5	上部バルコニー事務室
b	研究棟
7	ロビー
8	倉庫
9	ピロティ
c	駐車場
d	プール
e	植え込み

SITES – Architectural Workbook of Disposition | ZOOM 4 | 29 | parking

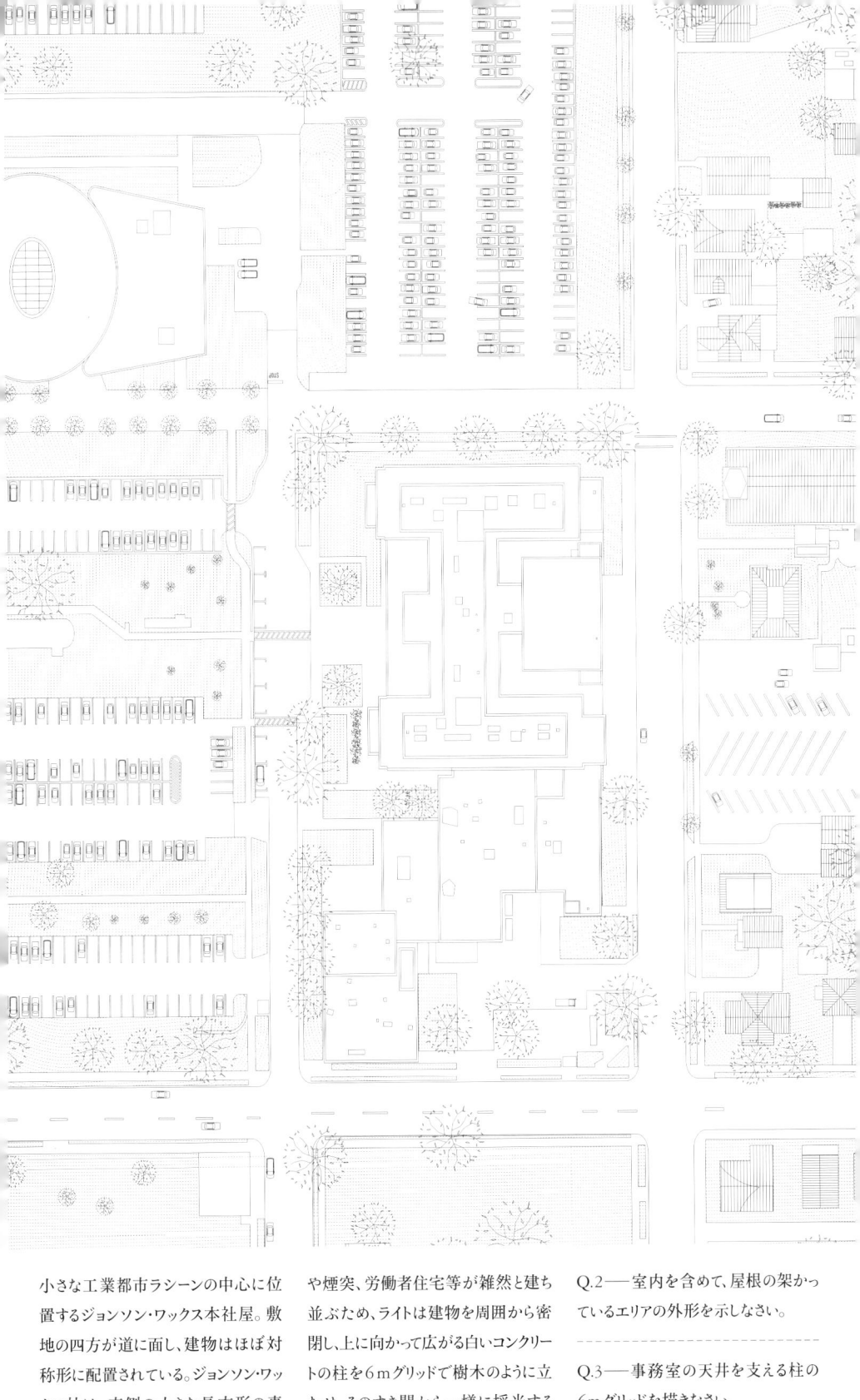

小さな工業都市ラシーンの中心に位置するジョンソン・ワックス本社屋。敷地の四方が道に面し、建物はほぼ対称形に配置されている。ジョンソン・ワックス社は、南側の大きな長方形の事務棟と、北側の研究棟(1950年増築)を中心とする建物群の2つの部分に分かれ、そのすき間に事務棟のエントランスへの導入路があり、同時に平行する公道をつないでいる。周囲は工場や煙突、労働者住宅等が雑然と建ち並ぶため、ライトは建物を周囲から密閉し、上に向かって広がる白いコンクリートの柱を6mグリッドで樹木のように立たせ、そのすき間から一様に採光する明るいワンルームの事務室をつくった。

Q.1——事務棟への車によるアプローチ路を示しなさい。

Q.2——室内を含めて、屋根の架かっているエリアの外形を示しなさい。

Q.3——事務室の天井を支える柱の6mグリッドを描きなさい。

Q.4——事務室以外にも6mスパンの柱列が敷地内で用いられている。このグリッドはどのように使われているか。

30 ガレリア
galleria

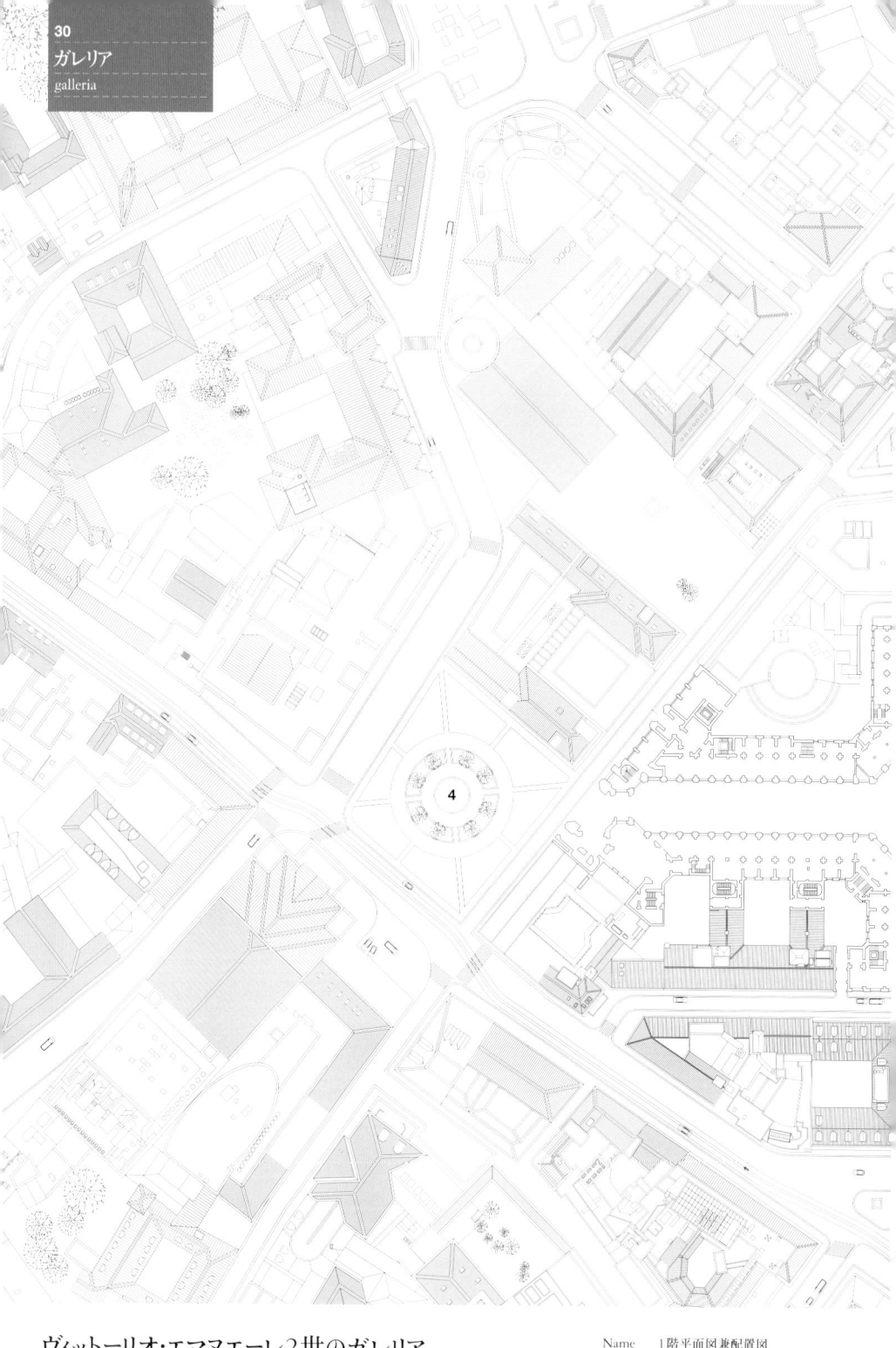

ヴィットーリオ・エマヌエーレ2世のガレリア
Galleria Vittorio Emanuele II

設計 ジュゼッペ・メンゴーニ | Giuseppe Mengoni

場所 イタリア、ミラノ | Milan, Italy

期間 1865-1867

Name	1階平面図兼配置図
Scale	1:2000
Orientation	←
1	ドゥオーモ
2	ドゥオーモ広場
3	ガレリア
4	スカラ座広場

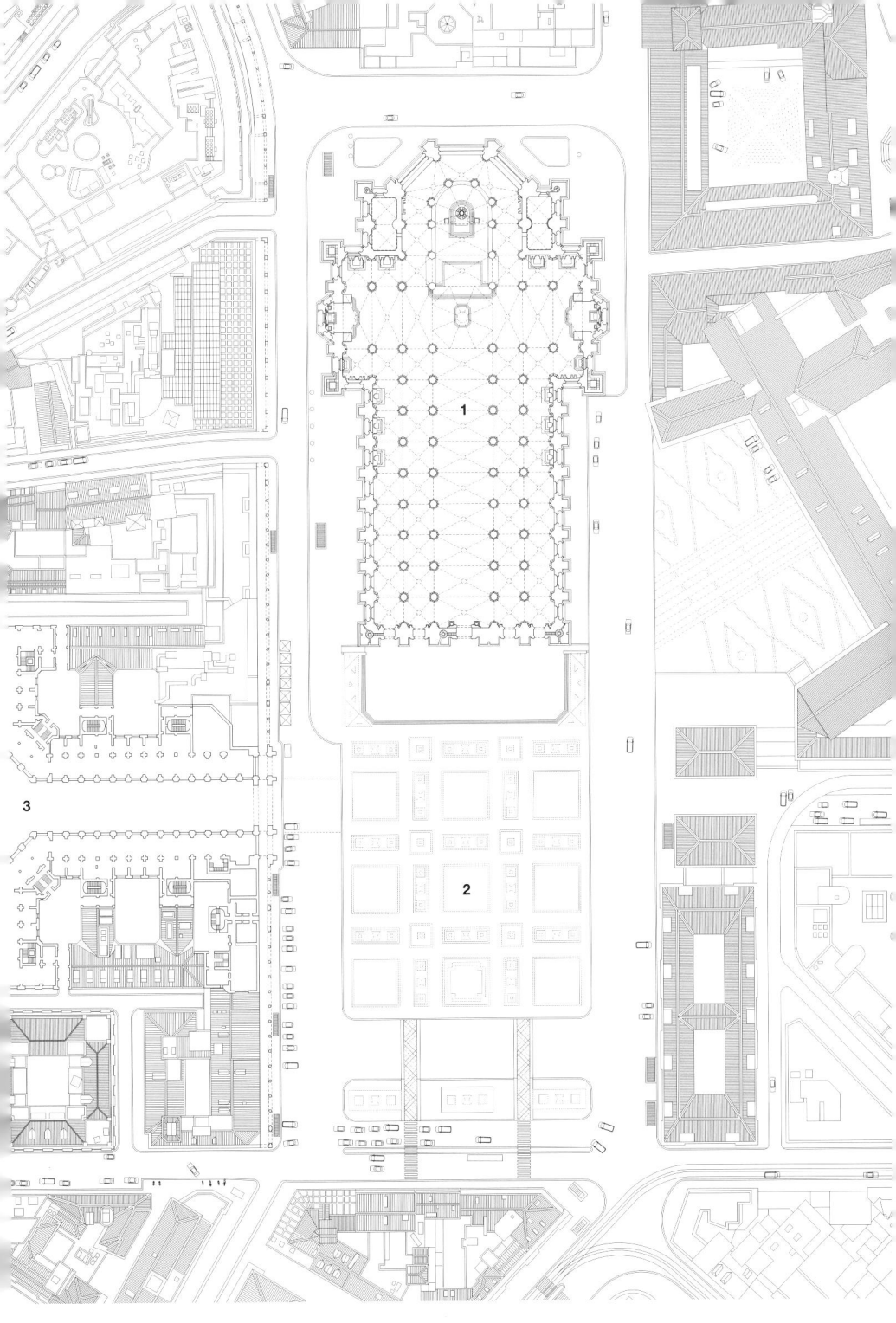

イタリア中世最大の教会堂であるミラノ大聖堂が建つドゥオモ広場と、その北のスカラ座広場を195mの南北軸によって直結した、十字形平面のガレリア。このガレリアは、鉄とガラスの大空間の最初の作品、クリスタルパレス（ジョセフ・パクストン設計、1851年完成）と、19世紀の鉄骨構造における構造技術の集大成である機械館（V・コンタマン設計、1889年完成）のほぼ中間期に建てられている。隣接するミラノの大聖堂（ドゥオーモ）と似た空間構成でありながら、それとは対称的にガラスと鉄で軽快に明るく覆われている。メンゴーニは鉄とガラスをごく普通の街路に架けることによって、街路をアーケードという気象の変化に影響されないインテリアに反転させることに成功した。

Q.1——ドゥオーモの身廊の幅と、ガレリアの通路幅をそれぞれ測りなさい。

Q.2——ガレリアは2つの場所をつなぐだけでなく、現代に多くみられる、あるビルディング・タイプのさきがけとなった。そのビルディング・タイプとは何か。

解説編 | 30
ガレリア
galleria

pp.172-173

[ヴィットーリオ・エマヌエーレ2世のガレリア]

このアーケード街は十字形のプランをしており、四方に延びる鉄製のヴォールト屋根と、中央交差部でヴォールト屋根より高く持ち上げられた高さ50mの八角形の鉄製ペンデンティヴ・ドームを戴いている。アーケード街がショッピングという世俗的な行為の場でありながら、宗教的な集会の場である大聖堂の影響を強く受けている。

Q.1——ドゥオーモの身廊の高さと、ガレリアのヴォールトの高さをそれぞれ測りなさい。

ヴィットーリオ・
エマヌエーレ2世のガレリア
ジュゼッペ・メンゴーニ
1　　ヴィットーリオ・
　　　エマヌエーレ2世のガレリア
2　　ミラノ大聖堂身廊
3　　ミラノ大聖堂交差部
4　　ミラノ大聖堂内陣
5　　ドゥオモ広場

断面図 | 1:1000

Q.2——ドゥオーモの交差部に架かるドームの直径と、ガレリアの八角形のペンデンティブに架かるドームの直径をそれぞれ測りなさい。

Q.3——ガレリアのヴォールト空間内には、何層の建物が面しているか。

ZOOM 5

関係のルールを見いだす

form of relations

10%

ズーミング10％の世界──古い手法

名作と呼ばれる建築物は、それをつくった人の手から離れて匿名性を帯びると言われます。さまざまに批評されながら、後世の建築によって幾度も参照されて、手本となるにつれ、設計者はその作品の属性から影を薄め、それに関わった無数の人々、それが建つ場所や時代のものとなっていきます。

建築をつくる手法においても同様のことが言えます。一概に手法といっても、設計のさまざまな段階において持ちこまれる無数のアイディアや、計画の根幹となるような前提も含まれます。そのような手法は誰が最初に使い出したということが意識されることはほとんどなく、設計行為のあらゆる局面で自由に持ち出されて何度も使われます。

建築において、手法がとくに取りざたされるのは、建築を設計する際に必ずつきあわなくてはならない無数の条件や制約と、こうした手法が、設計者にとっては、同じ「設計のルール」としてふるまうことが多いからです。

建築設計における条件として、法律やクライアントの要望、周辺環境、自然条件、コスト等をあげることができます。これらは建築の外部から強く設計の方向性に制約をかけるものです。そして、それと同じくらい建築の大きな制約となっているのが、建築がそもそももっている内的制約です。当たり前のように思うかもしれませんが、建築の物質性、ひとたび建つと長らく変化しない持続性、構造や構法がもたらす形式性、また設計行為の過程で使われる言葉の制約等の固有の内的制約が、建築を決定的に縛っています。さらに、建築がもつ総合性も、強力な内的制約の一つです。建築は外的、内的制約にかかわらず、条件の一つでも無視したり、排除することはできません。無数の条件、制約に対して、それらをさまざまに順位づけ、すべてから拘束を受けるなかで総合し、一つの建築にする必要があります。これらの内的制約はまさしく建築のみがもつ特異な内的性質であり、これまで建築が長い歴史の中で変わらずもち続けてきた強みでもあります。

建築を条件との関係で考えるとき、手法とはどのようなものなのでしょうか。私たちは無数の条件、制約（ルール）と格闘する中で、手法という別の制約（ルール）をわざわざ課します。手法というルールを課すことで、他の条件や制約では不十分だったインプットとアウトプットの連動性を高め、設計を前に進める原動力とします。ばらばらだった他のルールをまとめ、順序づけて、制作の指針となる包括的なルールとして振る舞うことがあるのです。

手法はゼロから生みだすこともありますが、過去の建築物のなかに見られる設計原理や、過去の建築家の言説のなかのモットーにあらわれている、くり返し使われてきた手法が、その多くです。これらの手法は幾度となくトライアル・アンド・エラーを繰り返すことで、規範化され、古典となります。古典はひとたび、正統性をもつと、そこから無数の亜流を生みだし、さらに豊かなヴァリエーションを私たちに示してくれます。

グリッドや中庭による統合といった、古い手法が現在でも使われ、それが新たな意味をもって有効に働くことがあるのは、手法が幾度も試された歴史のなかに、私たちが参与し、手法の信頼感に触れることができるからです。道具のかたちは変わらなくても、使うほどに用いる場面が増え、あつかい方に熟達していくように、手法は使われて、使うことでしかその価値は分からず、進化することもありません。

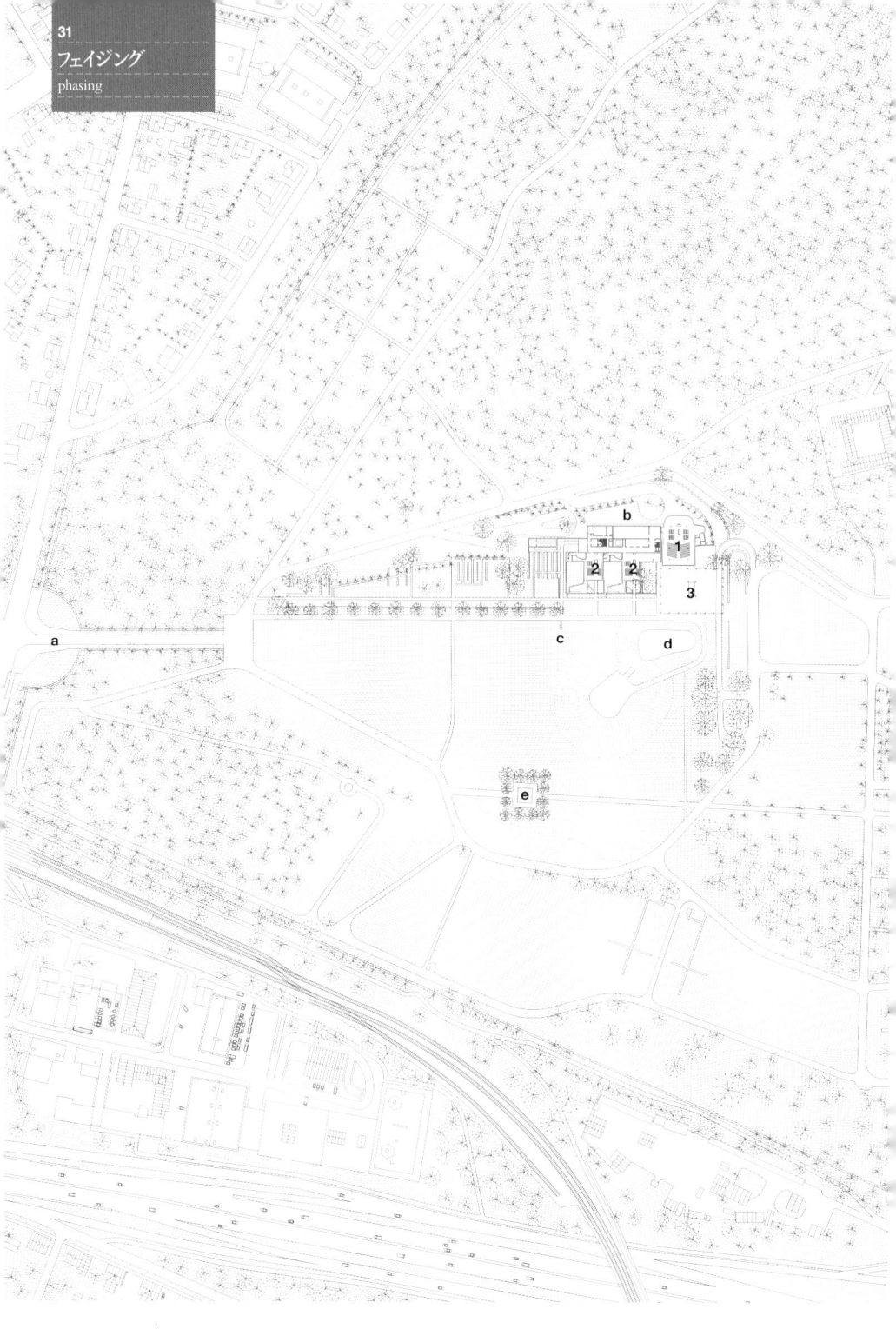

31 フェイジング
phasing

森の墓地 | Woodland Cemetery

設計 グンナー・アスプルンド | Erik Gunnar Asplund
場所 スウェーデン、ストックホルム | Stockholm, Sweden
期間 1915-1940

Name	1階平面図	4	ロッジア
	兼配置図	5	礼拝堂
Scale	1:4000	g	復活の礼拝堂
Orientation	⊖		[S.レヴェレンツ設計]
a	入口	h	墓地管理棟
b	森の火葬場		
1	聖十字架礼拝堂		
2	小礼拝堂		
3	大ロッジア		
c	聖なる十字架		
d	睡蓮の池		
e	瞑想の丘		
f	森の礼拝堂		

アスプルンドは1915年の公営墓地のコンペティションにS.レヴェレンツと共同で勝利し、以後1940年の死に至るまで関わり続け、その主要部分をつくりあげた。初めに森の礼拝堂(1918-20)を建て、1935年以降はアスプルンドが単独で全体計画を進めることになり、中心施設である森の火葬場(1935-40)とその周辺のランドスケープを実現させた。アスプルンドは土葬の習慣がまだ主流だった時期に、森の礼拝堂とその周辺の森を、その後は森の火葬場と周辺のランドスケープを、火葬のための弔いの場として設計した。アスプルンドの最後の仕事となったこの森の墓地で、自身も火葬され、埋葬されている。

Q.1——土葬を前提とした、森の礼拝堂と周辺のランドスケープのもつ特徴を述べなさい。

Q.2——森の火葬場と、瞑想の丘、聖なる十字架、睡蓮の池等の一連のランドスケープの特徴を、火葬と関連づけて述べなさい。

32　クラスター
cluster

シーランチ・コンドミニアム | Sea Ranch Condominium I

設計 MLTW

場所 米国、シー・ランチ | Gualala, California, USA

期間 1964-1965

Name	1階平面図兼配置図
Scale	1:800
Orientation	
1	住戸
2	中庭
3	駐車場
4	ランドリー
5	温室

サンフランシスコの北にある海岸沿いの牧草地に全長16kmにわたって計画された別荘地内のコンドミニアム(分譲共同住宅)。広域の生態学的自然環境を保全し、環境への影響を最小限に抑えるために住戸をクラスター状に配置して、住人の活動範囲をクラスター内部にとどめている。これによって個々の住戸ユニットからは他のユニットのプライバシーと関わることなく、海への美しい眺望を得ることができる。

Q.1——このコンドミニアムは何戸からなっているか。

Q.2——1つの住戸はおよそ何m角の正方形か。

Q.3——クラスターは何を中心に形成されているか。

Q.4——このコンドミニアムにアプローチする道は大きく迂回し、周囲を土手と木々に囲まれている。それはなぜだと思うか。

32
クラスター
cluster

キンゴー・ハウス | Kingo Houses

設計 ヨーン・ウッツォン | Jørn Utzon
場所 デンマーク、ヘルシンゴー | Helsingør, Denmark
期間 1958-1960

Name	1階平面図兼配置図
Scale	1:2000
Orientation	↑
1	玄関
2	リビングルーム
3	書斎
4	テラス
5	キッチン
6	寝室
7	浴室
8	暖房設備
9	中庭
10	ガレージ

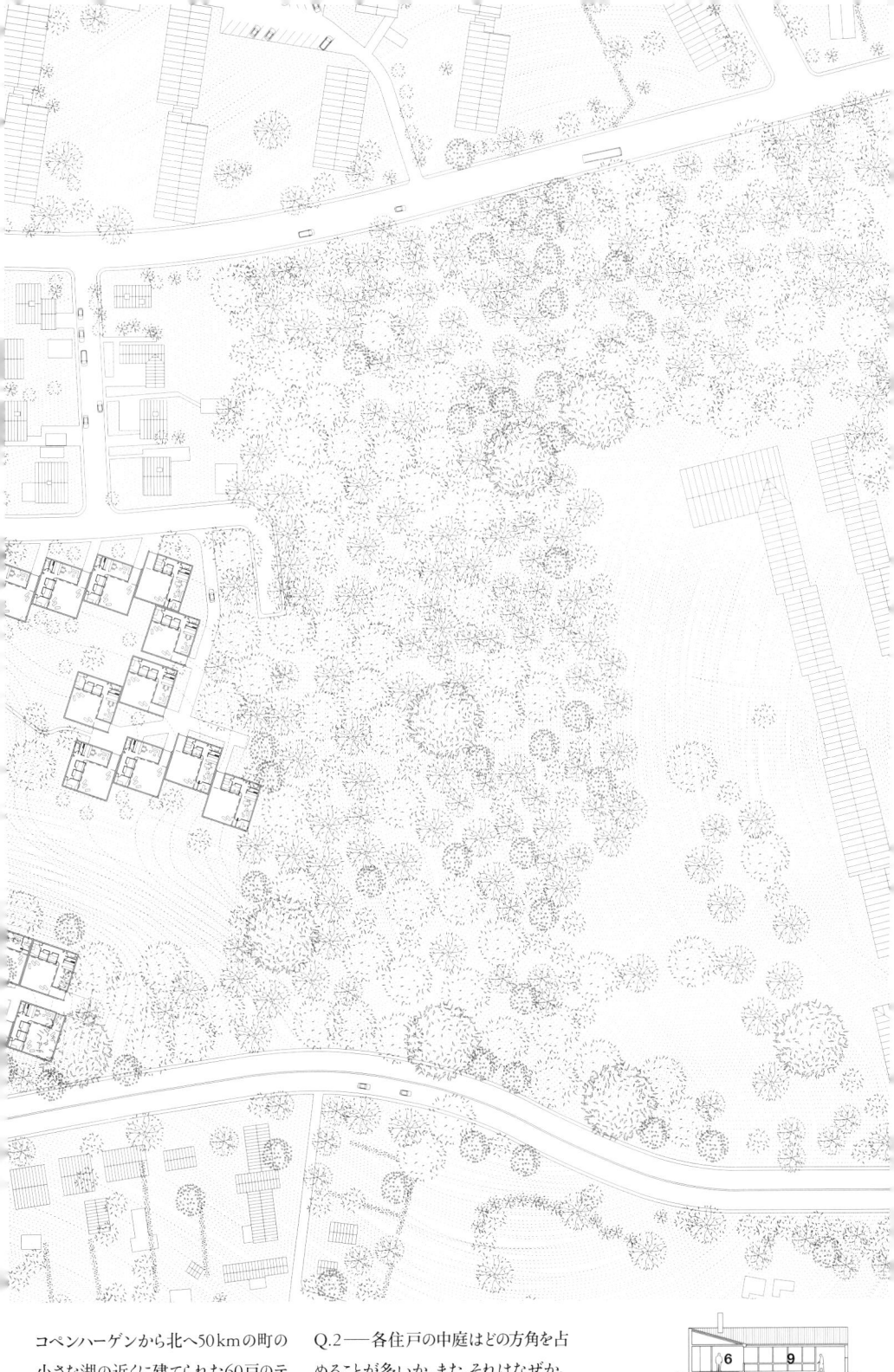

コペンハーゲンから北へ50kmの町の小さな湖の近くに建てられた60戸のテラスハウス。日照と良好な環境を楽しめるように、敷地形状に合わせて配置されている。正方形を基本としてL字に平屋の居室をとり、低い塀によって中庭と共用エリアとを区切り、中庭からは林や広場への眺望を確保している。

Q.1——住戸は約何m角の正方形か。

Q.2——各住戸の中庭はどの方角を占めることが多いか。また、それはなぜか。

Q.3——車によるアプローチ路に着目した場合、住戸群をいくつのクラスターに分けることができるか。

Q.4——歩行者専用路のあるオープンスペースのまとまりを見た場合、住戸群をいくつのクラスターに分けられるか。

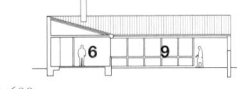

断面図 | 1:600

平面図 | 1:600

32
クラスター
cluster

フレデンスボーのテラスハウス | Terrace Houses at Fredensborg

設計 ヨーン・ウッツォン | Jørn Utzon
場所 デンマーク, フレデンスボー | Fredensborg, Denmark
期間 1962-1963

Name	配置図
Scale	1:3500
Orientation	↑

南西の農地とゴルフコースに向かって傾斜した敷地に建つ、鎖状に連なった49戸のテラスハウスである。クルドサックによってクラスターを形成し、芝生の共有地を取り囲んでいる。これはキンゴー・ハウスと平行して1959年に開発されており、そのためこれら2つの計画には類似点が多い。顕著な違いは、フレデンスボーのテラスハウスの敷地の方が傾斜がきつく、住戸がその起伏に沿ってダイナミックなシークエンスを生みだしている点である。

Q.1——各住戸の中庭はどちら向きに配置されているか。その配置のルールは何か。

Q.2——クルドサックによるアクセスのまとまりを一種のクラスターと考えると、それとは別に、どのようなクラスターが考えられるか。

Q.3——クルドサックとオープンスペースは、住戸を経ることなく、ところどころ小径でつながっている。その小径を着色しなさい。

33 モデュール
module

ムンケゴー小学校 | Munkegård School

設計 アルネ・ヤコブセン | Arne Jacobsen
場所 デンマーク, ムンケゴー | Gentofte, Denmark
期間 1957

Name	1階平面図兼配置図
Scale	1:1500
Orientation	
1	校門
2	駐輪場
3	高学年用体育館
4	低学年用体育館
5	事務室
6	講堂
7	職員室
8	クラスルーム
9	特別教室
10	運動場

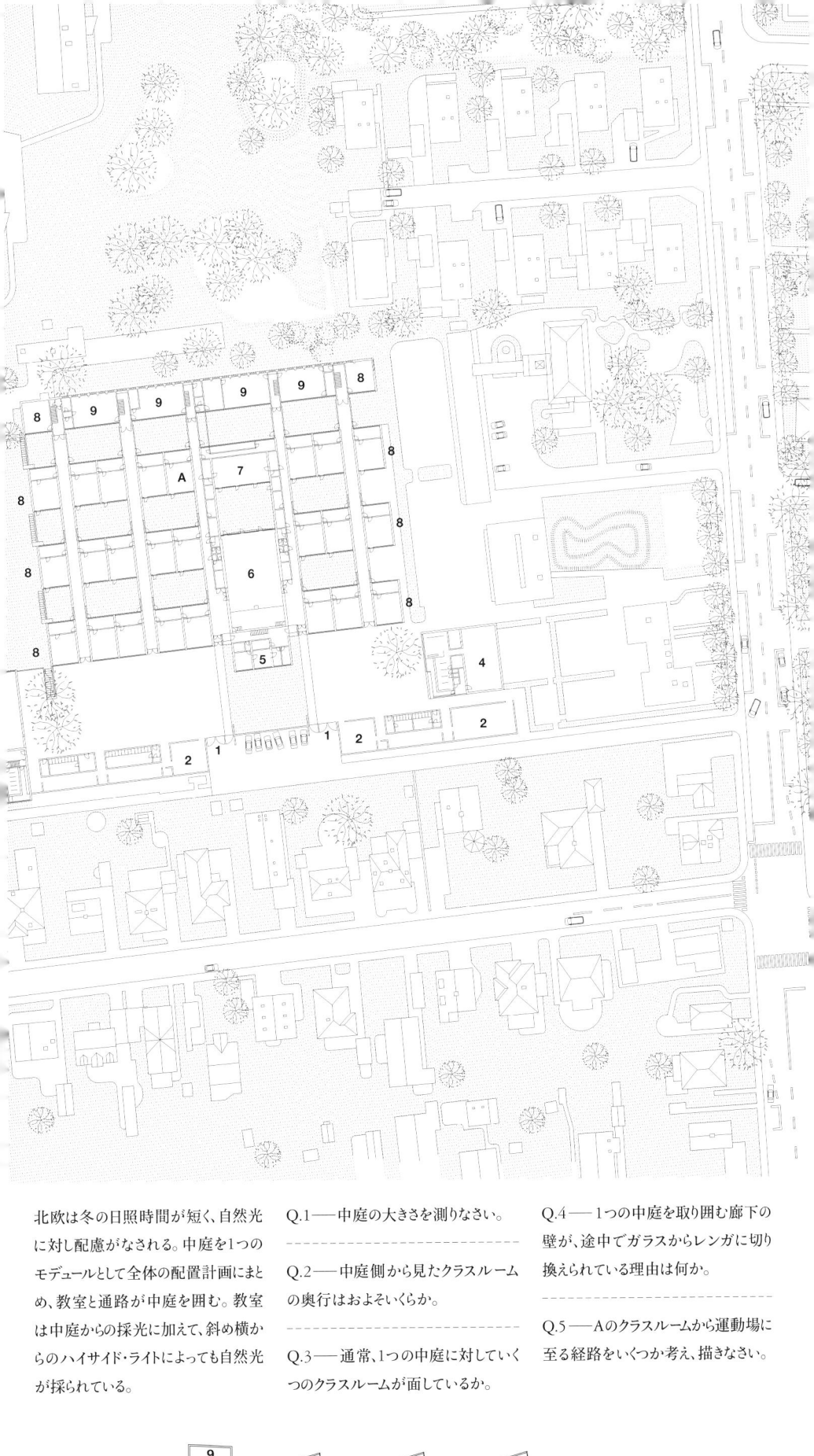

北欧は冬の日照時間が短く、自然光に対し配慮がなされる。中庭を1つのモデュールとして全体の配置計画にまとめ、教室と通路が中庭を囲む。教室は中庭からの採光に加えて、斜め横からのハイサイド・ライトによっても自然光が採られている。

Q.1——中庭の大きさを測りなさい。

Q.2——中庭側から見たクラスルームの奥行はおよそいくらか。

Q.3——通常、1つの中庭に対していくつのクラスルームが面しているか。

Q.4——1つの中庭を取り囲む廊下の壁が、途中でガラスからレンガに切り換えられている理由は何か。

Q.5——Aのクラスルームから運動場に至る経路をいくつか考え、描きなさい。

断面図 | 1:1000

33
モデュール
module

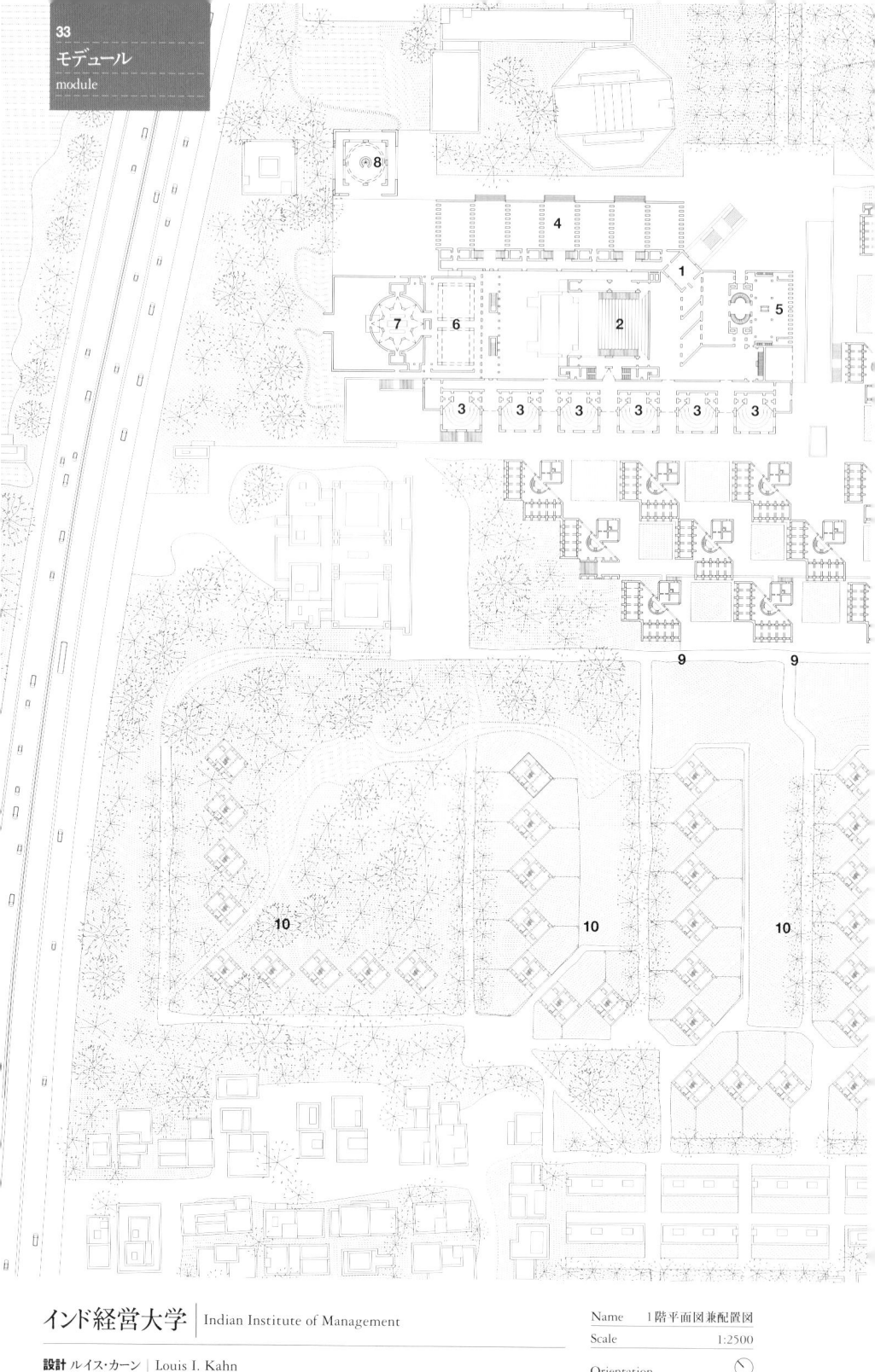

インド経営大学 | Indian Institute of Management

設計 ルイス・カーン | Louis I. Kahn
場所 インド、アーメダバード | Ahmedabad, India
期間 1962-1974

Name	1階平面図兼配置図
Scale	1:2500
Orientation	
1	エントランス
2	アンフィシアター
3	教室[講義室]
4	事務室
5	図書室
6	ダイニングルーム
7	キッチン
8	給水塔
9	学生寮
10	職員宿舎

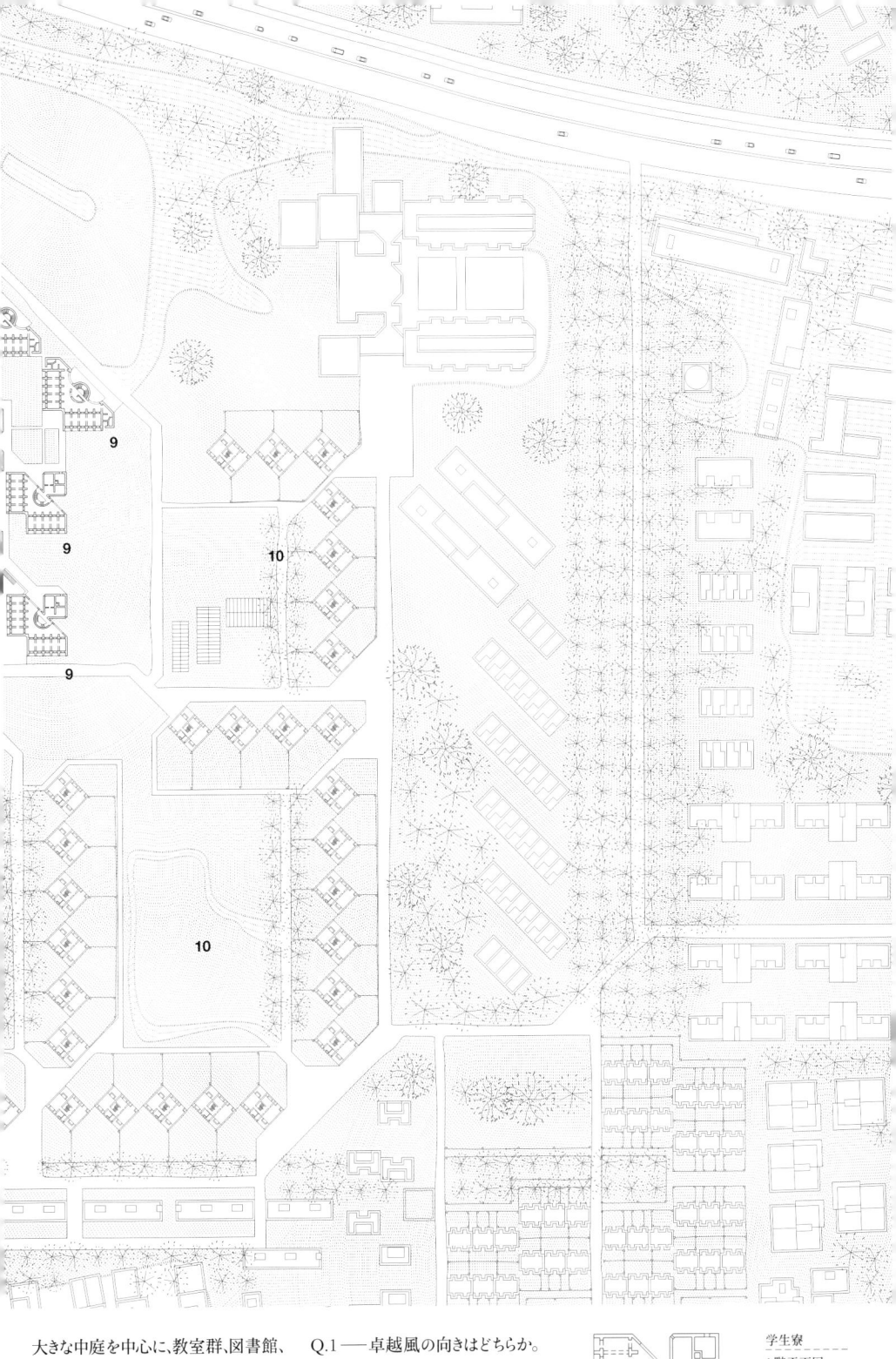

大きな中庭を中心に、教室群、図書館、管理部門、ダイニングルームが向かい合うゾーンと、L字に並べられた各層10室の個室群をモジュールとした学生寮のゾーンにわかれている。学生寮の個室は、年間を通した卓越風(もっとも頻度が多い風向きの風)に向けて配列され、効果的に換気されるように配慮されているほか、強い日差しや雨期の激しいスコールを防ぐ工夫がなされている。

Q.1 ── 卓越風の向きはどちらか。

Q.2 ── 学生寮のすべての個室の前にはバルコニーがとられている。その理由を方位と関係づけて説明せよ。

Q.3 ── 学生寮の一棟を1つのモジュールと見たとき、それらが配列されているグリッドの間隔は何mか。

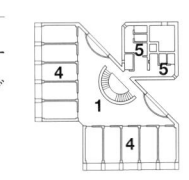

学生寮
1階平面図
1:1200

1	ラウンジ
2	キッチン
3	食堂
4	個室
5	トイレ

学生寮
上階平面図
1:1200

34
増築
extension

コルドバの大モスク[メスキータ]
Catedral de Santa María de Córdoba [Mezquita]

設計 ——

場所 スペイン, コルドバ | Córdoba, Spain

期間 785 -961

Name	配置図
Scale	1:3000
Orientation	
a	785年当時の礼拝堂
b	785年当時の中庭
c	832年の増築部分
d	929年の増築部分
e	987年の増築部分
1	中庭
2	ミナレット
3	ミフラーブ

SITES – Architectural Workbook of Disposition | ZOOM 5 | 34 | extension

785年に建設が始まり、その後、200年あまりの間に数度にわたり列柱ホールが拡張され、当初120本だった柱が、最終的には600本を数える。当初は約5000m²で、長方形の礼拝堂と庭から成る構成であったが、最初の拡張(832-848年)で200本の円柱が加わり、約2倍になった。さらに929年、70mの横幅のまま115mの長さとなり、円柱は320本に、987年の3回目の拡張では、北東側に礼拝所の長さと同じ身廊を8本加え、合計224本の円柱を追加し、115m幅で130mの奥行となり、イスラム教の伝統に近い独特の長方形が再現された。最初の柱も後に付加された柱も、もともとあった礼拝堂内や、ローマやアフリカからかき集められた。計画されたモスクの平面規模に釣り合う天井高を確保するには、これらの柱は短かったため積層アーチのシステムが採用された。最後に、レコンキスタ(国土回復運動)完了後、16世紀からカトリック王国が何代にもわたってカテドラルへの再編を行った。

Q.1 —— 現在の場所にミフラーブが移動したのは、何回目の拡張のときか。

Q.2 —— ホールの面積は、当初と比べて何倍になったか。

34 増築
extension

ルイジアナ近代美術館 | The Louisiana Museum

設計 ヨーン・ボウ | Jørgen Bo with Vilhelm Wohlert
場所 デンマーク, フムルベック | Humlebaek, Denmark
期間 1958-1982

Name	1階平面図兼配置図
Scale	1:1200
Orientation	
a	創建当初の建物
b	1958年建設
c	1971年増築
d	1975年増築
e	1982年増築
1	展示室
2	集会室
3	カフェ
4	ミュージアムショップ
5	地下展示室

ホーン海峡を見下ろす高台に、周辺の自然を巧みに絡ませた、リニアで回遊性のある動線計画がなされている。海や中庭の緑に面して設けられた大きなガラス壁をもつ建物群は、4期にわたって増改築され、回廊で結ばれている。自然光と周囲の自然をとり込んだ開放的でゆったりとした美術空間を生みだしている。

Q.1——建物やそれらをつなぐ廊下の平面形状の特徴を述べなさい。

Q.2——外壁がガラスである部分を着色しなさい。

Q.3——何年の改築によって、すべての建物が回遊できるようになったか。

Q.4——地下につくられた展示室は、景観上、どのような意図でつくられたか。

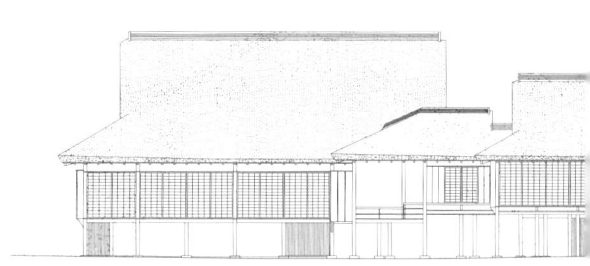

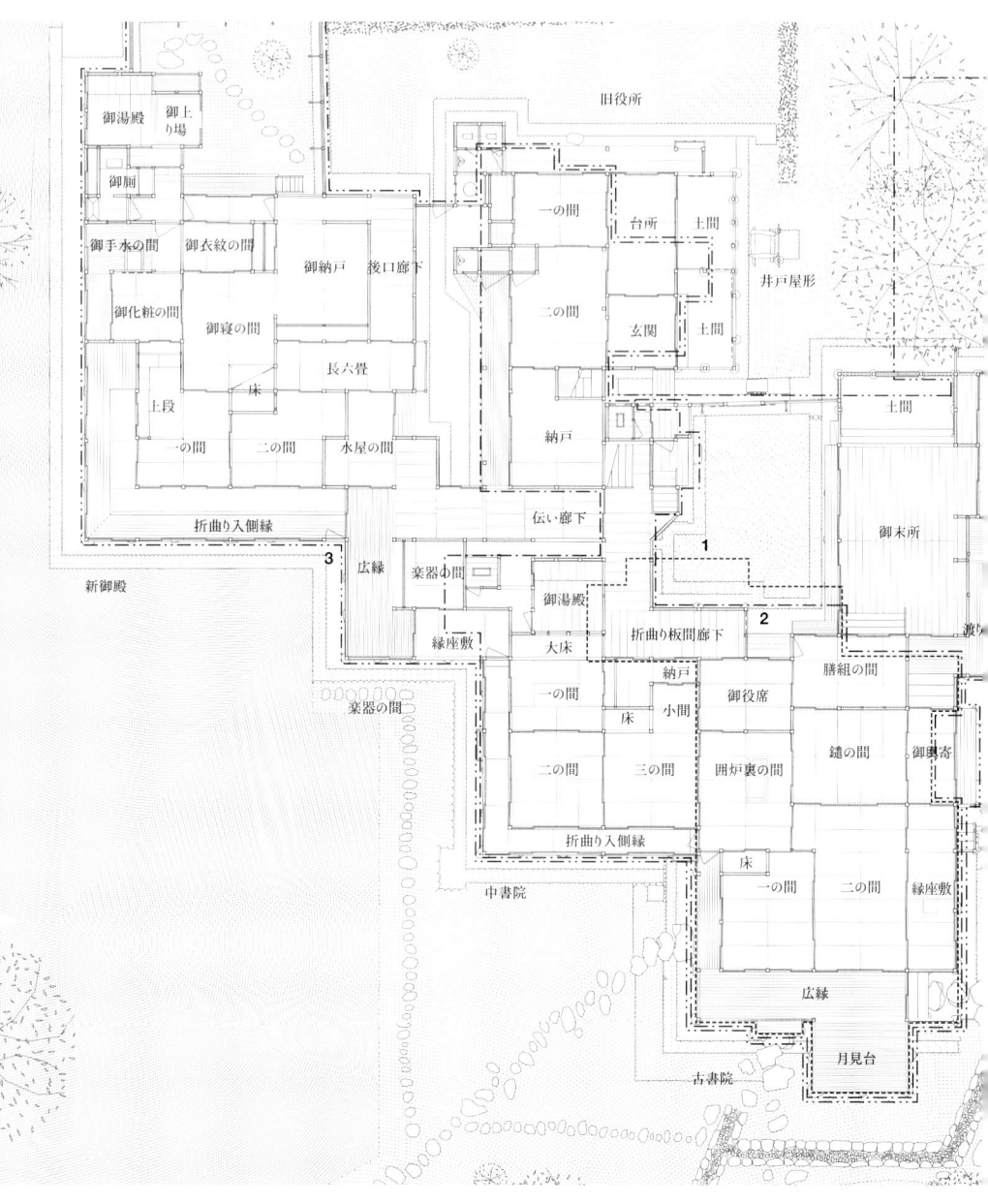

34
増築
extension

桂離宮書院 | Katsura Imperial Villa

設計 ——

場所 日本、京都 | Kyoto, Japan

期間 1615-1663

Name	1階平面図兼配置図 / 東側立面図
Scale	1:300
Orientation	
1 ············	古書院創建時
2 —·—·—	中書院増築時
3 —··—··—	新御殿増築時

17世紀半ばに半世紀にわたって八条宮智仁親王と、智忠親王によって数回にわたって造営された。水面に映る中秋の名月を観るために正面を東から南に向けて29度振っている古書院に対して、増築された中書院、新御殿が眺望を損なわないように池から順に遠ざかるように雁行配置された。結果、南東側の開口量を増加し、部屋すべてが外部に面している。屋根の勾配はほぼそろっているので、平面の大きさによって屋根の高さに変化が生まれている。また、土壇を用いるなどして、床レベルを微妙に変化させ、濡れ縁の暗がりと明かり障子の面がコントラストをつくりだし、雁行の重なりを一層複雑に見せている。

Q.1——二度にわたって増築された際、改修されたエリアと、新築されたエリアを着色しなさい。

Q.2——このことから、創建時からまったく変わっていないエリアを着色しなさい。

Q.3——古書院、中書院、新御殿それぞれの梁間を測り、屋根がほぼ同勾配であることから、立面図のような高さになることを確認しなさい。

35 ピボット
pivot

ヴィラ・アドリアーナ | Villa Adriana [Tivoli]

設計 ——

場所 イタリア、ティヴォリ | Tivoli, Italy

期間 118-133

Name	1階平面図兼配置図	9	使用人あるいは夜警団の宿舎
Scale	1:5000	10	ピアッツァ・ドーロ
Orientation		11	ヘリオカミヌスのある浴場
1	海の劇場	12	哲学者の広間
2	ギリシア語本図書館	13	ポイキレ
3	ラテン語本図書館	14	百の小部屋
4	図書館の中庭	15	3つのエクセドラのある建物
5	ホスピタリア	16	スタディウム
6	宮殿の中庭	17	養魚地のある回廊
7	ドリス式ペリステュリウム	18	小浴場
8	夏用トリクリニウム		

19	大浴場	24	アカデミア
20	ウェスティブルム	25	S字カーブの
21	プレトリオ		パヴィリオン
22	カノプス	26	ロッカブルーナの塔
23	セラピス神殿	27	テンペの谷

ヴィラ・アドリアーナは、ローマ帝国のハドリアヌス帝の時代(117-138)に営まれた夏の別荘で、アニエネ川から大量の水が引かれたのは、風景としてだけではなく、敷地のいたるところに配されている水路や泉、巨大な水槽によって300haに及ぶ敷地全体を冷却するためでもあった。4つの軸によって形成されたブロックを、皇帝の住居である海の劇場をピボット・ヒンジとして回転させ、統合している。

Q.1——「図書館の中庭」を中心とする、軸線のブロック(官邸、公邸ゾーン)に属する建物群を着色しなさい。

Q.2——「ポイキレ」を中心とする東西軸に沿ったブロックに属する建物群を着色しなさい。

Q.3——この2つの軸によって構成されるブロックをとりむすぶ施設を示しなさい。

Q.4——残り2ブロックの軸を描きなさい。

35	
ピボット	
pivot	

パイミオのサナトリウム | Paimio Sanatorium

設計 アルヴァー・アールト | Alvar Aalto
場所 フィンランド、パイミオ | near Turku, Finland
期間 1929-1933

Name	1階平面図兼配置図
Scale	1:1500
Orientation	↑
1	病棟
2	保養棟［外気浴棟］
3	管理棟［エントランス棟］
4	共用棟［食堂棟］
5	医師棟
6	サービス棟
7	ガレージ
8	医師の長屋住宅

結核患者のためのこのサナトリウムは、南西フィンランドの48の地方自治体と4都市が合同で建設を企画したもので、敷地はトゥルクの東に位置するパイミオの町のはずれの林の中に選ばれた。当時の結核治療には、清澄な空気が必要とされたため、サナトリウム全体は、病棟と外気浴のための保養棟、食堂、図書室、検査室等を含む共用棟、エントランス・ホールや事務所室の入る管理棟、機械室や厨房のあるサービス棟に分割され、それぞれが個別のヴォリュームを構成した上で、機能上、最適な方位、配置で連結されている。1つの目的の空間が1つの塊として完結し、機能と正確に対応したいくつかの塊が寄せ集まって全体をつくるというアールトの思想が強く反映している。

Q.1 ── 7つの棟のうち、もっとも日当たりが良いのはどの棟か。

Q.2 ── 7つの棟の中にいくつの軸線のブロックが読みとれるか。

Q.3 ── 円弧の壁を着色しなさい。

Q.4 ── 円弧の壁は、どういう場所に用いられているか。

35
ピボット
pivot

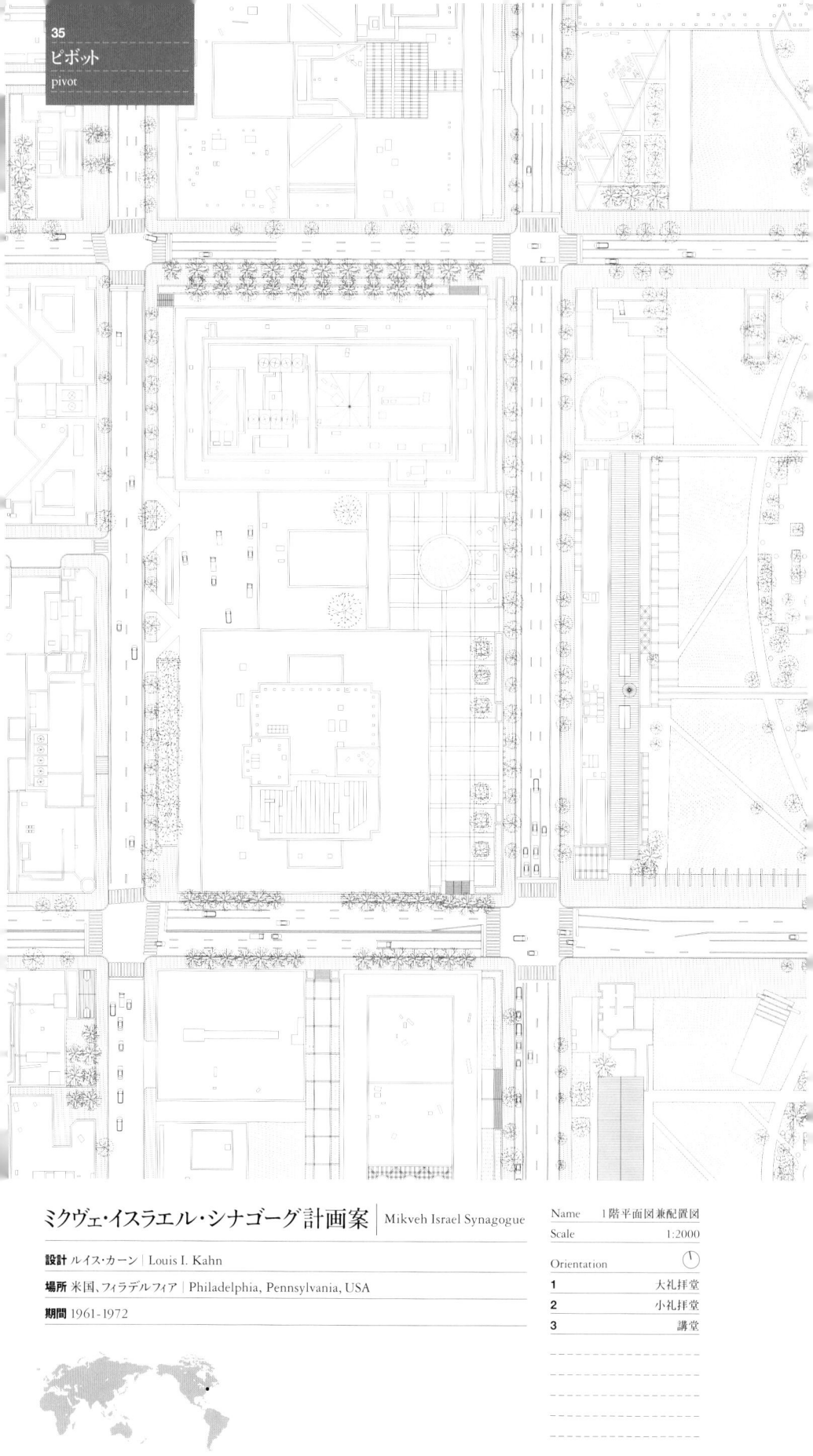

ミクヴェ・イスラエル・シナゴーグ計画案 | Mikveh Israel Synagogue

設計 ルイス・カーン | Louis I. Kahn
場所 米国, フィラデルフィア | Philadelphia, Pennsylvania, USA
期間 1961-1972

Name　1階平面図兼配置図
Scale　　　　　1:2000
Orientation
1　　　　　　大礼拝堂
2　　　　　　小礼拝堂
3　　　　　　講堂

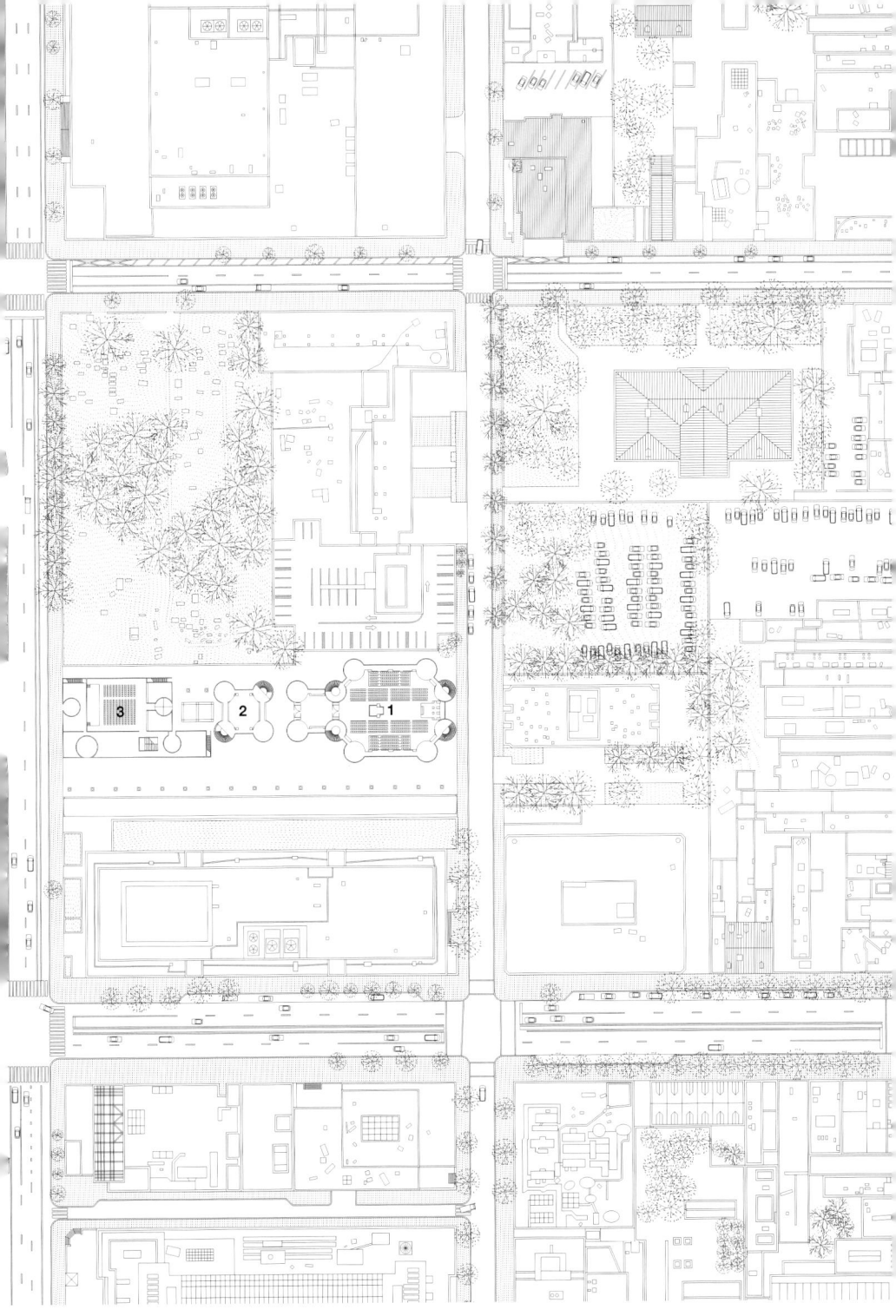

フィラデルフィアの歴史的地区に計画され、未完に終わったシナゴーグ（ユダヤ教会堂）、小礼拝堂、スッカー、講堂、博物館、教室、事務所等を含む複合施設。大礼拝堂の平面は、引き延ばされた八角形の輪郭をしており、その中に楕円が嵌め込まれている。直線の壁面に窓はなく、円柱の塔の外側にガラスが嵌められた開口部がとられ、それよりも大きな、ガラスの嵌められていないアーチ型の開口部が内側に面して、室内へと光を導いている。この円柱の塔は、内部空間を照らしだす装置であると同時に、壁で挟まれた通路によって互いに結びつけられた結節部として建物のかたちを決定づけている。

Q.1──ルイス・カーンが「光の部屋」と呼んだのはどこのことか。

Q.2──円柱の塔は建物のどこに配置されているか。また、その配置によってどのような外観となっているか。

36 中庭 courtyard

ル・トロネ修道院 | L'abbaye Du Thoronet

設計 ——

場所 フランス、ル・トロネ | Le Thoronet, France

期間 1162 -

Name	1階平面図兼配置図
Scale	1:1000
Orientation	⊕

1	聖堂
2	至聖所
3	聖具室
4	書庫
5	集会室
6	談話室
7	大寝室[2階]への階段
8	墓地への通路
9	中庭
10	噴泉室
11	貯蔵庫
12	改信者の通路
13	改信者の居館

SITES – Architectural Workbook of Disposition | ZOOM 5 | 36 | courtyard

ル・トロネ修道院の全体の配置は、中世に何百も建設されたシトー派修道院の基本形式とほぼ一致している。敷地の南側に正確な東西軸の教会堂があり、その北側に中庭と関連施設が置かれ、北西側に谷を望む。ル・トロネの場合、中庭をとりまく廻廊では、勾配と角度の変化を微妙に調整していて、他にはない変化がうまれている。複数の施設によって囲まれた中庭に廻廊がめぐり、中庭を日常の生活の中心としている。

Q.1 ── この土地が傾斜していることを示す根拠を平面図から探しなさい。

Q.2 ── シトー派修道院において聖堂に次ぐ重要な施設である「大食堂」が倒壊してしまっている。その建物はどこに建てられていたと思うか。

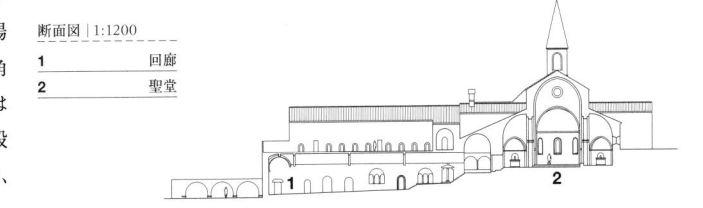

断面図 | 1:1200

| 1 | 回廊 |
| 2 | 聖堂 |

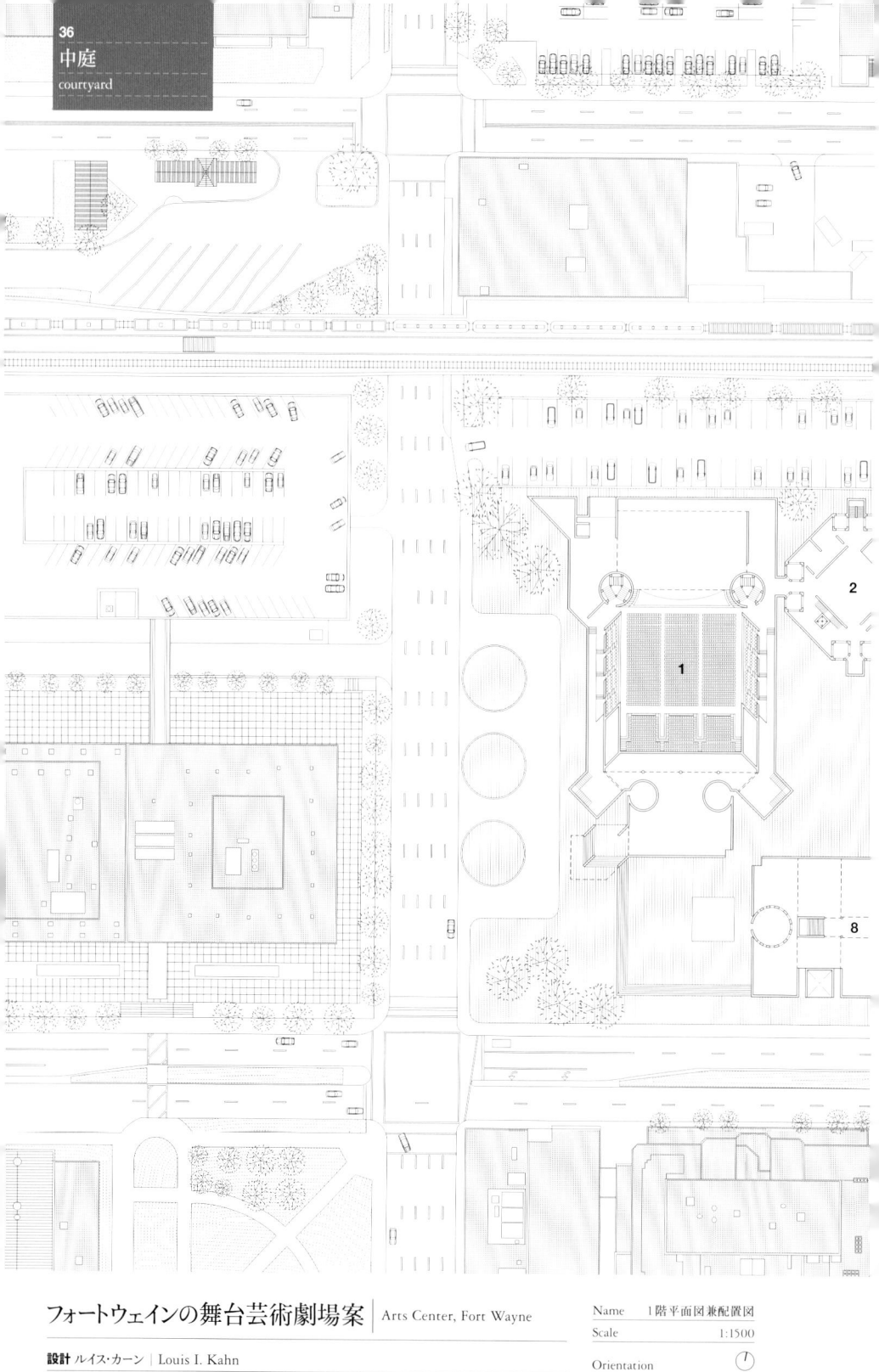

36 中庭
courtyard

フォートウェインの舞台芸術劇場案	Arts Center, Fort Wayne
設計 ルイス・カーン	Louis I. Kahn
場所 米国、フォートウェイン	Fort Wayne, Indiana, USA
期間 1959 – 1973	

Name	1階平面図兼配置図
Scale	1:1500
Orientation	↑
1	フィルハーモニック・ホール
2	アネックス・ホール
3	舞台芸術劇場
4	実験劇場
5	野外劇場
6	レセプション・センター
7	美術館
8	博物館
9	スクール・オブ・アート

SITES – Architectural Workbook of Disposition | ZOOM 5 | 36 | courtyard

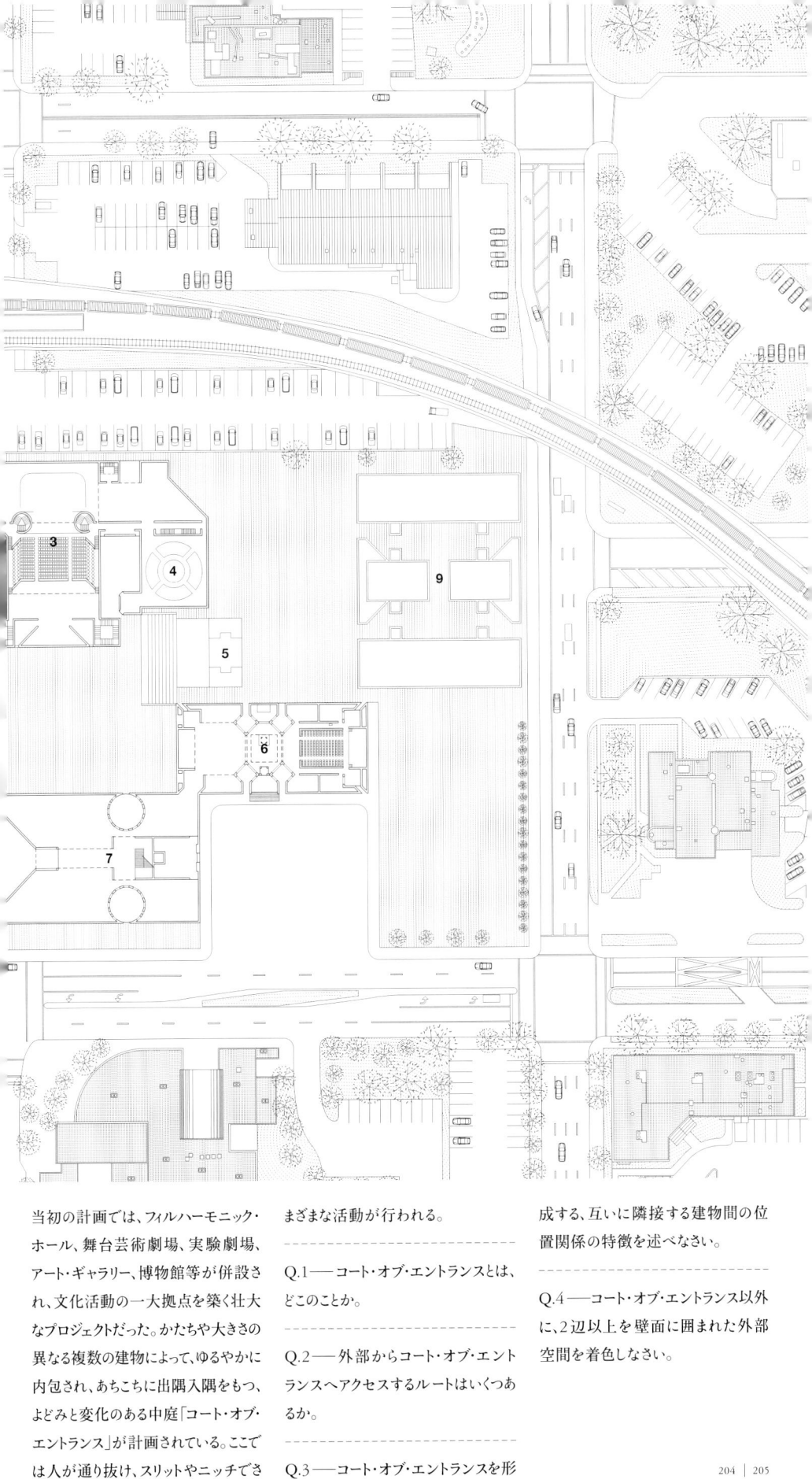

当初の計画では、フィルハーモニック・ホール、舞台芸術劇場、実験劇場、アート・ギャラリー、博物館等が併設され、文化活動の一大拠点を築く壮大なプロジェクトだった。かたちや大きさの異なる複数の建物によって、ゆるやかに内包され、あちこちに出隅入隅をもつ、よどみと変化のある中庭「コート・オブ・エントランス」が計画されている。ここでは人が通り抜け、スリットやニッチできまざまな活動が行われる。

Q.1 ── コート・オブ・エントランスとは、どこのことか。

Q.2 ── 外部からコート・オブ・エントランスへアクセスするルートはいくつあるか。

Q.3 ── コート・オブ・エントランスを形成する、互いに隣接する建物間の位置関係の特徴を述べなさい。

Q.4 ── コート・オブ・エントランス以外に、2辺以上を壁面に囲まれた外部空間を着色しなさい。

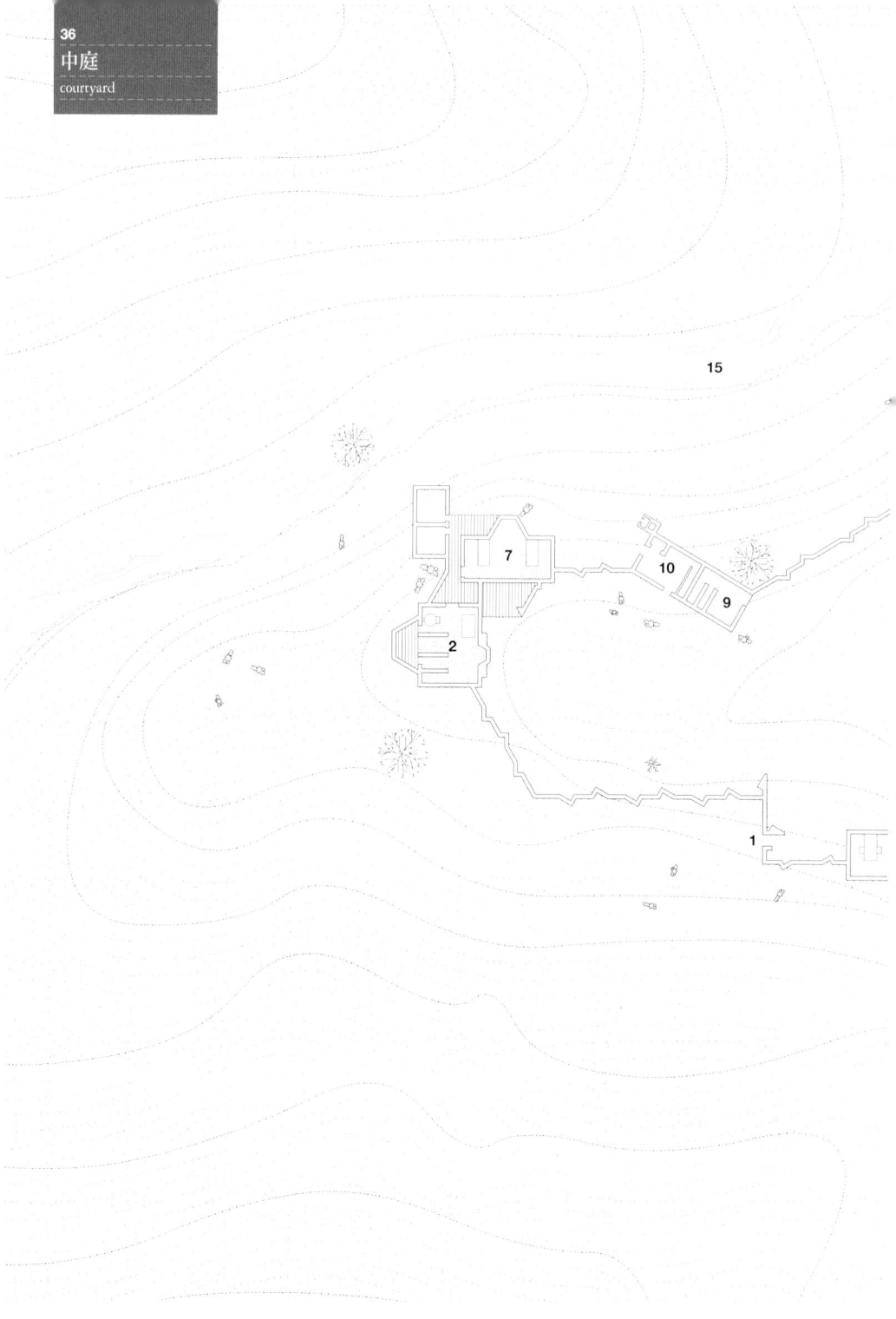

36
中庭
courtyard

オコティラ・デザート・キャンプ	Ocotillo Desert Camp		

設計 フランク・ロイド・ライト | Frank Lloyd Wright
場所 米国、チャンドラー | Chandler, Arizona, USA
期間 1929

Name	1階平面図 兼配置図	10	中庭
Scale	1:500	11	実験用の庭
Orientation		12	ガレージ
1	エントランス	13	キャンプ・ファイヤー
2	リビングルーム	14	機械室
3	ダイニングルーム	15	涸れ川
4	キッチン		
5	製図室		
6	スタジオ		
7	寝室		
8	使用人の寝室		
9	ゲストハウス		

1927年、リゾートホテルの依頼を受けたライトは、その計画地の近くの砂漠に、彼とスタッフのための住宅とアトリエを計画した。大不況でホテル計画は中止になったが、この簡素な建物群だけは実現した。砂漠の小さな丘をとり囲んで、キャンパスの日よけの屋根が架かった12のキャビンを低い板張りの壁でつないで一体とした。敷地の地形と既存の植物によって、非対称的にキャビンの位置が決められ、最後にカーポートやその他の騒音源となる施設が付け加えられた。

Q.1──ガレージを除く12のキャビンを着色しなさい。

Q.2──人が集まるキャビンには暖炉が設けられている。暖炉のあるキャビンはいくつあるか。

Q.3──キャビンや壁は東西軸から数種類の角度を振って配置されている。その角度とは何度か。

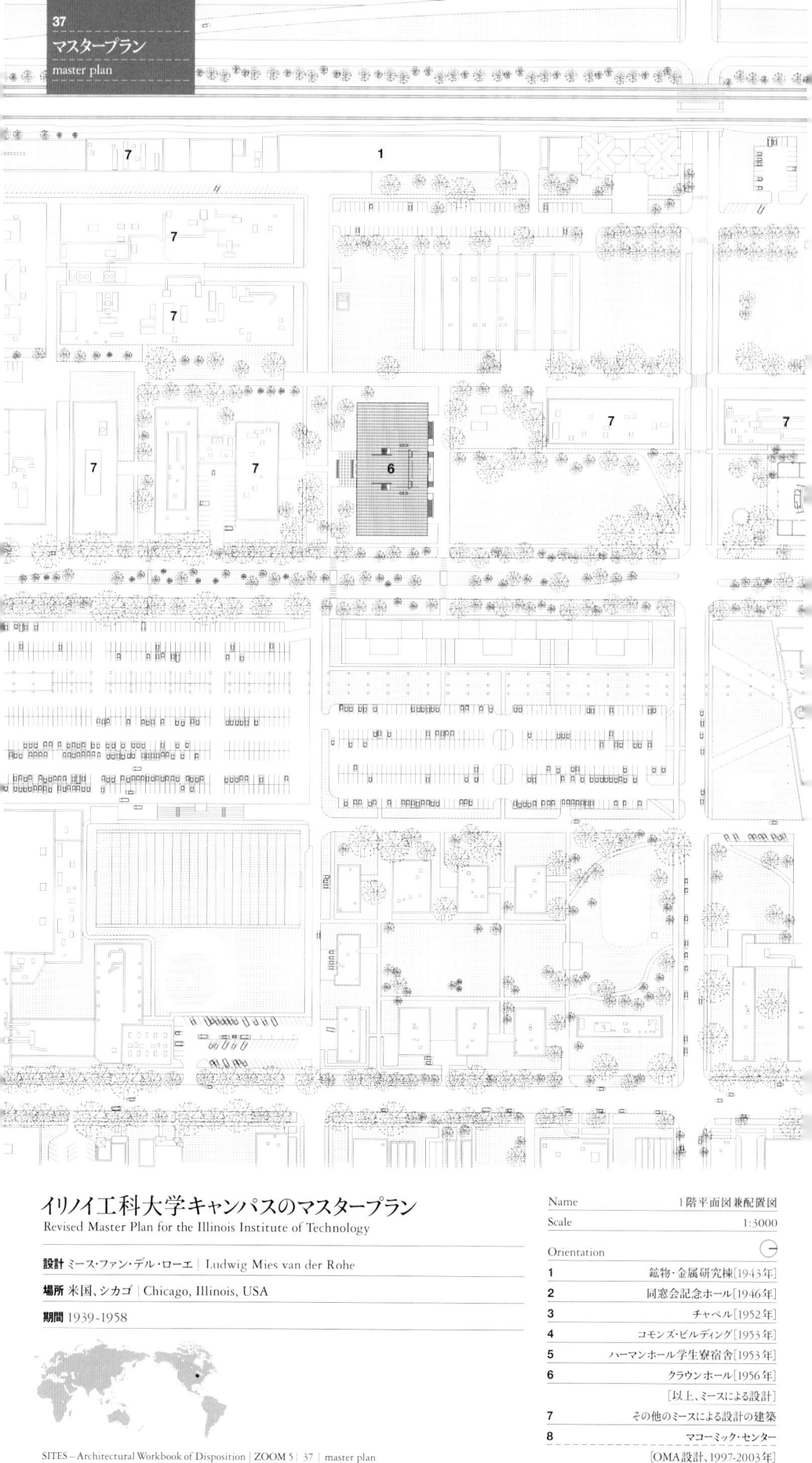

37 マスタープラン
master plan

イリノイ工科大学キャンパスのマスタープラン
Revised Master Plan for the Illinois Institute of Technology

設計 ミース・ファン・デル・ローエ | Ludwig Mies van der Rohe

場所 米国、シカゴ | Chicago, Illinois, USA

期間 1939-1958

Name	1階平面図兼配置図
Scale	1:3000
Orientation	⊖
1	鉱物・金属研究棟[1943年]
2	同窓会記念ホール[1946年]
3	チャペル[1952年]
4	コモンズ・ビルディング[1953年]
5	ハーマンホール学生寮宿舎[1953年]
6	クラウンホール[1956年]
	[以上、ミースによる設計]
7	その他のミースによる設計の建築
8	マコーミック・センター
	[OMA設計、1997-2003年]

イリノイ工科大学の建築学科主任教授に就任したミースは、大学からキャンパス計画と校舎の設計を依頼され、大学を去るまでの約20年間、合計22棟を手がけた。敷地はシカゴの中心地の南で、1940年代にはスラム化がすすんでいるエリアであった。計画の実現には、敷地内の3000以上の土地所有者との用地買収を必要としたため、時間的、経済的に10年単位で進める必要があった。ミースはキャンパス全体に、敷地を通る格子状の道路に合わせて縦横7.2m、高さ3.6mの格子状の立体モジュールを採用した。南北に走る幹線道路と高架電車路線を軸に、東側に学生寮およびアパート群を、西側に実験棟をふくむ教室棟、図書館、同窓会館、管理棟を配置した。

Q.1──最初に完成した鉱物・金属研究棟(1943年)から、最後のクラウン・ホール(1956年)まで、ミースの設計によるすべての建物を着色しなさい。

Q.2──7.2mの平面グリッドが、1つの建物をこえて、複数の建物に連続していることが読みとれる箇所を探しなさい。

Q.3──建物と周囲のオープンスペースの配置上の特徴は何か。

ZOOM 6

境界を見分ける

boundary

50%

ズーミング50％の世界───領域を示し、境界にあるもの

法律と建築は、法律が体系として成立したときから深く結びついていました。法体系の成立は古代帝国がその領土を確定し、帝国内の価値の体系をうみだしていくうえで重要なできごとでした。当時の法律は所有、とくに土地の所有について多く言及しています。土地の各区画の所有権は一代かぎりのものや期限を定めないものまで多様であり、所有の法典(コード)としてまとめられました。コードが物の稀少さを規定し、物をクラス分けし、いかにして価値を確立するか、物が誰に属するかを決めました。建築はそうしたコードによって成立した境界線に囲われた地割りのうえに、さらに価値や差異を生み出す物として発達してきたのです。

───

境界のなかに建てられる建築が、そのように所有にもとづく価値や差異を表現するものとして長く機能してきたことは、伝統的な街並みの形成原理においても垣間見ることができます。美しい街並みは、一帯の所有者たちが協調してつくりだしたものではなく、むしろ同時代の所有者同士が意匠を競い合い、先代がつくったものに負けないようにと努める競争原理のなかで磨かれてきたプロセスによって築かれています。だからこそ、土地固有の建築様式が互いに意匠を誇示し合うことのできるフェアなギャラリー空間としての通りに面して表象され、街並みとして残るのです。

───

境界とは、他者への表現の場です。平面上は1本の線で描かれる境界が、立面的に見ると実にさまざまな方法によって、行き交う人々や、周囲の住民に対して表現されています。垂直の壁や塀、生垣だけでなく、屋根がその下につくる暗黙の境界や、壁に穿たれた多種の窓や開口、壁面や開口に付属した縁や庇、窓辺の鉢植えやカーテン等も重層的に境界を表現しています。他者への表現としての境界のデザインが、その建物の住人の他者や社会に対する姿勢として如実にあらわれます。

───

差異を表現する場としての役割に加えて、境界は、他者と交流し、情報をやりとりする外部との接触面でもあります。路地等に見られる、あいまいな境界のあり方は、プライバシーに対する意識が他に比べて希薄なのではなく、地域内の境界外部への信頼感と、文化的に高度にコントロールされた手法によるものです。ルールやマナー、時間による調整、特有の私的空間のとり方、心理的な部分も含めて、境界の物質的なデザインに代わるふるまいの手法が地域で了解されているためです。

───

境界線上では、差異化された価値が表出したり、社会的、心理的なものが、壁や塀といった物質的なバリアーと置換可能なものとして立ちあらわれています。境界のデザインを、異なる所有者の土地を分ける地割りのレベルからおし拡げて、さまざまな領域を示し、場を規定する建築の根本的な設計行為と考えてみると、平面図のなかに引かれたあらゆる線は、価値や社会的な意味を帯びており、また同時に、平面図のあらゆる余白は、目には見えない無数の境界が引かれていると言うことができます。一つの家具が空間につくり出す領域や、実際には見ることのできない幾何学における点や線は、境界の可視／不可視の例として、私たちが普段、実感しているものです。

38
基壇
platform

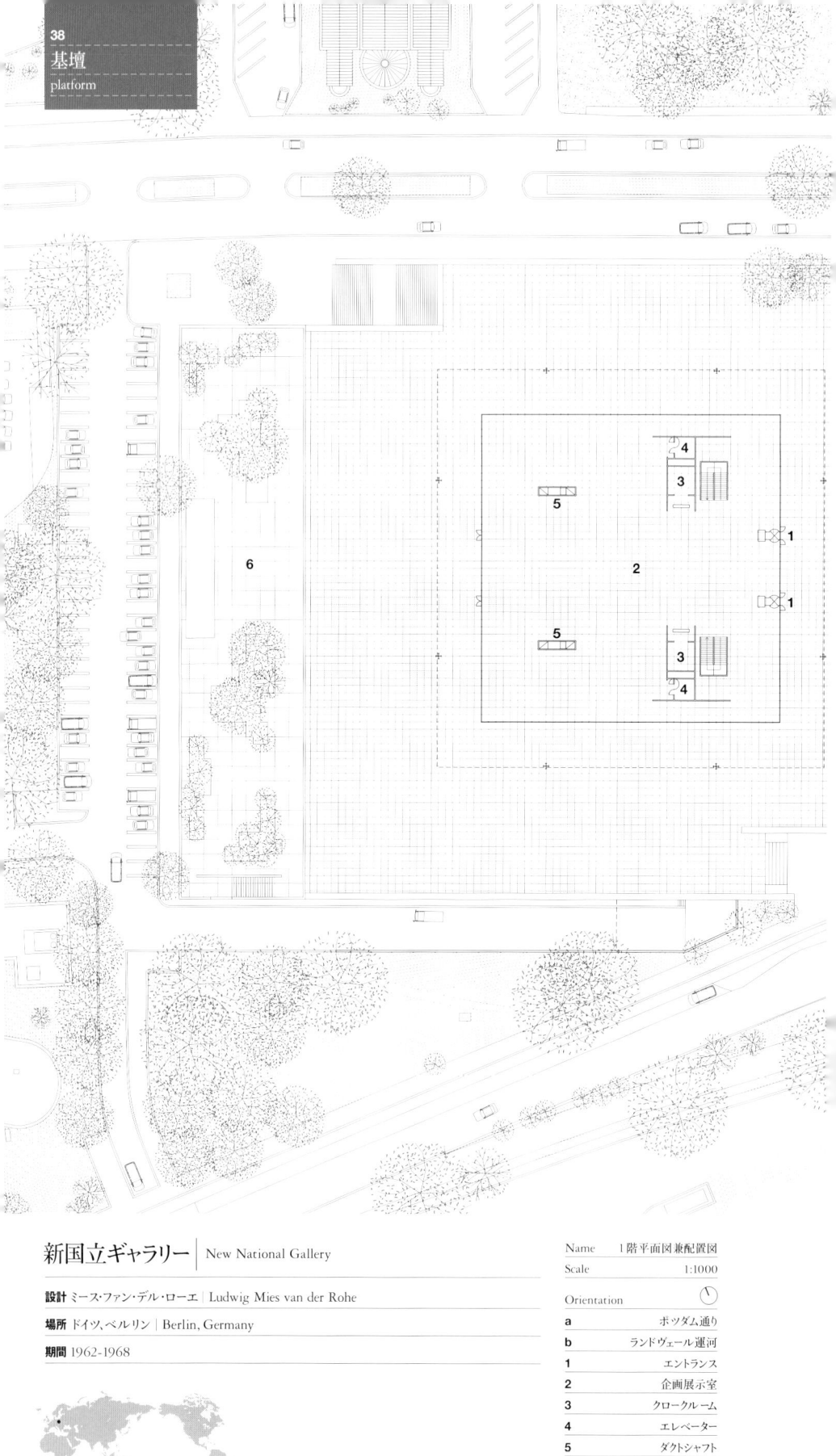

新国立ギャラリー | New National Gallery

設計 ミース・ファン・デル・ローエ | Ludwig Mies van der Rohe
場所 ドイツ、ベルリン | Berlin, Germany
期間 1962-1968

Name	1階平面図兼配置図
Scale	1:1000
Orientation	
a	ポツダム通り
b	ランドヴェール運河
1	エントランス
2	企画展示室
3	クロークルーム
4	エレベーター
5	ダクトシャフト
6	サンクンガーデン

SITES – Architectural Workbook of Disposition | ZOOM 6 | 38 | platform

敷地はベルリン中央の、ブランデンブルク門を都市軸として広がる公園の文化施設が建ち並ぶ一角で、ミース・ファン・デル・ローエが手がけた最後の作品である。公園に沿って流れるランドヴェール運河とポツダム通りが交差する場所に、基壇をつくり、複雑な地形を調整した。天井高8.4mの屋根を支える8本の鉄骨柱は、ガラス面から7.2m離れて、建物に深い軒下をつくり、花崗岩が敷き詰められた基壇のほぼ中央に建っている。巨大な四角の企画展示室は、何もないユニバーサルスペースとして基壇の上に広がる。

Q.1──8本の柱を着色しなさい。

Q.2──室内の範囲を示しなさい。

Q.3──基壇の階段の段数から考えて、周囲の地形の特徴を述べなさい。

Q.4──基壇の下には、企画展示室以外の美術館の機能が収まっている。その範囲は、サンクン・ガーデンの幅のまま、ポツダム通り側の2本の柱の位置まで延びている。その範囲を図示しなさい。

Q.5──その面積は、基壇上の内部空間の何倍か。

38
基壇
platform

エコノミストビル | Economist Building

設計 アリソン&ピーター・スミッソン | Alison & Peter Smithon
場所 英国、ロンドン | London, UK
期間 1962-1964

Name	基壇レベル平面図兼配置図
Scale	1:800
Orientation	↗
a	セント・ジェームズ通り
b	ベリー通り
c	ブードルス・クラブ
d	銀行
e	オフィス・タワー
f	集合住宅

SITES – Architectural Workbook of Disposition | ZOOM 6 : 38 | platform

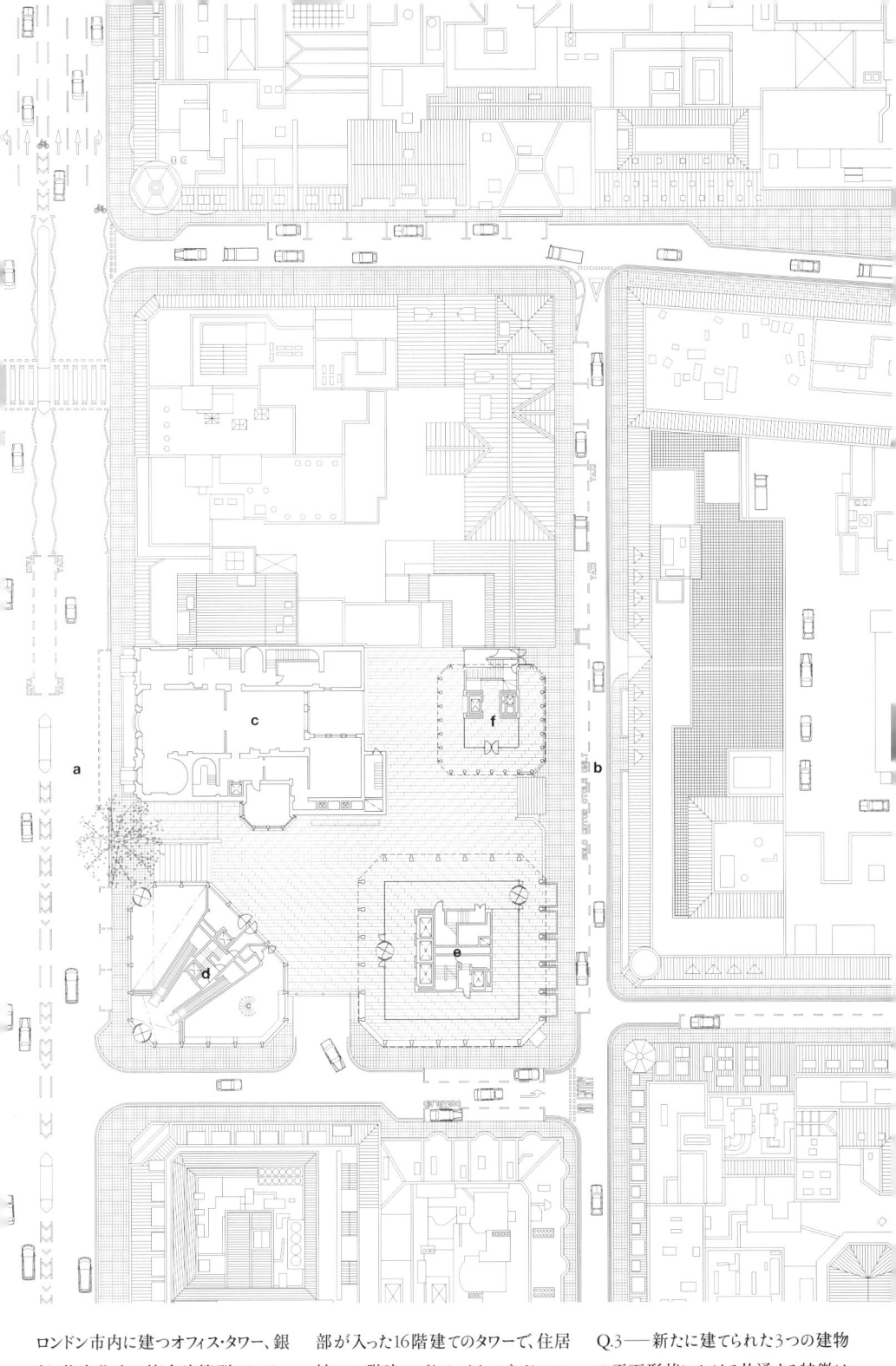

ロンドン市内に建つオフィス・タワー、銀行、集合住宅の複合建築群。セント・ジェームズ通りとベリー通りをつなぐ不整形の基壇を囲んで建つ、3棟の建物で構成されている。セント・ジェームズ通りでは、既存のブードルス・クラブの高さに合わせて銀行棟を配し、ベリー通り側は、フォルムと構造は同じだが、大きさが異なる2つのタワーが建っている。大きい方は、エコノミスト誌の編集部が入った16階建てのタワーで、住居棟は11階建てである。また、ブードルス・クラブは基壇の公共スペースに開くため、一部改装が行われた。

Q.1──基壇へ上がるための屋外階段を示しなさい。

Q.2──三方に面する道路との関係から見て、周囲の地形はどうなっているか。

Q.3──新たに建てられた3つの建物の平面形状における共通する特徴は何か。

Q.4──ブードルス・クラブが一部改装された際に、新たに付加された箇所はどこだと思うか。

解説編 | 38

基壇
platform

pp.212-215

[新国立ギャラリー]
基壇の下につくられた広大な地下空間には、常設展示室と荷解室を含む管理部門および機械室が置かれている。基壇の西側のサンクン・ガーデンは、常設展示室に隣接して光をもたらし、木々に囲まれた野外彫刻の展示スペースでもある。

Q.1——荷解室の位置から、搬入路を前ページの配置図に描きこみなさい。

Q.2——常設展示室の面積を測り、企画展示室と比較しなさい。

Q.3——常設展示室と企画展示室の天井高を測り、比較しなさい。

新国立ギャラリー
ミース・ファン・デル・ローエ

Orientation

1	基壇	8	常設展示室	15	図書室
2	企画展示室	9	ギャラリー	16	管理室
3	ポツダム通り	10	レストラン	17	守衛室
4	サンクン・ガーデン	11	倉庫	18	荷解室
5	階段ホール	12	機械室	19	搬入口
6	絵画展示室	13	電気室		
7	展示室	14	修復室		

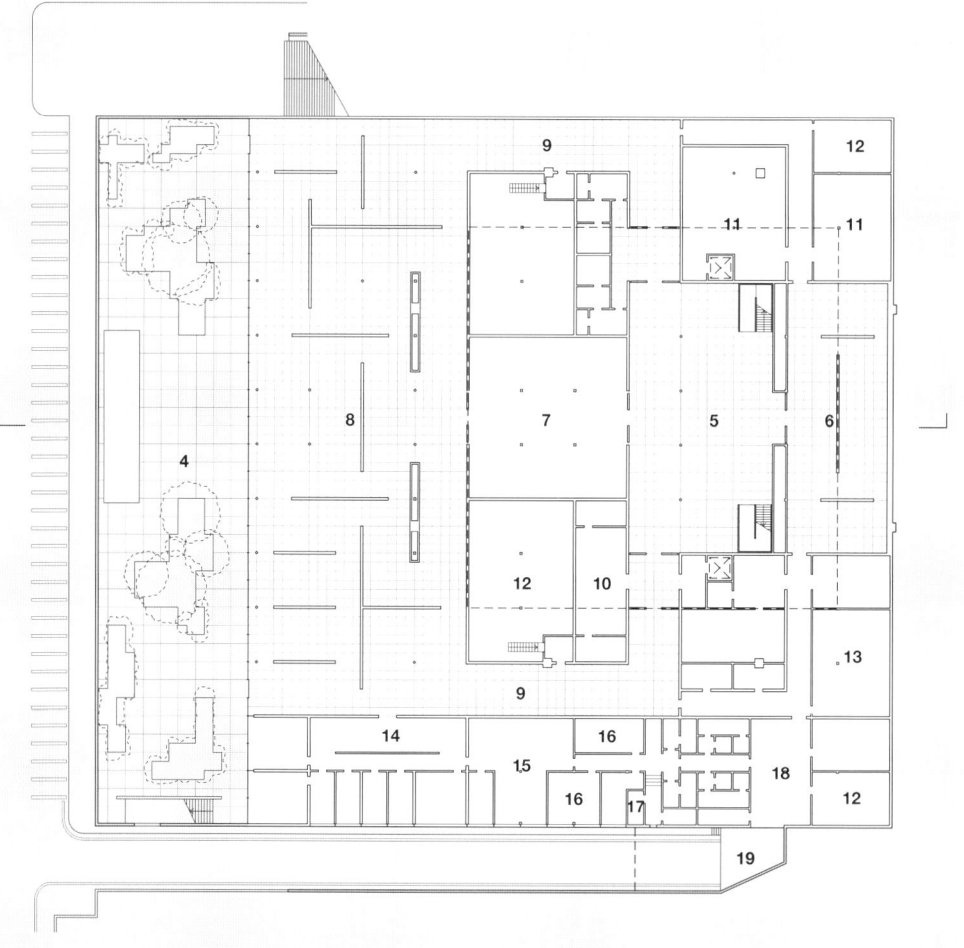

地下平面図 | 1:1000

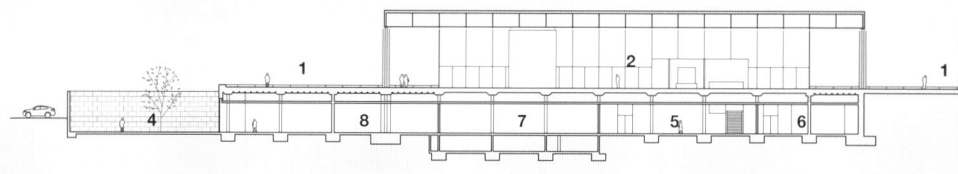

断面図 | 1:1000

Q.4——地下部分において、一般の来館者が立ち入ることのできるエリアを着色しなさい。

[エコノミストビル]
基壇の下の二層分の地下空間は3つの建物を連結し、基壇上の公共の広場とともに、分棟された建物への多様なアクセスを確保している。高さの異なる建物は、周辺の町並みと調和、共存を図っている。

Q.5——断面図では、どの建物が切られているか。

Q.6——基壇レベルは、この断面図で示されているセント・ジェームズ通りから何m高いか。

Q.7——タワーのエントランス・ホールと、銀行のエントランス・ホールは、それぞれどのレベルにあるか。

エコノミストビル
アリソン&ピーター・スミッソン
1 　　　　　基壇
2 　　　　　セント・ジェームズ通り
3 　　　　　ベリー通り
4 　　　　　駐車場入口
5 　　　　　ブードルス・クラブ

断面図 | 1:500

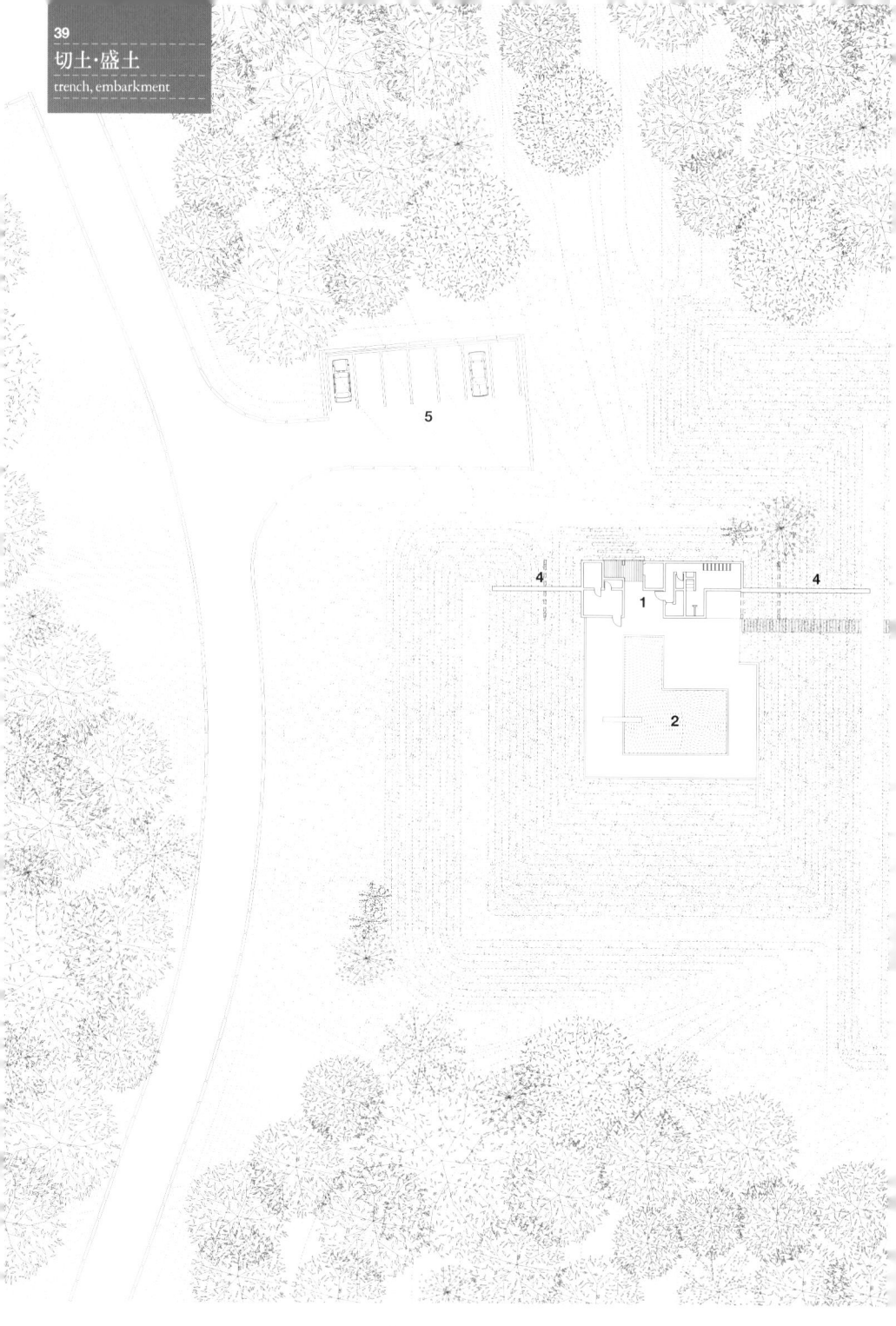

39 切土・盛土
trench, embarkment

ムーンレイカー・アスレティック・センター	Moonraker Athletic Center
設計 MLTW＋ローレンス・ハルプリン	MLTW & Lawrence Halprin
場所 米国、シー・ランチ	Gualala, California, USA
期間 1966	

Name	1階平面図兼配置図
Scale	1:600
Orientation	↑
1	更衣室
2	プール
3	テニスコート
4	控え壁
5	駐車場
6	ハイウェイ

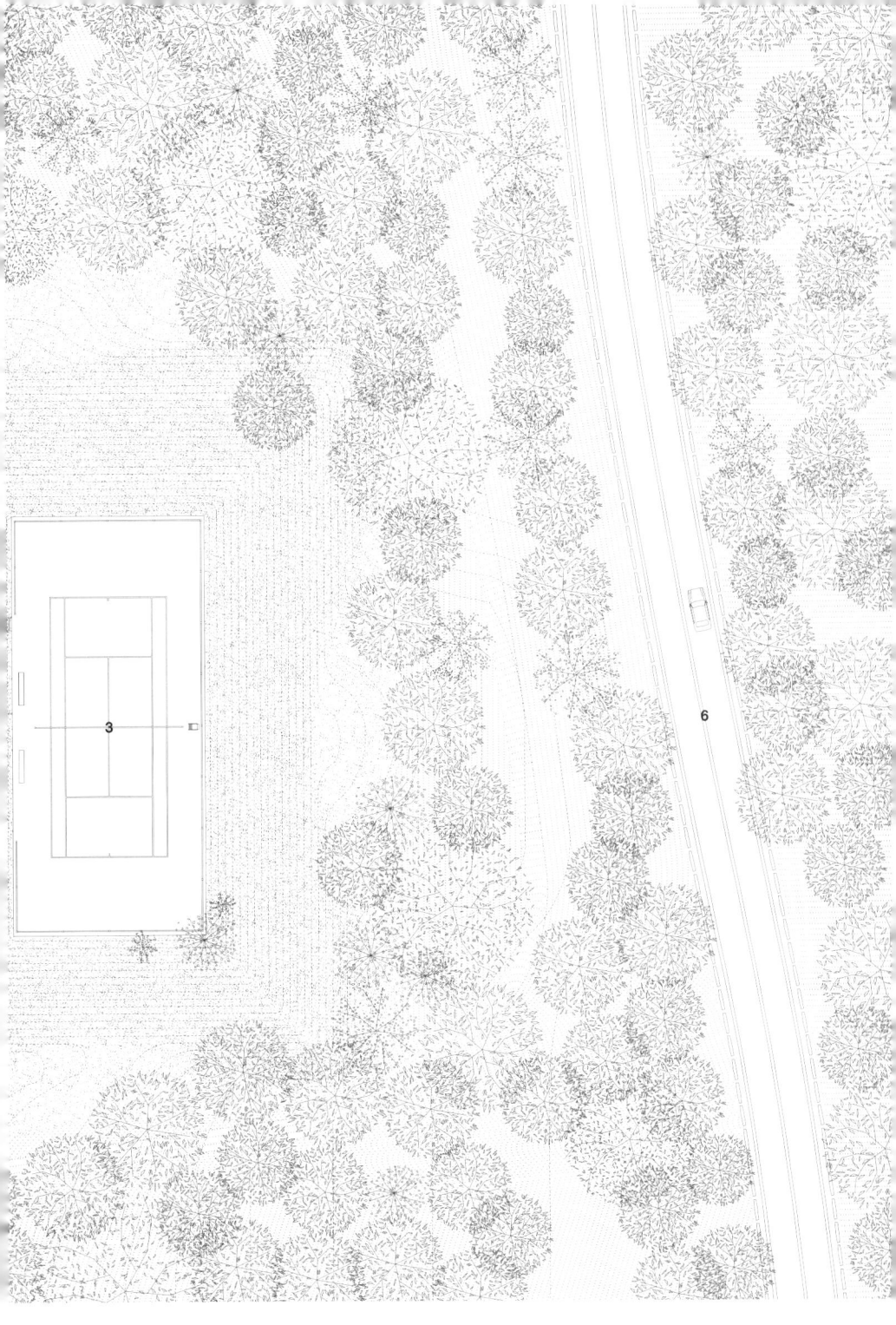

サンフランシスコ北部の2000haにおよぶシー・ランチの共同住居群の開発にともない、住人の余暇のために建てられたスポーツ施設。強い海風が吹きつける原野をできるだけ残しながら、自然をありのままに享受するというシー・ランチ全体のコンセプトに基づいて計画された。もともと排水用の窪地の底にプールとテニスコートを据えて土堤を築き、プールの北側に控え壁を立て、その壁に連続するかたちで、男女別のロッカー室、シャワー、サウナと倉庫を建設した。

Q.1——プールとテニスコートを囲む土堤の上端レベルを等高線に沿って着色しなさい。

Q.2——プールとテニスコートを窪地の底につくった理由はなぜだと思うか。

Q.3——プールの北側に、土堤より高い建物と壁を建てた理由を考えなさい。

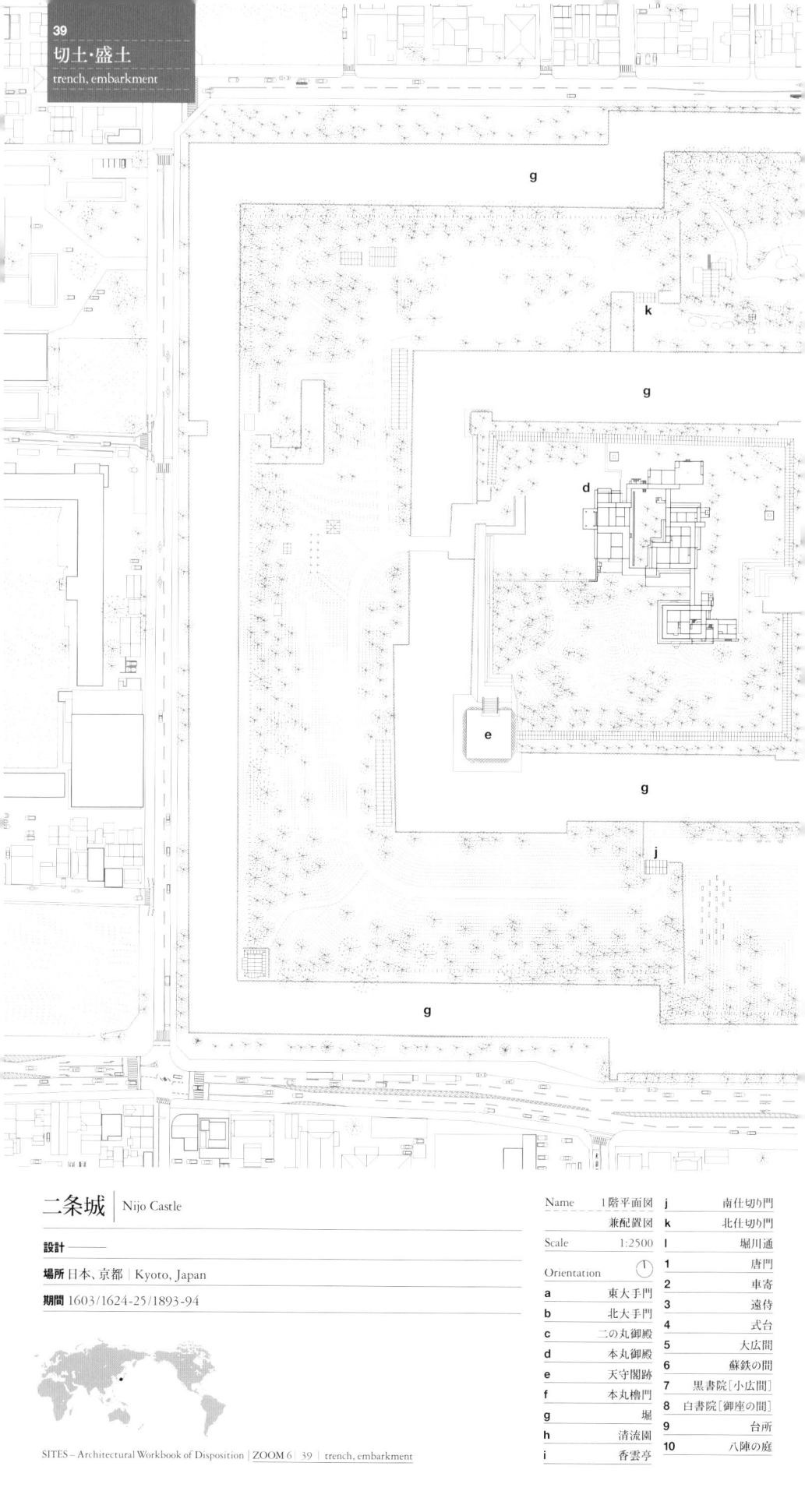

39 切土・盛土
trench, embarkment

二条城	Nijo Castle		

設計 ――

場所 日本、京都 | Kyoto, Japan

期間 1603/1624-25/1893-94

Name	1階平面図 兼配置図	j	南仕切り門
		k	北仕切り門
Scale	1:2500	l	堀川通
Orientation		1	唐門
a	東大手門	2	車寄
b	北大手門	3	遠侍
c	二の丸御殿	4	式台
d	本丸御殿	5	大広間
e	天守閣跡	6	蘇鉄の間
f	本丸櫓門	7	黒書院［小広間］
g	堀	8	白書院［御座の間］
h	清流園	9	台所
i	香雲亭	10	八陣の庭

SITES – Architectural Workbook of Disposition | ZOOM 6 | 39 | trench, embarkment

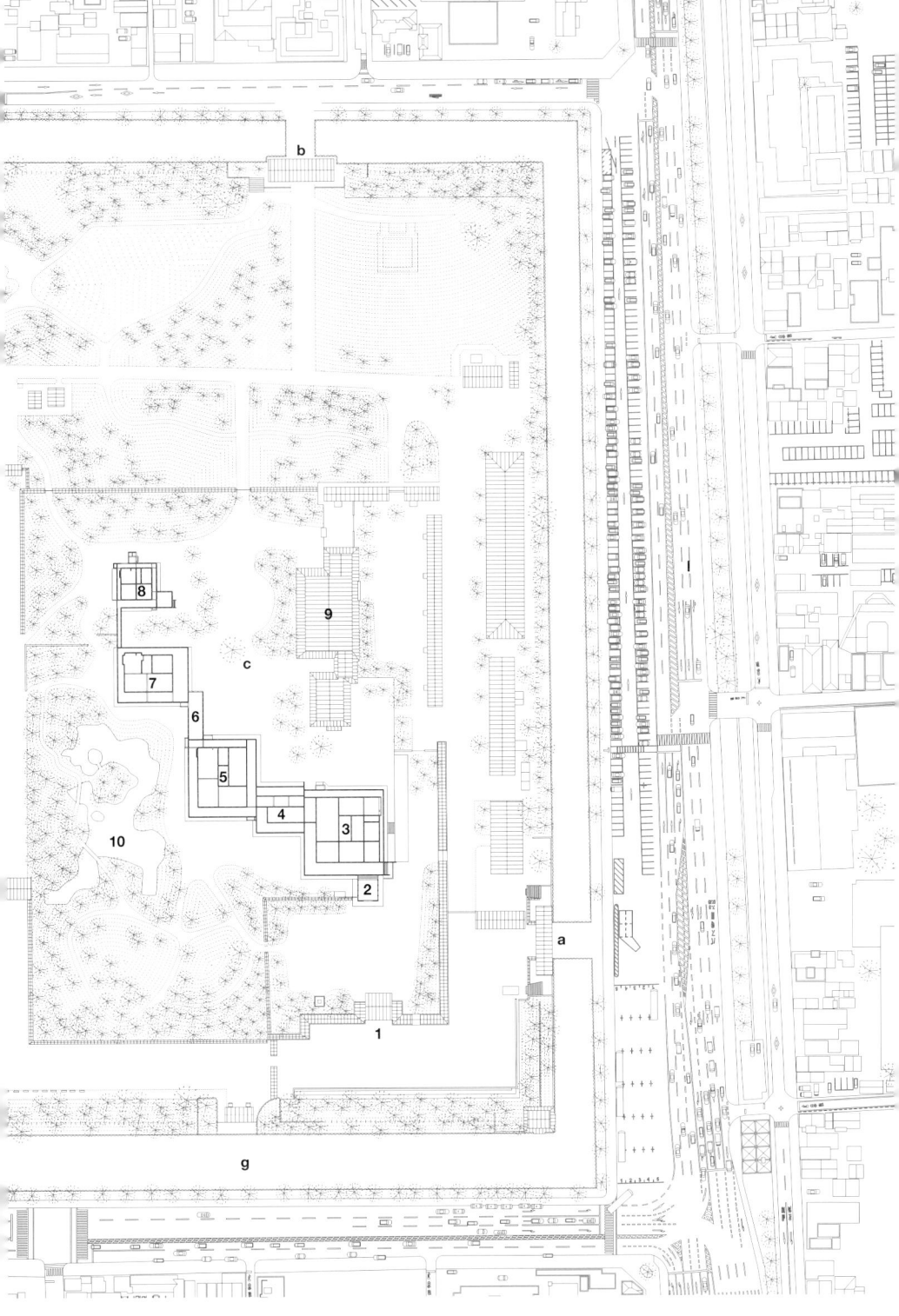

二条城は、東西500m、南北400mのほぼ矩形の敷地内にある。二の丸の完成後に建造された本丸は、敷地中央から西寄りにあり、約150m四方の正方形である。本丸と二の丸の間には内堀が、二の丸のまわりには外堀が内外を分かつバリアとなっている。二条城は、徳川家康が上洛したときの居館として、1603年に造営され、二の丸御殿もそのときつくられた。その後、後水尾天皇の御幸のために、御幸御殿が新たにつくられ(現在は消失している)、同時に二の丸御殿にも大規模な改造が加えられた。二の丸御殿は遠侍、式台、大広間、黒書院、白書院が雁行して配され、建築面積3300m²、800枚以上の畳が敷かれた巨大な建造物である。一方、現在の本丸御殿は京都御所の北にあった旧桂宮邸を1894年に移築したものである。

Q.1——本丸と二の丸の外形を着色しなさい。

Q.2——内堀と外堀の形状の違いを述べなさい。

Q.3——家康による創建時には二の丸は現在より小さかったと言われている。のちに拡張された部分はどこだと思うか。

解説編 | 39
切土・盛土
trench, embarkment

pp.218-221

[ムーンレイカー・アスレティック・センター]

プールの北側の2階建ての建物とそれに連続する控え壁は、レッドウッドによって仕上げられ、屋根もレッドウッドのこけら葺きと不透明のプラスチックで覆われている。身を切るような海風からプールとテニスコートを守り、全体を屋根で覆うことなく、小さく経済的に建設された。

Q.1 ── プールとテニスコートは、奥に見える建物(控え壁)または土堤の上端からそれぞれ何m低い位置にあるか。

Q.2 ── 周囲から見ると、この施設はど

ムーンレイカー・アスレティック・センター
MLTW+
ローレンス・ハルプリン

1 テニスコート
2 プール
3 控え壁
4 更衣室

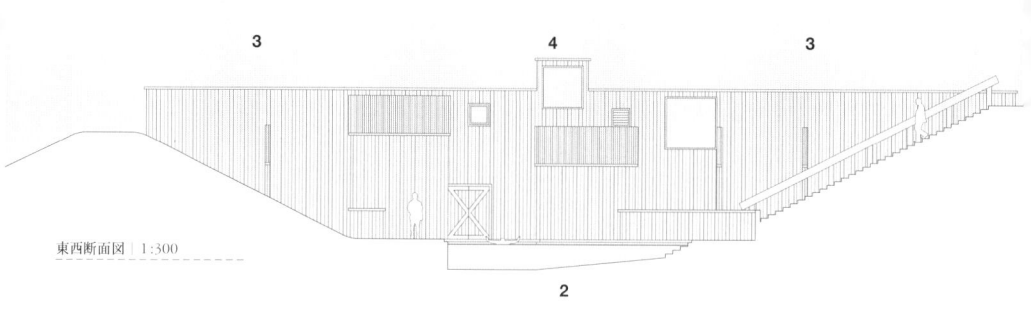

東西断面図 | 1:300

二条城

1 東大手門
2 東築地塀
3 遠侍
4 式台
5 大広間
6 黒書院
7 東橋
8 本丸櫓門
9 御常御殿
10 御書院
11 玄関
12 西橋
13 西門

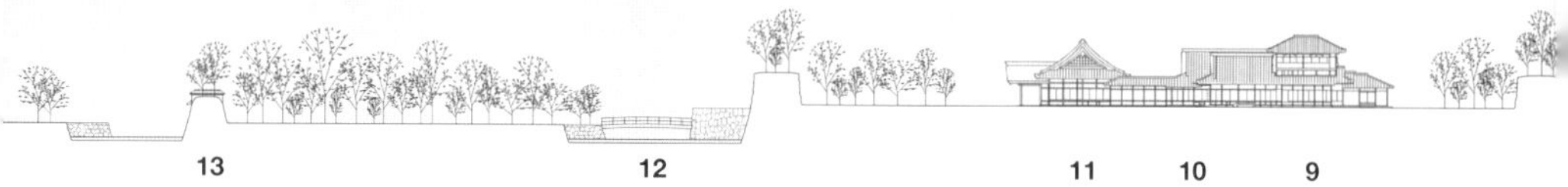

東西断面図 | 1:2000

のように見えるか。

[二条城]
雁行する書院群の構成は、17世紀初頭には1つの形式として成立し、二の丸御殿では、奥に進むほど格式が高くなる空間の階層性を有していた。屋根勾配がほぼ同じであるために、書院の梁間方向の長さが大きくなるほど、建物の高さが高くなっている。

Q.3——二の丸御殿のうち、もっとも格式の高い書院はどれか。

Q.4——梁間方向が一番大きい書院は、どれか。

Q.5——堀を形成する両側の石垣のうち、内側と外側の石垣ではどちらが高いか。

Q.6——水面と石垣上端との落差がより大きいのは、内堀と外堀のどちらか。

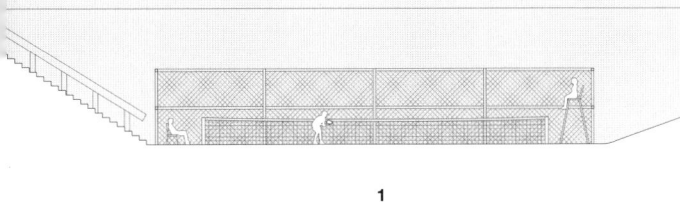

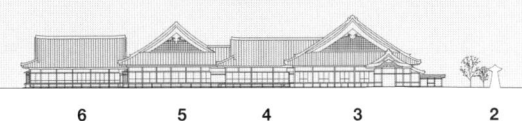

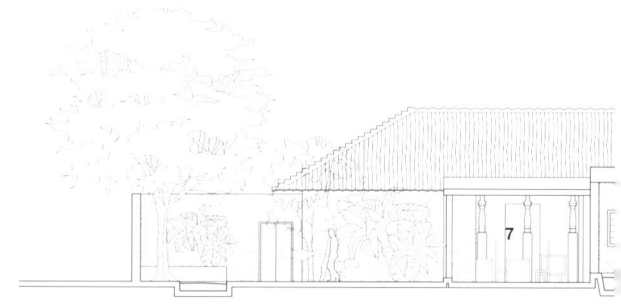

40
塀
fence

断面図 | 1:250

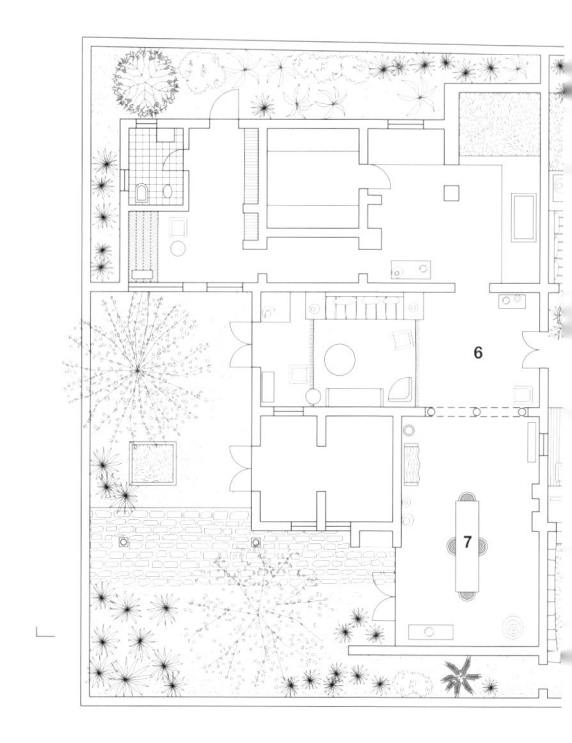

平面図 | 1:250

バワ邸	Bawa House		
設計	ジェフリー・バワ	Geoffrey Bawa	
場所	スリランカ, コロンボ	Colombo, Sri Lanka	
期間	1958-1969		

Name	平面図 / 断面図
Scale	1:250
Orientation	
1	ガレージ
2	エントランス
3	廊下
4	主寝室
5	書斎
6	応接室
7	ダイニングルーム
8	ゲストのスペース
9	屋上庭園

SITES – Architectural Workbook of Disposition | ZOOM 6 | 40 | fence

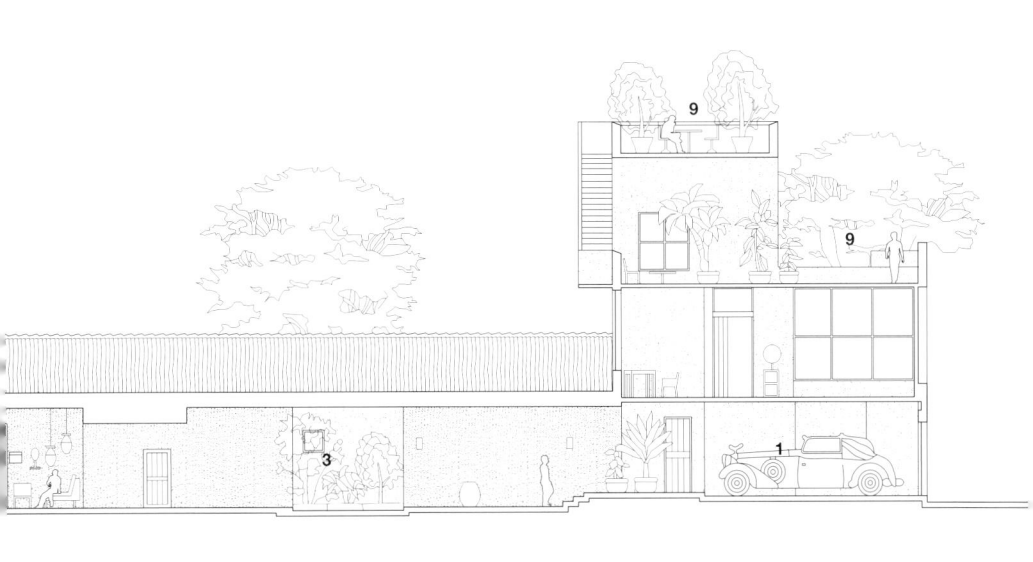

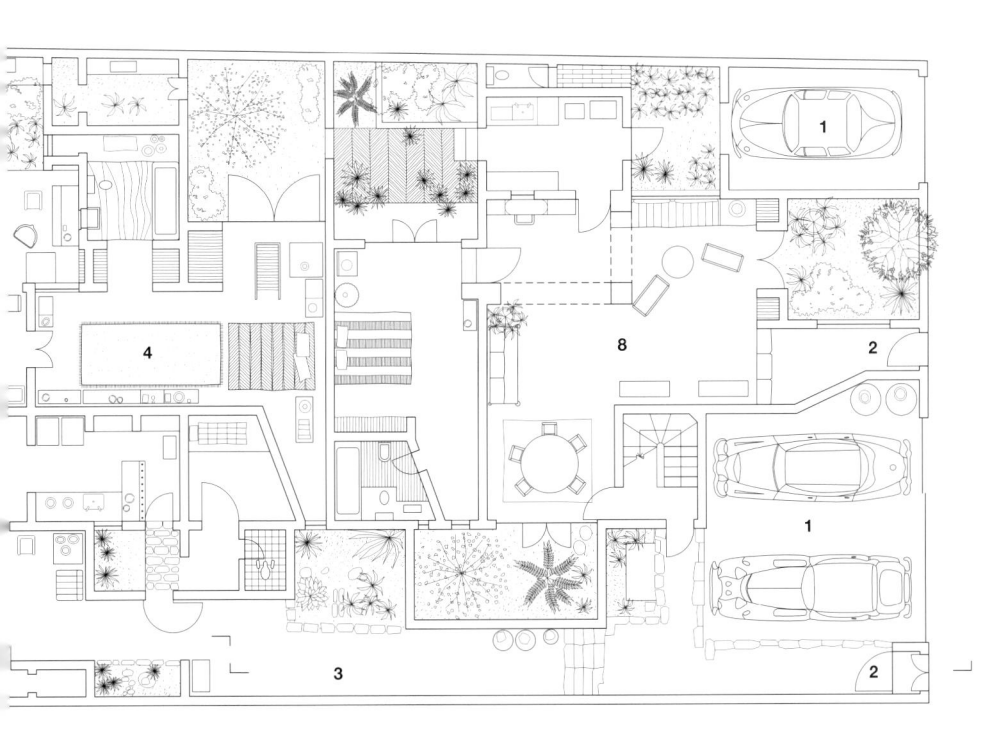

この住宅は、もともと袋小路に並んだ4棟の長屋であった。バワは最初に通りから三棟目の長屋を購入してから、次々と残りを買い足していき、そのつど、手を加えてきた。長屋をすべて手に入れると、通りに面した棟を取り壊してガレージと屋上庭園がある3階建ての建物を建てた。奥にはもともとあった長屋の塀を利用した内外の混在した生活空間が、以前の境界線を越えて収まっている。

Q.1──庭を着色しなさい。

Q.2──ダイニングルームに至るルートを描きなさい。

Q.3──主寝室、ダイニングルーム、書斎のうち、外部なのはどの部屋か、またそれぞれが面する庭はどれか。

Q.4──ゲスト用のスペースを、点線で囲みなさい。

Q.5──ゲスト用のスペースに属する庭をすべて示しなさい。

40 塀 fence

サン・クリストバル | San Cristobal

設計 ルイス・バラガン | Luis Barragan

場所 メキシコ、メキシコ・シティ | Mexico City, Mexico

期間 1967-1968

Name	1階平面図 兼配置図	2	ダイニングルーム
		3	寝室
Scale	1:1000	4	台所
Orientation		5	ガレージ
a	エントランス	6	宿舎
b	干し草小屋	7	パティオ
c	馬場	i	スイミング・プール
d	パドック		
e	厩舎		
f	馬用プール		
g	庭		
h	住宅		
1	リビングルーム		

SITES – Architectural Workbook of Disposition | ZOOM 6 | 40 | fence

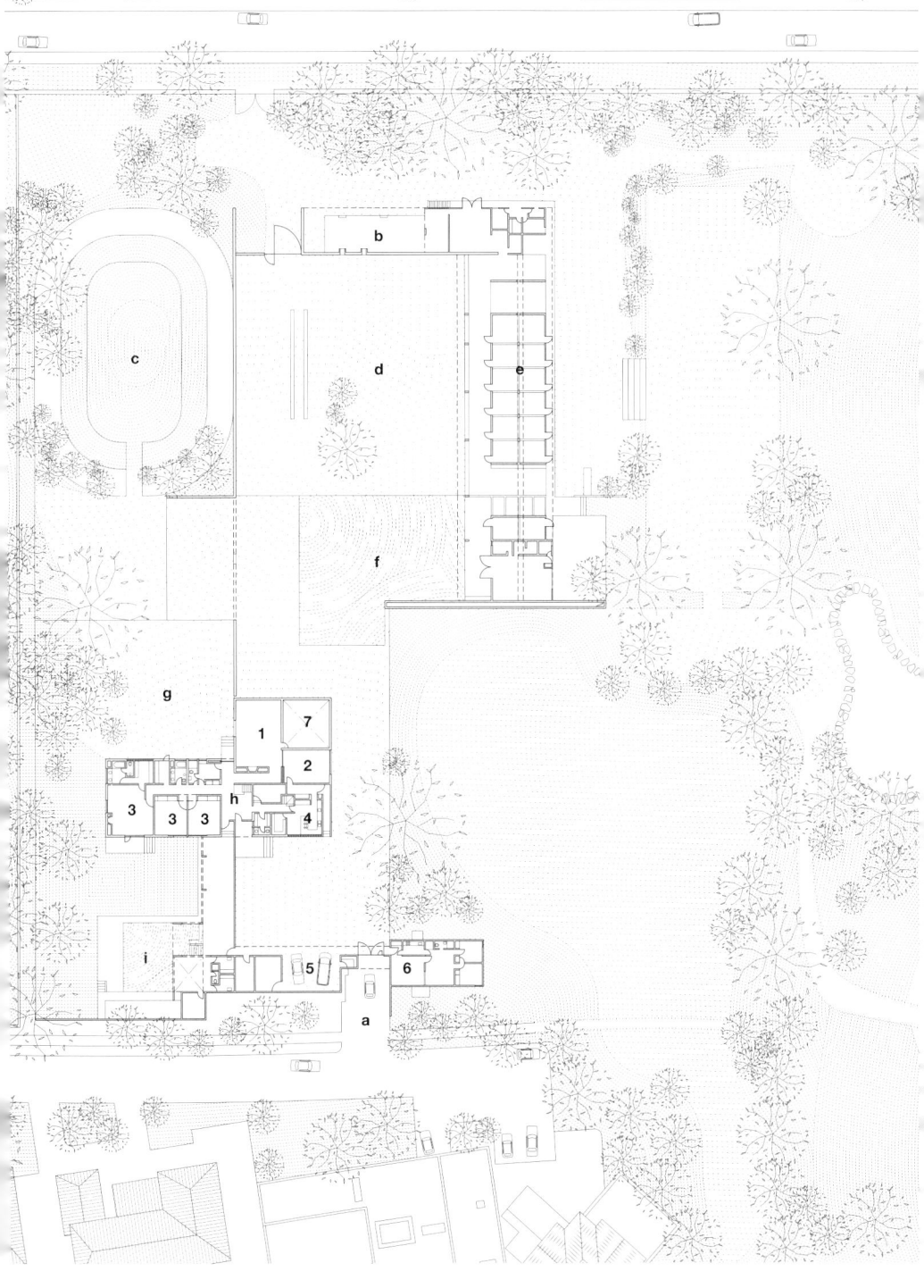

厩舎、パドック、2つのプールを含む、広大な敷地内に建つ住宅。厩舎の塀は馬のスケールに合わせて設計され、ショッキング・ピンクの塀がパドックの西側を縁取って、住宅まで続き、住宅を貫通している。この長い塀によって区切られた居住部分は、片側にプライベートな庭、もう片側にサービスヤードがあり、壁の庭側にある屋根のついたベランダは、プールで泳ぐ人のために日陰を提供している。敷地の北にある厩舎では、住居における塀とベランダ、プールで見られた配置が、より大規模に馬のためのスペースとして繰り返されている。

Q.1——サービスヤードとプライベートな庭を分け、パドックと馬場を分ける敷地全体を二分する塀を着色しなさい。

Q.2——この塀によって、住宅内部は、どのようにゾーニングされているか。

Q.3——プールを着色しなさい。

Q.4——プールと建物(塀)によってコの字に囲まれた2つのスペースをあげ、その大きさを比較しなさい。

41	
生垣	
hedge	

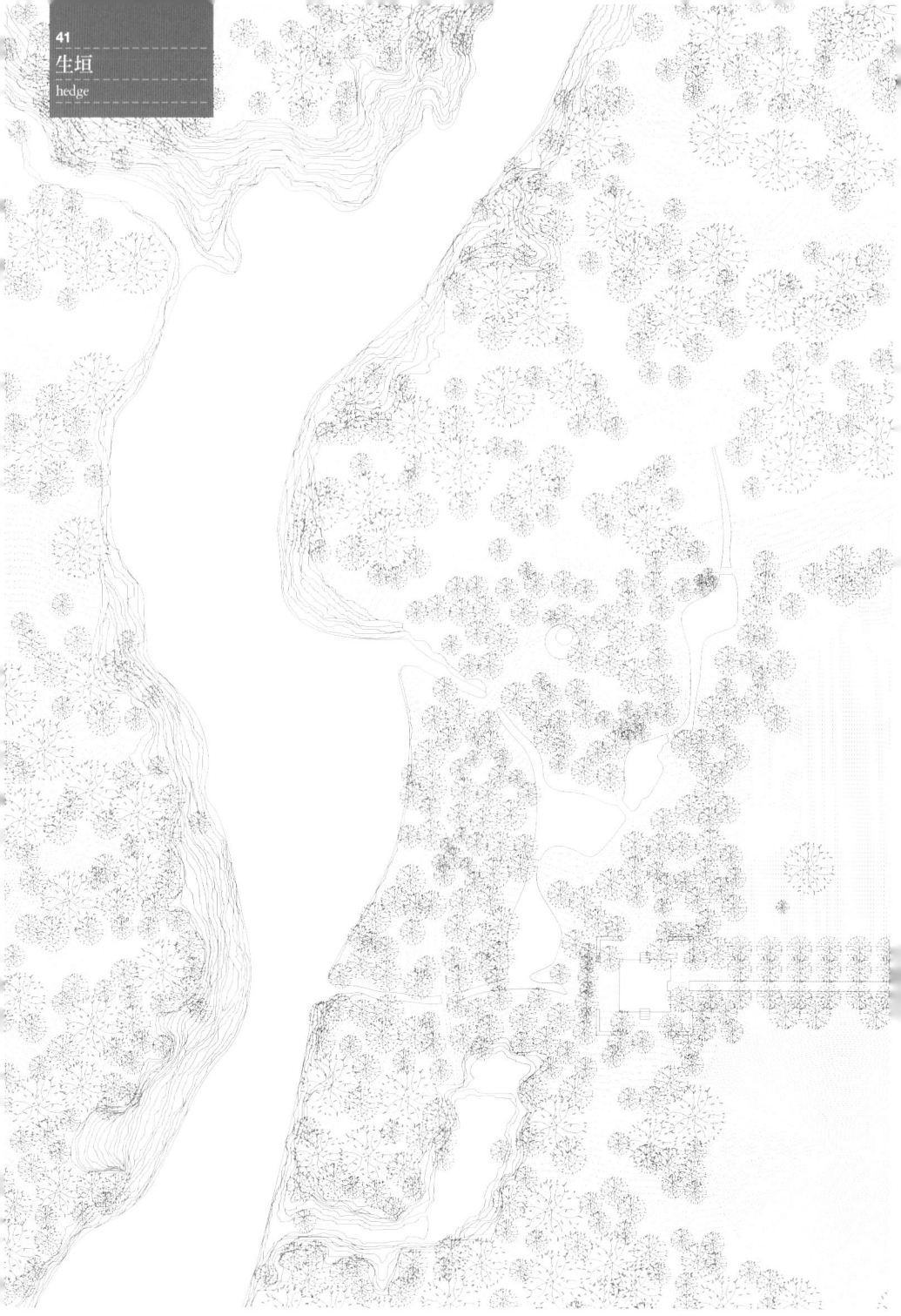

ミラー邸 | Miller House

設計 エーロ・サーリネン＋ダン・カイリー | Eero Saarinen / Dan Kiley
場所 米国、コロンバス | Columbus, Indiana, USA
期間 1957

Name	1階平面図兼配置図
Scale	1:2000
Orientation	↑
1	両親の家
2	子どもの家
3	ゲストの家
4	サービスの家

SITES – Architectural Workbook of Disposition | ZOOM 6 | 41 | hedge

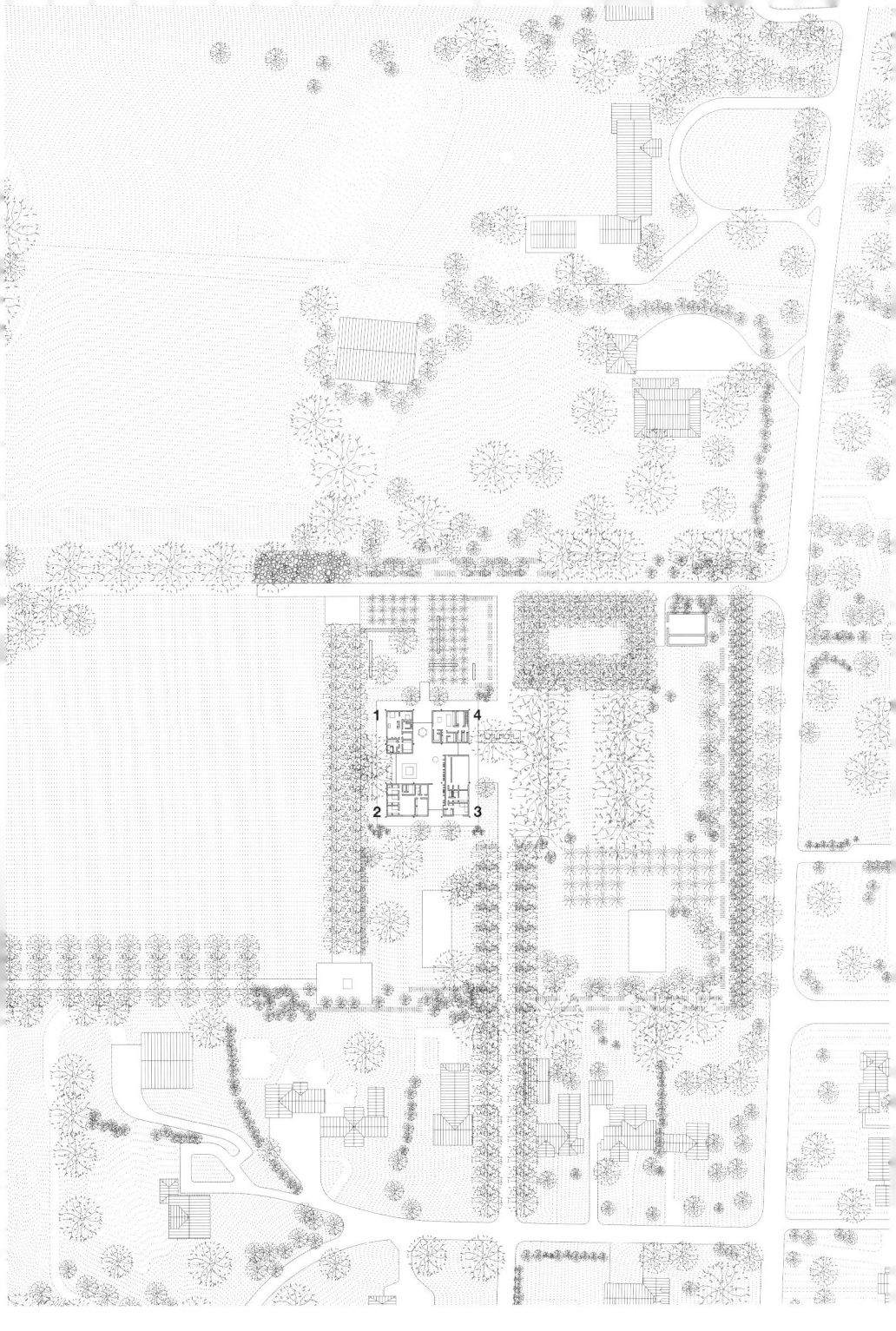

広大な敷地のやや北東寄りの場所に36.5m×42.5m角のフラット・ルーフが16本の柱で支えられている。その下に、4つの独立したヴォリューム——両親の家、子どもの家、ゲストの家、サービスの家——が、75cmのグリッドモデュール上に配置され、そのすき間にエントランス、リビング、ダイニング等が置かれている。ヴォリュームが風車型に集合する構成を、庭園デザインを担当したダン・カイリーも踏襲する。3mグリッドを下敷きに、住宅内部の機能に呼応した庭園のゾーニングを行い、大人の庭、子どもの遊び場、フォーマルな前庭、氾濫原まで続く広大な庭園が、内部空間から戸外へと延びている。

Q.1——4つのヴォリュームとの関係を考えて、大人の庭、子どもの遊び場、フォーマルな前庭、氾濫原まで続く広大な庭園をそれぞれ示しなさい。

Q.2——長さ約6mごとに区切られたコノテガシワの生垣を探して着色し、その配列の特徴とその効果を述べなさい。

Q.3——庭園の中で、3mのグリッドが強く表れている場所を探しなさい。

41 生垣 hedge

スーホルムIの庭園
Arne Jacobsen's own garden at the Søholm Housing Estate

設計 アルネ・ヤコブセン | Arne Jacobsen
場所 デンマーク、クランペンボー | Klampenborg, Denmark
期間 1950

Name	1階平面図兼配置図
Scale	1:150
Orientation	
a	エントランス
b	ダイニングルーム
c	キッチン
d	寝室
e	ミーティングルーム
f	コート
g	バードバス

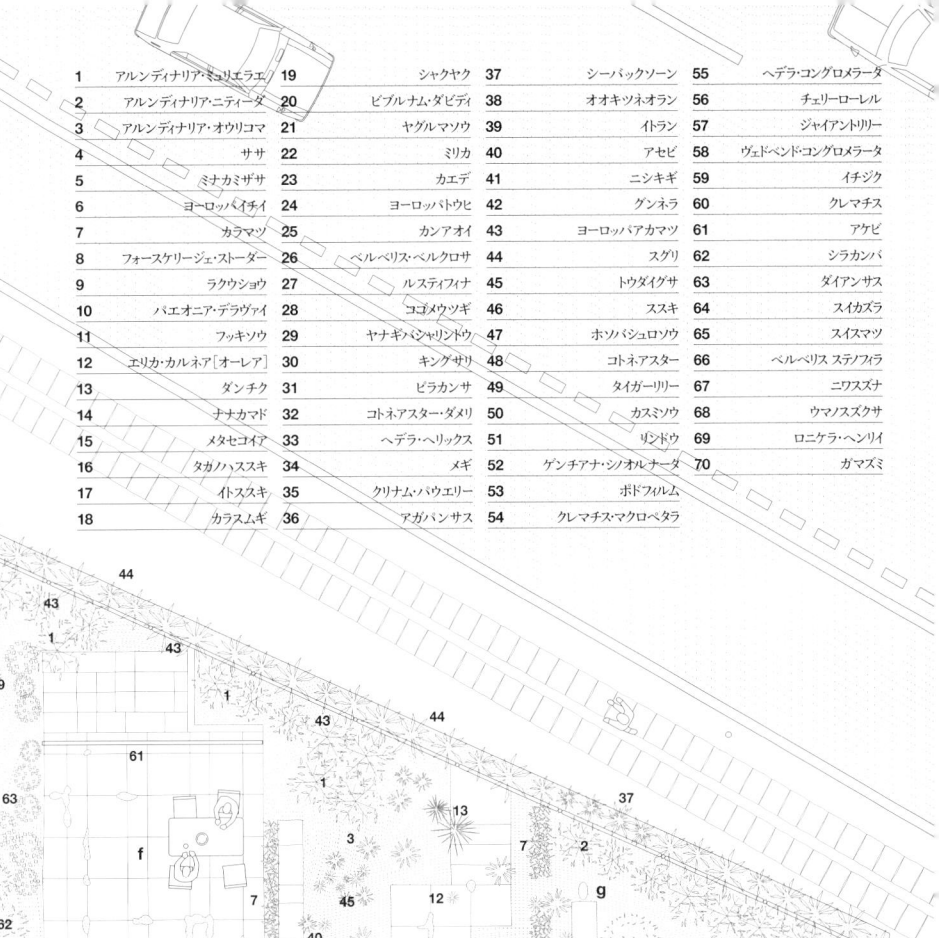

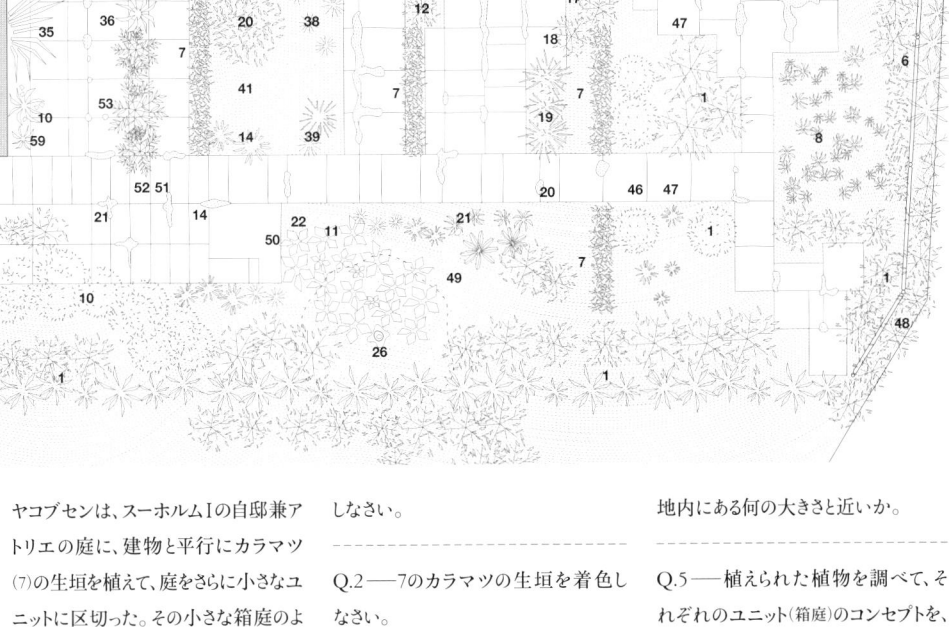

#	名称	#	名称	#	名称	#	名称	#	名称
1	アルンディナリア・ミュリエラエ	19	シャクヤク	37	シーバックソーン	55	ヘデラ・コングロメラータ		
2	アルンディナリア・ニティーダ	20	ビブルナム・ダビディ	38	オオキツネオラン	56	チェリーローレル		
3	アルンディナリア・オウリコマ	21	ヤグルマソウ	39	イトラン	57	ジャイアントリリー		
4	ササ	22	ミリカ	40	アセビ	58	ヴェドベンド・コングロメラータ		
5	ミナカミザサ	23	カエデ	41	ニシキギ	59	イチジク		
6	ヨーロッパイチイ	24	ヨーロッパトウヒ	42	グンネラ	60	クレマチス		
7	カラマツ	25	カンアオイ	43	ヨーロッパアカマツ	61	アケビ		
8	フォースケリージェ・ストーダー	26	ベルベリス・ベルクロサ	44	スグリ	62	シラカンバ		
9	ラクウショウ	27	ルスティフィナ	45	トウダイグサ	63	ダイアンサス		
10	パエオニア・デラヴァイ	28	ココメウツギ	46	ススキ	64	スイカズラ		
11	フッキソウ	29	ヤナギバシャリントウ	47	ホソバシュロソウ	65	スイスマツ		
12	エリカ・カルネア[オーレア]	30	キングサリ	48	コトネアスター	66	ベルベリス ステノフィラ		
13	ダンチク	31	ピラカンサ	49	タイガーリリー	67	ニワスズナ		
14	ナナカマド	32	コトネアスター・ダメリ	50	カスミソウ	68	ウマノスズクサ		
15	メタセコイア	33	ヘデラ・ヘリックス	51	リンドウ	69	ロニケラ・ヘンリイ		
16	タカノハススキ	34	メギ	52	ゲンチアナ・シノオルナータ	70	ガマズミ		
17	イトススキ	35	クリナム・バウエリー	53	ボドフィルム				
18	カラスムギ	36	アガパンサス	54	クレマチス・マクロペタラ				

ヤコブセンは、スーホルムIの自邸兼アトリエの庭に、建物と平行にカラマツ(7)の生垣を植えて、庭をさらに小さなユニットに区切った。その小さな箱庭のようなユニットに300種類の植物を育て、時間を見つけてはそれらを水彩でスケッチし、写真におさめたという。

Q.1——66-67ページの配置図の中から、ヤコブセンの自宅兼アトリエを探しなさい。

Q.2——7のカラマツの生垣を着色しなさい。

Q.3——コンクリートブロックによって舗装された苑路とカラマツの生垣によって、庭はいくつに分割されているか。

Q.4——それらの小庭のサイズは、敷地内にある何の大きさと近いか。

Q.5——植えられた植物を調べて、それぞれのユニット(箱庭)のコンセプトを、推測しなさい。

41
生垣
hedge

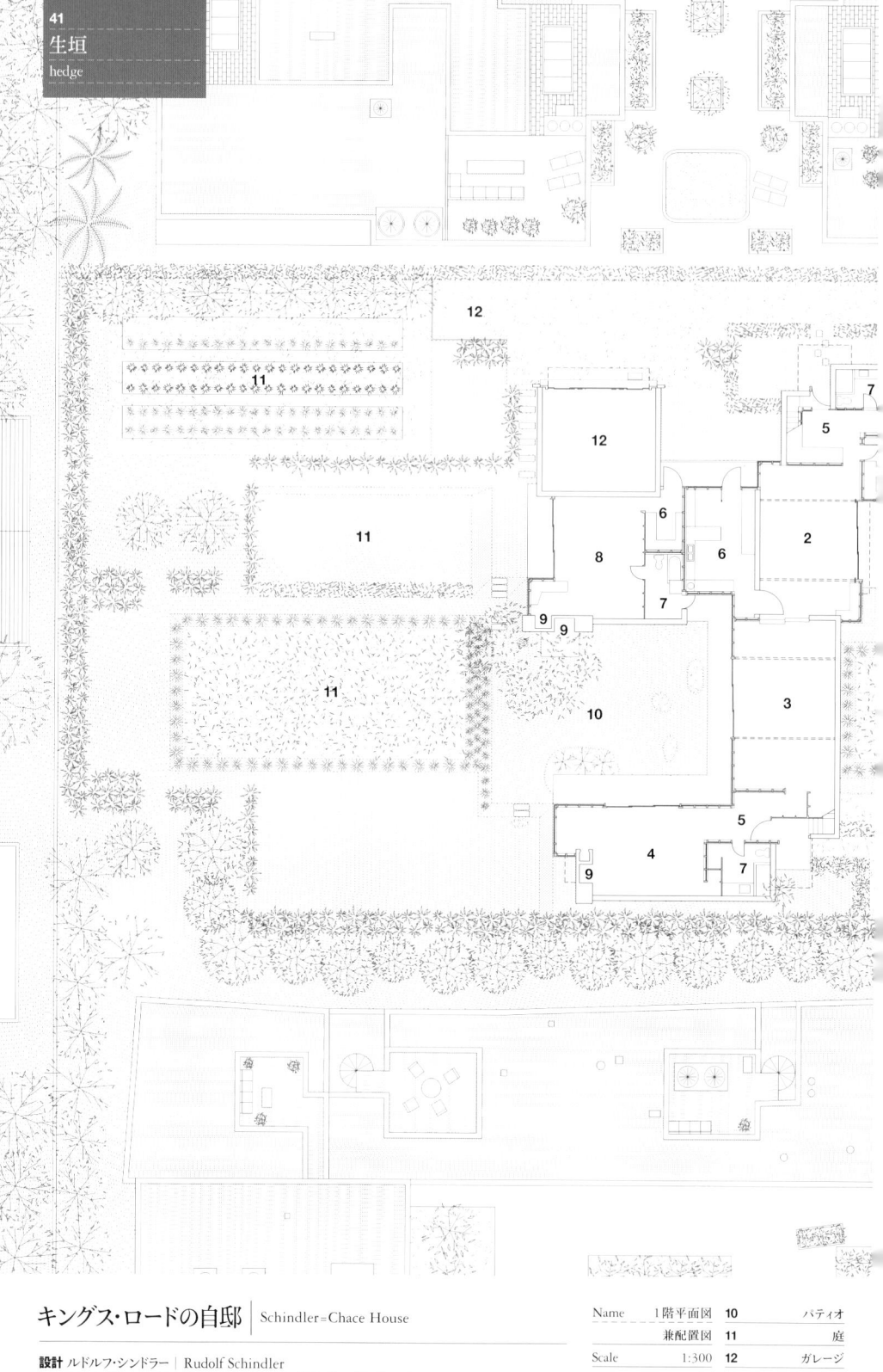

Name	1階平面図	10	パティオ
	兼配置図	11	庭
Scale	1:300	12	ガレージ
Orientation			
1	C.B.C		
2	M.D.C		
3	S.P.G		
4	R.M.S		
5	エントランス		
6	キッチン		
7	浴室		
8	ゲストルーム		
9	暖炉		

キングス・ロードの自邸 | Schindler=Chace House

設計 ルドルフ・シンドラー | Rudolf Schindler
場所 米国、ウエスト・ハリウッド | West Hollywood, California, USA
期間 1921-1922

SITES – Architectural Workbook of Disposition | ZOOM 6 | 41 | hedge

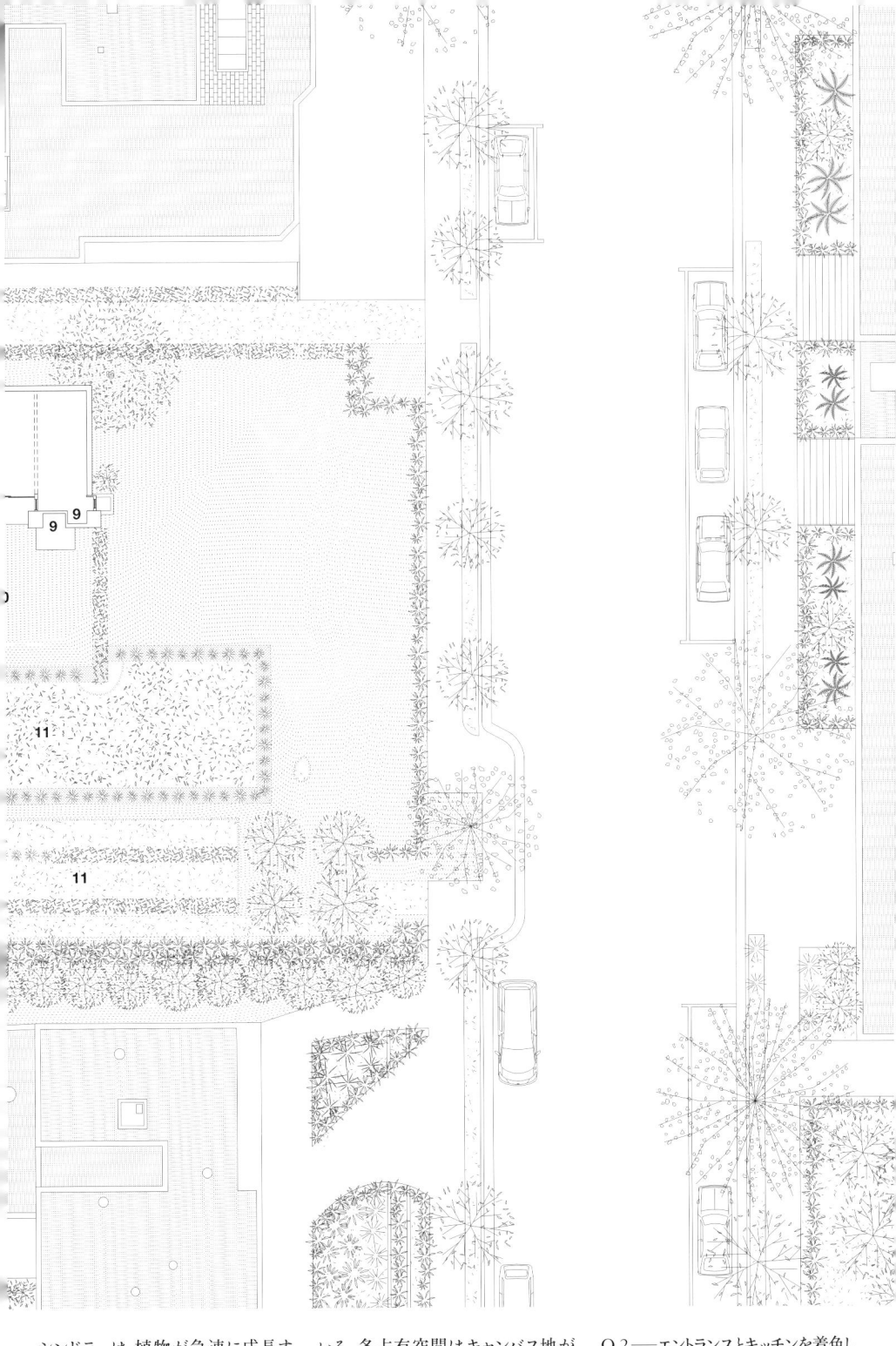

シンドラーは、植物が急速に成長する南カリフォルニアで、コンクリートや木材、キャンバス地の壁を用いるのと同様に、生垣を使って屋外の生活空間を分割した。境界に生垣を植え、地面に段差をつけることで機能の異なるいくつかのゾーンを庭園内につくりだしている。内部では居住者がそれぞれの空間を占有して、一家族のユニットであるL字型の平面の一部をなしている。各占有空間はキャンバス地が張られた引き戸によって、暖炉の備えられた屋外のリビング・スペースへと開かれている。

Q.1——平面図に書かれているC.B.C.やR.M.S.は、住人のイニシャルを示し、それぞれに割り当てられた個人用のスペースである。この住宅には常時何人が住んでいるか。

Q.2——エントランスとキッチンを着色しなさい。

Q.3——2つのパティオ(屋外のリビング・スペース)は誰が普段使うことを想定しているか。C.B.C.等の記号で答えなさい。

Q.4——この住人たちはどんな関係にあると思うか。

42
庭
eave

ソーレンセン自邸 | Sørensen's Own House

設計 エリック・クリスチャン・ソーレンセン | Erik Christian Sørensen
場所 デンマーク, スムーテヴァイ | Smutvej, Denmark
期間 1955

Name	1階平面図兼配置図
Scale	1:300
Orientation	
1	エントランス
2	リビングルーム
3	キッチン
4	子供部屋
5	主寝室
6	アトリエ
7	書斎
8	倉庫

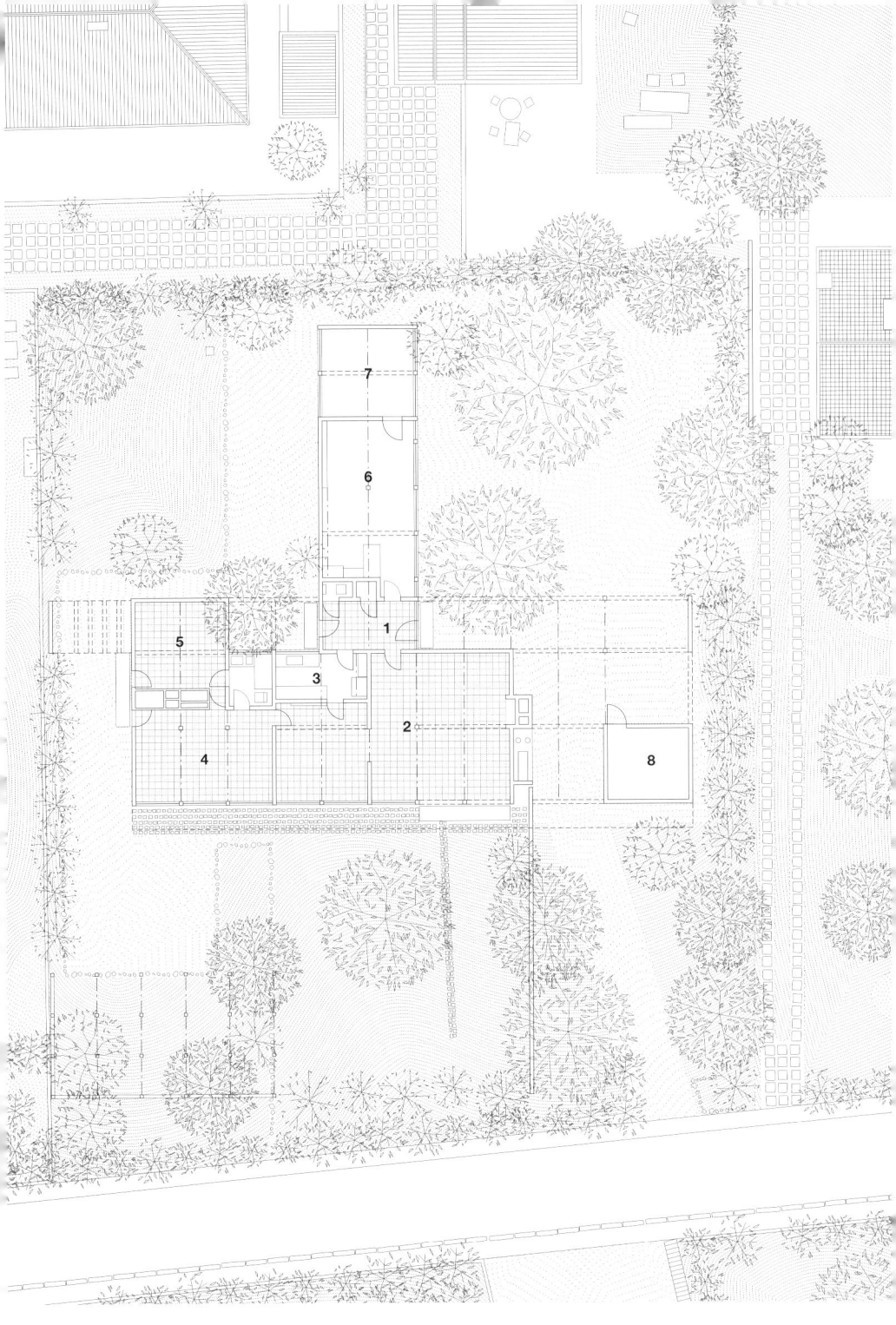

コペンハーゲン北部の、森に囲まれた細い道に面した建築家の自邸。閉鎖的な雰囲気の前面道路からのアプローチは、大きな庇の下を越えて、中庭に達して初めて開放的になる。ここはアトリエへとつながるパブリックなスペースでもある。プライベート・エリアは庭に向かって開き、何年にもわたり緑を繁らせた庭により隔絶された雰囲気が漂っている。大きなガラス・パネルが周囲を覆い、その一部は引き戸で、庭へのアクセスとなり、寝室や子ども部屋からも、庭に直接出ることができるようになっている。

Q.1——この建物の構造グリッドを測りなさい。

Q.2——建物によって敷地内の外部空間は大きくいくつに分割されているか。

Q.3——そのうち、もっともプライベートな外部空間と、子どもの遊び場はどこか。

Q.4——屋根や庇が架かった場所を着色しなさい。

Q.5——室内と、屋根の架かったエリアの面積をそれぞれ計算しなさい。

42 庇 eave

カウフマン邸 | Kaufmann House [Desert House]

設計 リチャード・ノイトラ | Richard Neutra
場所 米国、パーム・スプリングス | Palm Springs, California, USA
期間 1946

Name	1階平面図	6	キッチン
	兼配置図	7	スタッフ・ルーム
Scale	1:300	8	主寝室
Orientation		9	パティオ
a	オーナー棟	10	ゲストルーム
b	ガレージ	11	ユーティリティ
c	ゲスト棟	e	プールハウス
d	サーヴィス棟	f	プール
1	アプローチ路	g	スパ
2	ガレージ	h	テニスコート
3	エントランス		
4	リビングルーム		
5	ダイニングルーム		

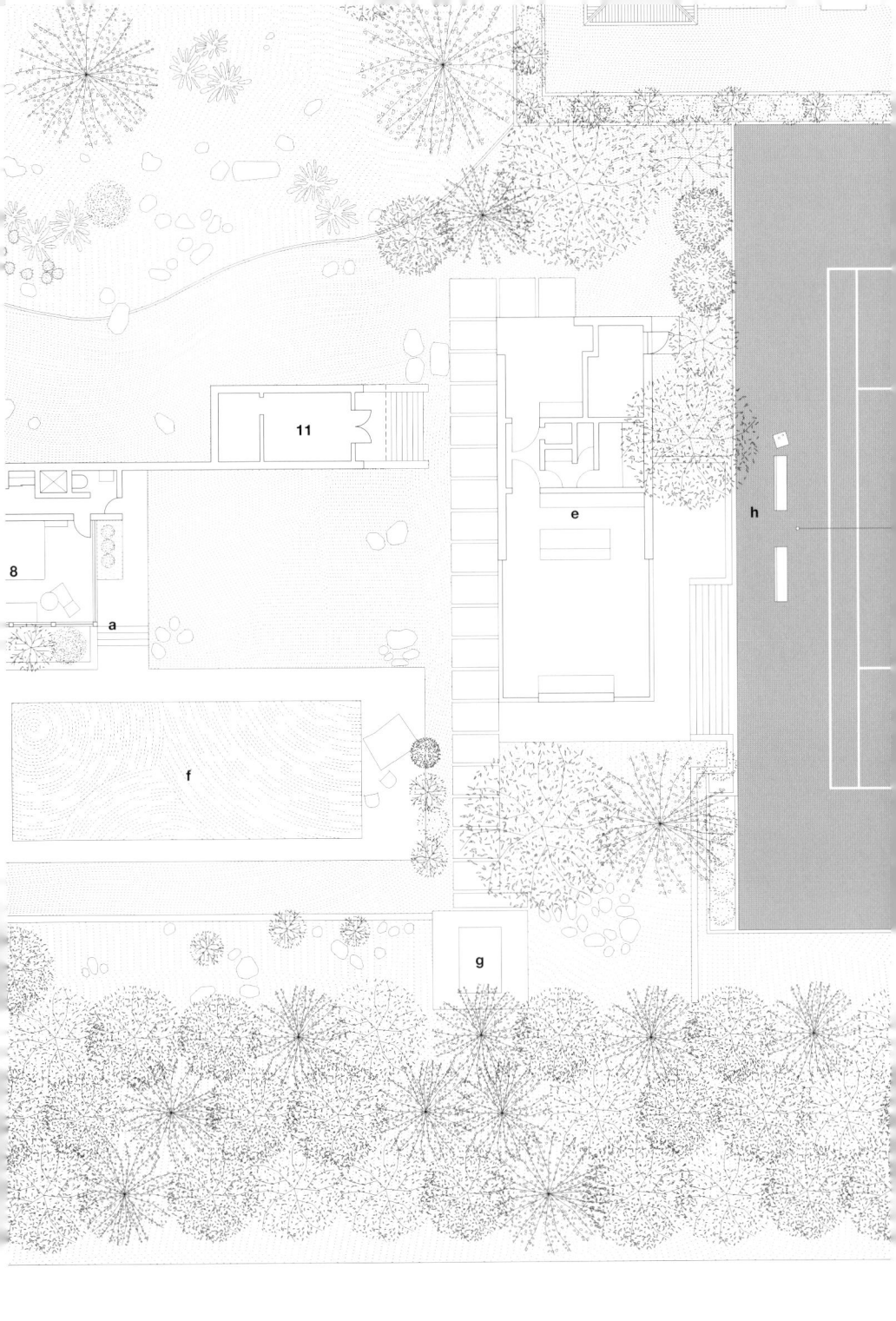

別名「砂漠の家」と呼ばれるこの住宅は竣工当時、パーム・スプリングスの不毛な砂漠地帯に建てられた。カウフマンは自邸として落水荘の設計をライトに依頼したが、今度は冬の休暇を過ごす別荘として、一層の明るさと開放性をノイトラに求めた。現在は新興郊外地の一部をなしているが、当初はまわりの砂漠と山々に囲われた60m×90mの区画に孤立しており、周囲に広がる自然を満喫することができた。中央のリビング、ダイニングから、主寝室のあるオーナー棟、外部のテラスと連結したゲスト棟、サービス棟、そしてガレージ棟が四方に広がる。日陰をつくり、光の照り返しを少なくするための庇を設け、内部からの眺望を一層強調した。

Q.1——4つの棟をそれぞれ示しなさい。

Q.2——個室から砂漠への眺望が得られる方向を矢印で描きなさい。

Q.3——庇の部分を着色しなさい。また、砂漠への眺望の方向と庇の位置にはどのような関係があるか。

Q.4——建物に分割された各庭はどんな性格づけがされているか。

43 家具 / furniture

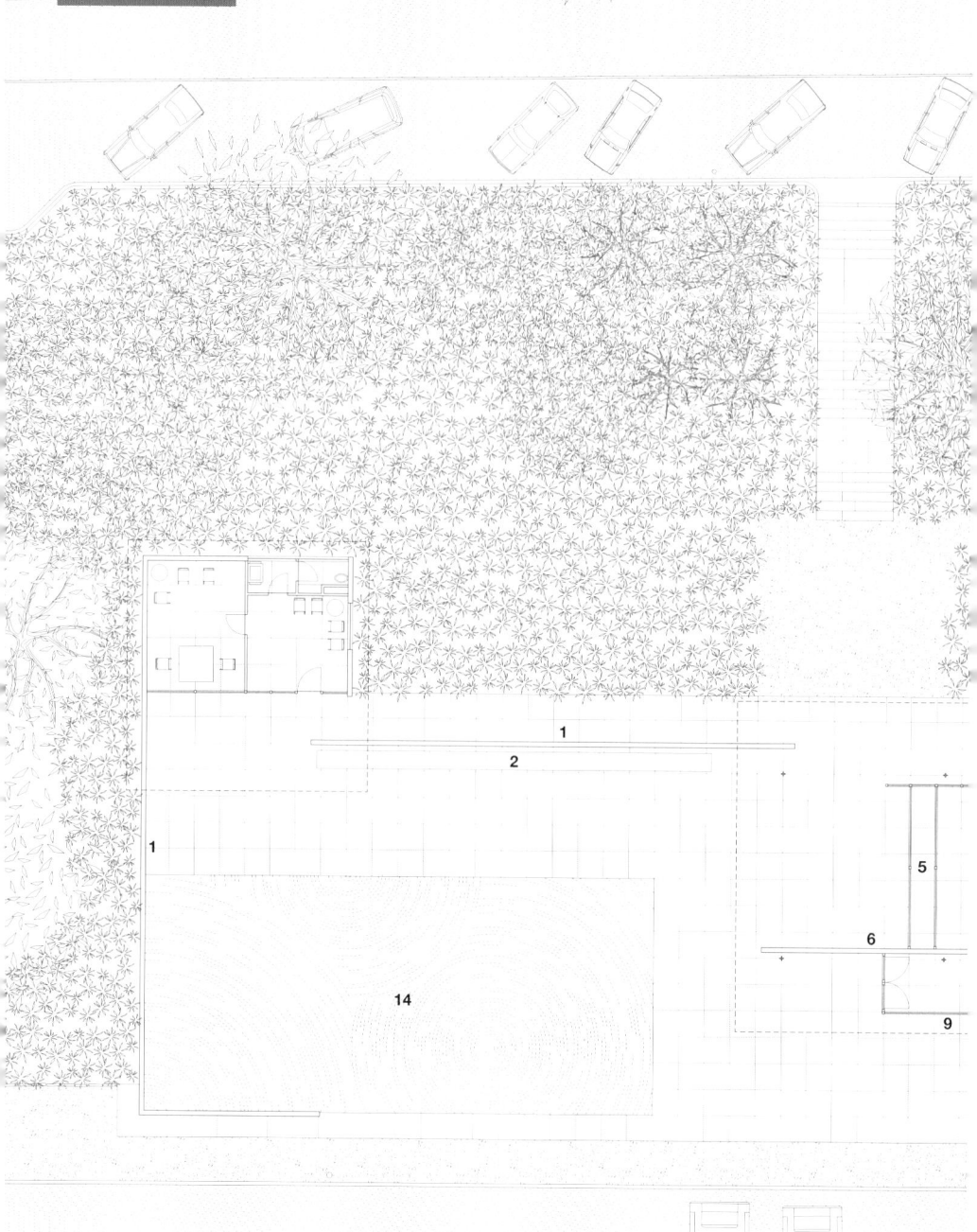

バルセロナ・パヴィリオン | German Pavilion, International Exposition

設計 ミース・ファン・デル・ローエ | Ludwig Mies van der Rohe
場所 スペイン、バルセロナ | Barcelona, Spain
期間 1929

Name	1階平面図 兼配置図
Scale	1:300
Orientation	

1 ローマン・トラヴァーティンの壁
2 ローマン・トラヴァーティンのベンチ
3 ティニアン産大理石の壁
4 暗灰色のミラーガラスの壁
5 すりガラスの光の箱
6 緑色の古大理石の壁
7 金色のオニキスの壁
8 緑色の瓶ミラーガラスの壁
9 白色ミラーガラスの壁
10 バルセロナ・チェア
11 黒いカーペット
12 赤いカーテン
13 コルベの彫刻『朝』
14 プール

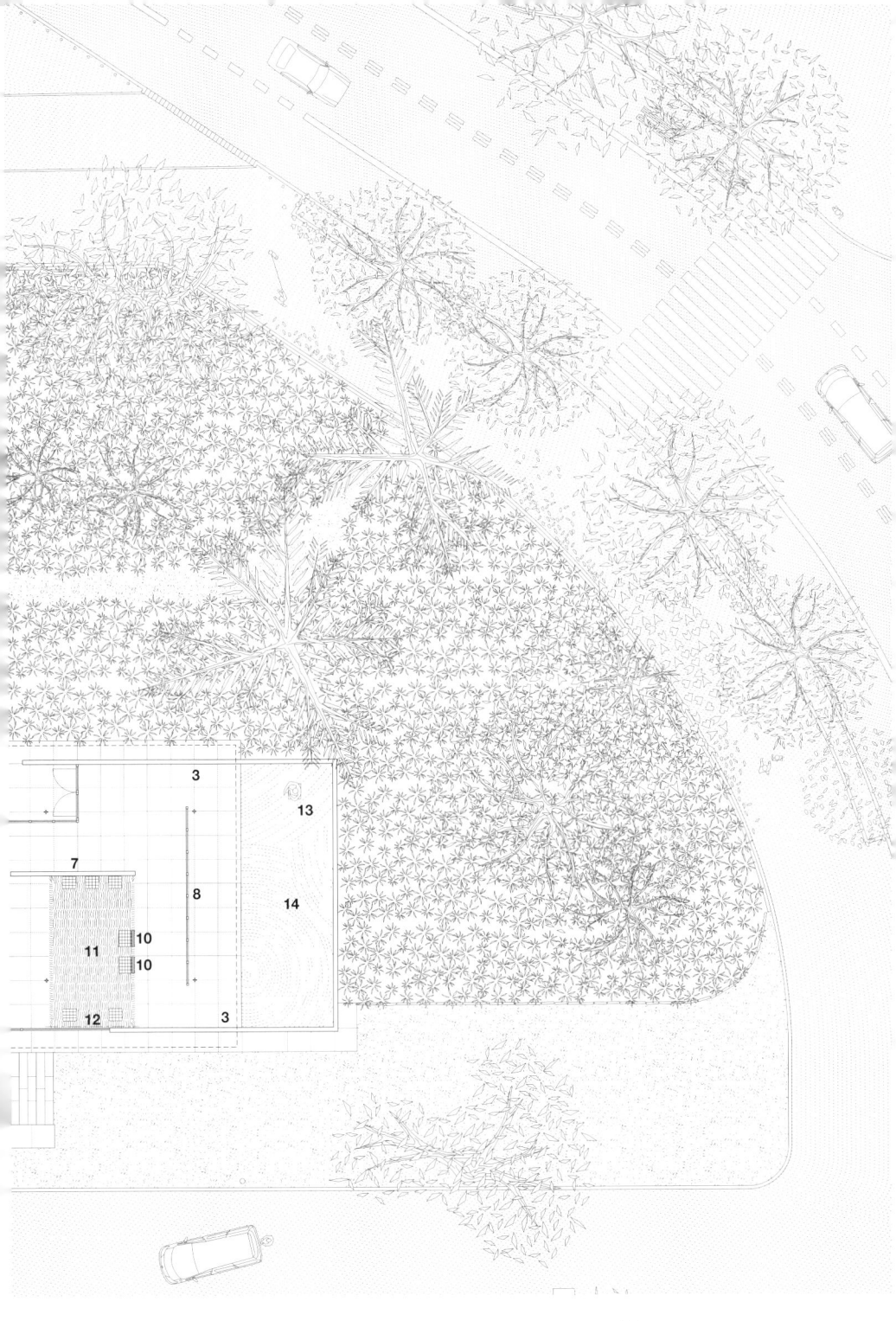

パヴィリオンの中央に立つ大理石の壁面が、階段から一直線に、バロック的な軸線を受け止めるが、内部では軸線をずらし、非対称の壁で構成される。屋根はクロムめっきを施した十字形の柱で支えられ、ティニアン産大理石、緑色の古大理石、金色のオニキス等の高級石材や色ガラスの壁は間仕切りとして機能し、内部と外部が流動的に移行する。乳白ガラスの光の箱や、素材のサンプル集のような壁が、内装的に用いられた。分厚い絨毯が敷かれた広間には、パヴィリオンの構造的特徴であるキャンティレヴァーを家具に応用した、バルセロナ・チェアが置かれている。

Q.1——バロック的な軸線がぶつかる壁とはどれのことか。

Q.2——壁とガラスをそれぞれ別の色で着色しなさい。

Q.3——十字形の柱と屋根の架かる範囲を示しなさい。また、張り出した屋根のキャンティレヴァーは何mか。

Q.4——床の目地は柱、壁の位置とどのような関係にあるか。

43 家具 / furniture

a	Japan Chair, 1958
b	The Poet, 1941
c	The Chiefman Chair, 1949
d	Table bench, 1951
e	Chair, 1953
f	FJ46, 1946
g	FJ45, 1945
h	NV44, 1944
i	Drawing Board, 1950
j	Table, 1968
k	Office chair, 1965
l	Chair, 1945
m	Egyptian Chair, 1949
n	Judas Table, 1949
o	Chair, 1963
p	Bench Sofa, 1948
q	Chair, 1953
r	FJ48, 1948
s	Bed, 1961
t	Chest of Drawers, 1961
u	Stool, 1946
v	Self system, 1952
w	Chinaware, ca.1952

フィン・ユール自邸 | Finn Juhl's House

設計 フィン・ユール | Finn Juhl
場所 デンマーク、クラットウェンゲ | Charlottenlund, Denmark
期間 1942

Name	1階平面図兼配置図
Scale	1:200
Orientation	
1	エントランス
2	ガーデン・ルーム
3	リビングルーム
4	書斎
5	ダイニングルーム
6	キッチン
7	メイド室
8	客室
9	浴室
10	主寝室

SITES – Architectural Workbook of Disposition | ZOOM 6 | 43 | furniture

フィン・ユールが1941年に29歳で設計し、翌年建てられたこの家は、今では隣のオードロップゴー美術館が管理し、彼がデザインして使い込んだ家具や好んで身近に置いたアート作品等が、窓で切りとられた緑ゆたかな森の景色と一体となっている。ガーデン・ルームのすぐ外にあるブドウ棚の下のベンチと、窓際のソファーが呼応して配されているように、内と外が溶け合う空間がちりばめられた住宅である。

Q.1——エントランス、ガーデン・ルーム、廊下それぞれに繋がる部屋の扉の方向に矢印を描き込みなさい。

Q.2——その矢印の先には何があるか。そのことによってどのような効果があるか。

Q.3——住宅内に置かれている家具はフィン・ユールのデザインによるものである。それらが置かれている状況から、それぞれの家具の特徴を想像しなさい。

44
中心
center

ベルリン・フィルハーモニック・コンサート・ホール
Berlin Philharmonie

設計 ハンス・シャロウン | Hans Scharoun

場所 ドイツ、ベルリン | Berlin, Germany

期間 1956-1963

Name	上階平面図兼配置図
Scale	1:300
Orientation	

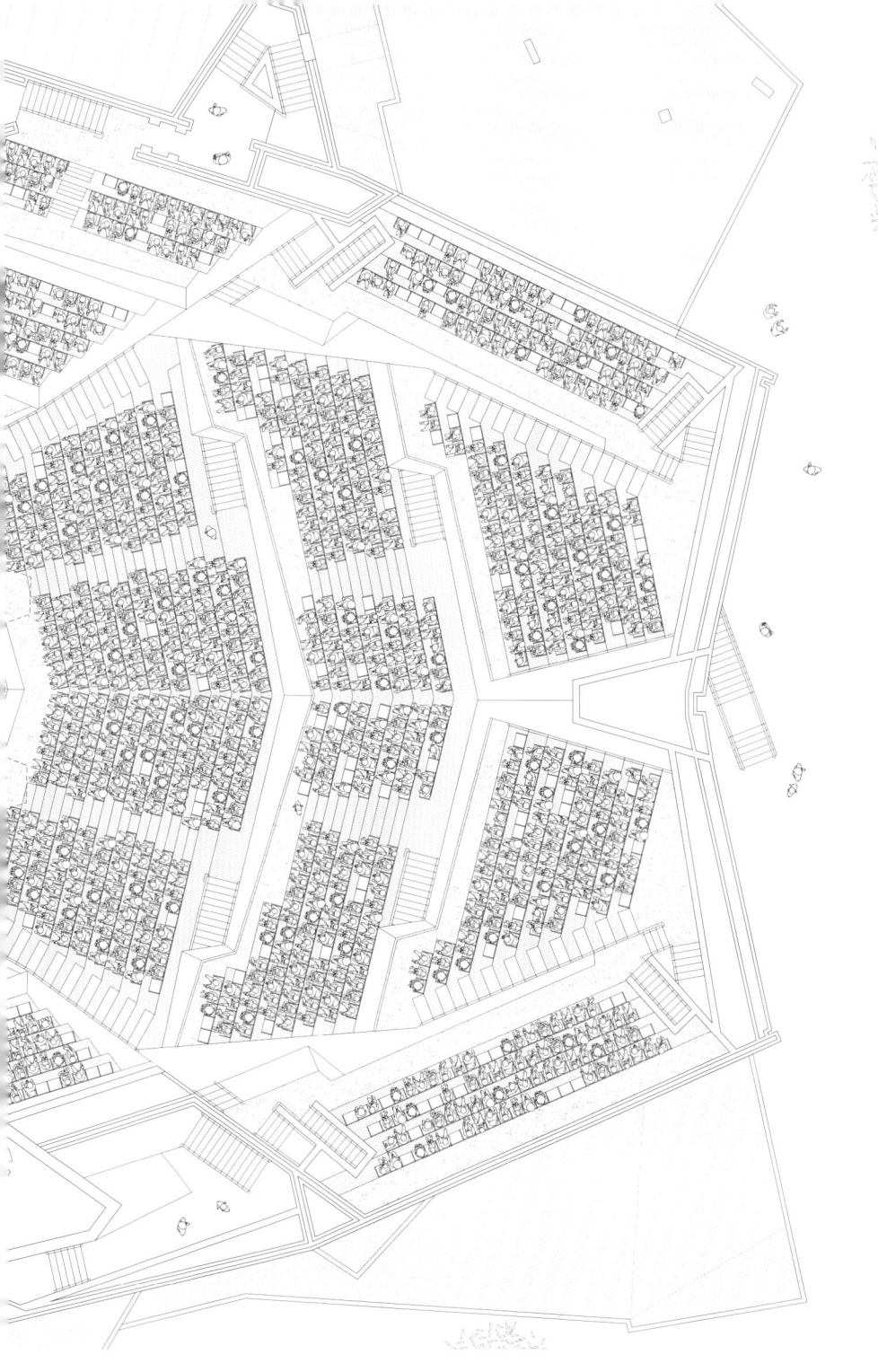

ベルリン・フィルハーモニーの最初の構想を示すシャロウンのスケッチには、真ん中に丸印が描かれていた。シャロウンは空間の中心に音楽を据え、指揮台およびオーケストラを聴衆が取り囲むことが、コンサート・ホールに親密さを与えると考えていた。内部の空間構成は、音響的な面だけでなく、視覚的な影響も加えて決定されている。客席の棚を構成するさまざまな壁面が、聴衆を演奏者とほぼ同数のブロックに分割して、演奏する側から見たときの聴衆に圧倒される感じを減少させ、客席全体が不気味な暗闇になることもなくなっている。

Q.1──このオーケストラは何人編成か。

Q.2──聴衆の棚によって分割されたブロックは平均すると何人か。

Q.3──指揮者を中心とすると、すべての聴衆は水平距離で何m以内の範囲にいるか。

Q.4──指揮者の表情を見ることのできるポディウム席とはどこのことか。

解説編 | 44
中心
center

pp.242-243

[ベルリン・フィルハーモニック・コンサート・ホール]

ライン河畔のぶどう園をイメージしたといわれるこのホールは、オーケストラを谷の底に見立て、谷の側面ひろがった段状のスペースから音楽を聴き、観るようになっている。座席の列に互いに角度をつけ、オーケストラに対しても角度をつけて配置し、多様な視点が中央に集められている。この複雑な平面は、音の分布の平均化には不利であるが、ロタール・クレーメル教授による客席棚の壁面や、外形に大きく影響を与える天井、ピラミッド状の反射板を用いた音響設計でその短所を克服している。

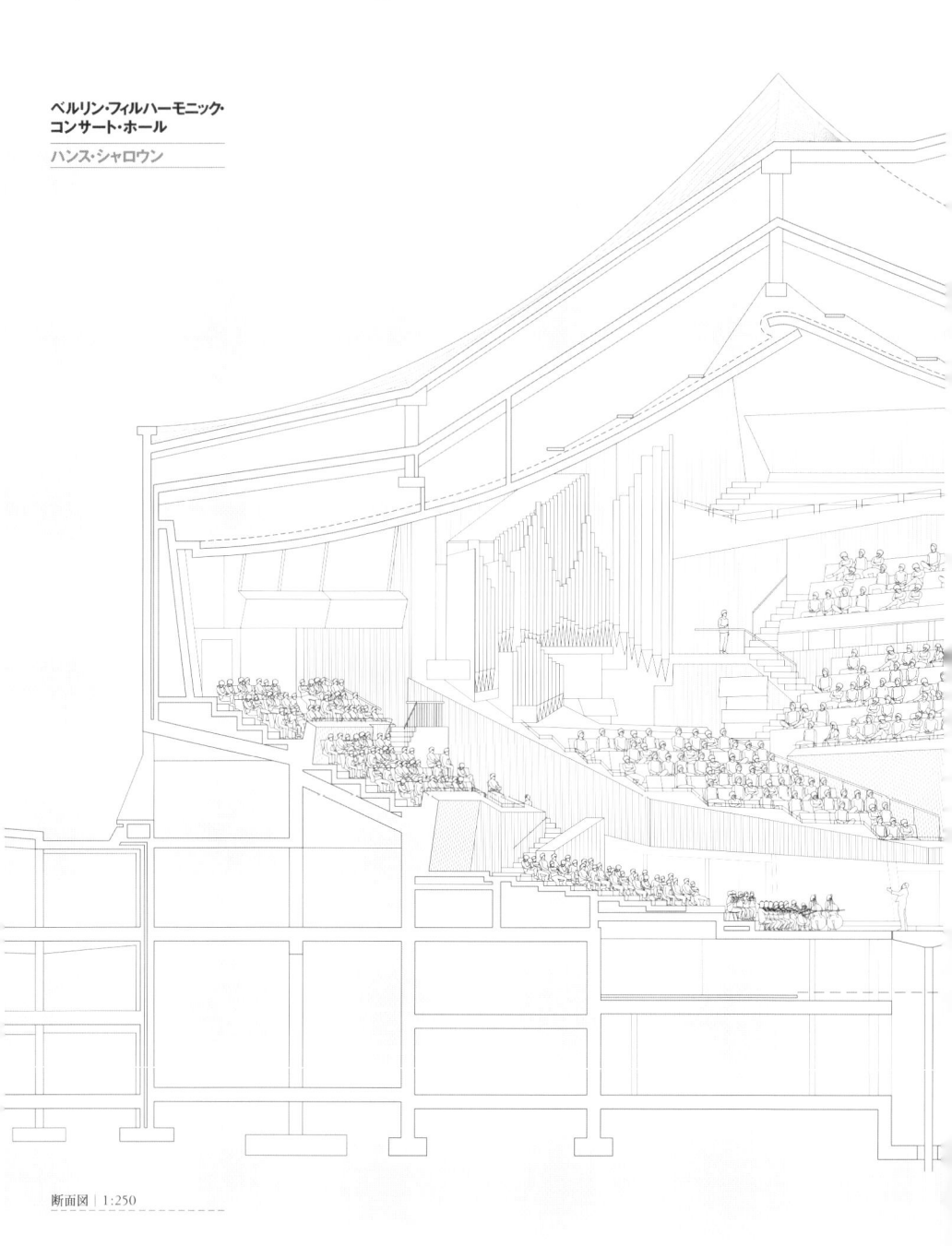

ベルリン・フィルハーモニック・コンサート・ホール
ハンス・シャロウン

断面図 | 1:250

Q.1——指揮台はどこか。　　　を測りなさい。

Q.2——もっとも天井高が高い箇所はどこか。

Q.3——ステージから垂直方向にもっとも離れた席までの距離は何mか。また、前ページを参考に、その水平距離

44 中心
center

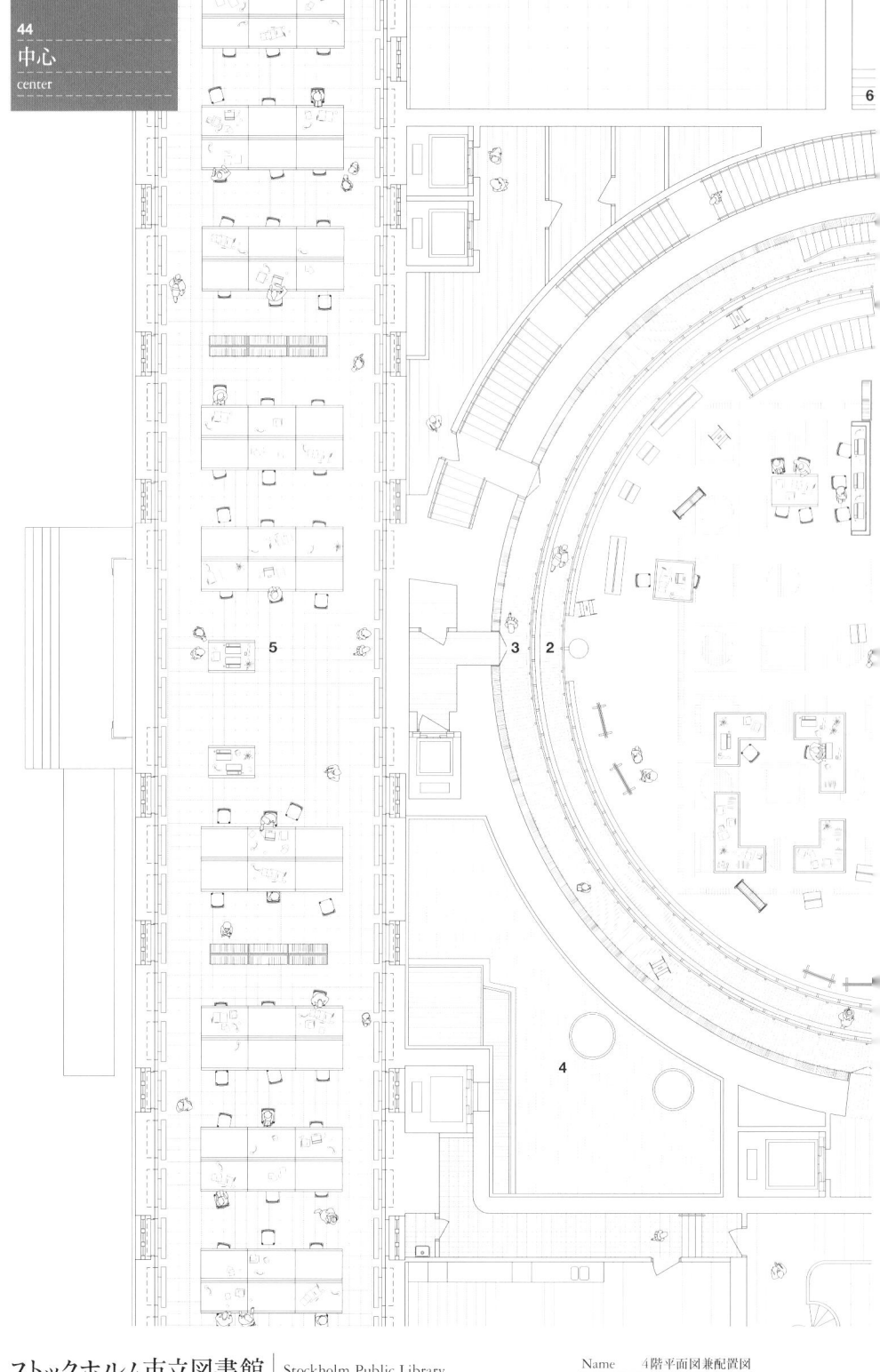

ストックホルム市立図書館 | Stockholm Public Library

設計 グンナー・アスプルンド | Erik Gunnar Asplund
場所 スウェーデン、ストックホルム | Stockholm, Sweden
期間 1920-1928

Name	4階平面図兼配置図
Scale	1:200
Orientation	

1 中央閲覧室[2階レベル]
2 円形ギャラリー[3階レベル]
3 円形ギャラリー[4階レベル]
4 光庭
5 勉強スペース[2階レベル]上部
6 エントランス[1階レベル]上部

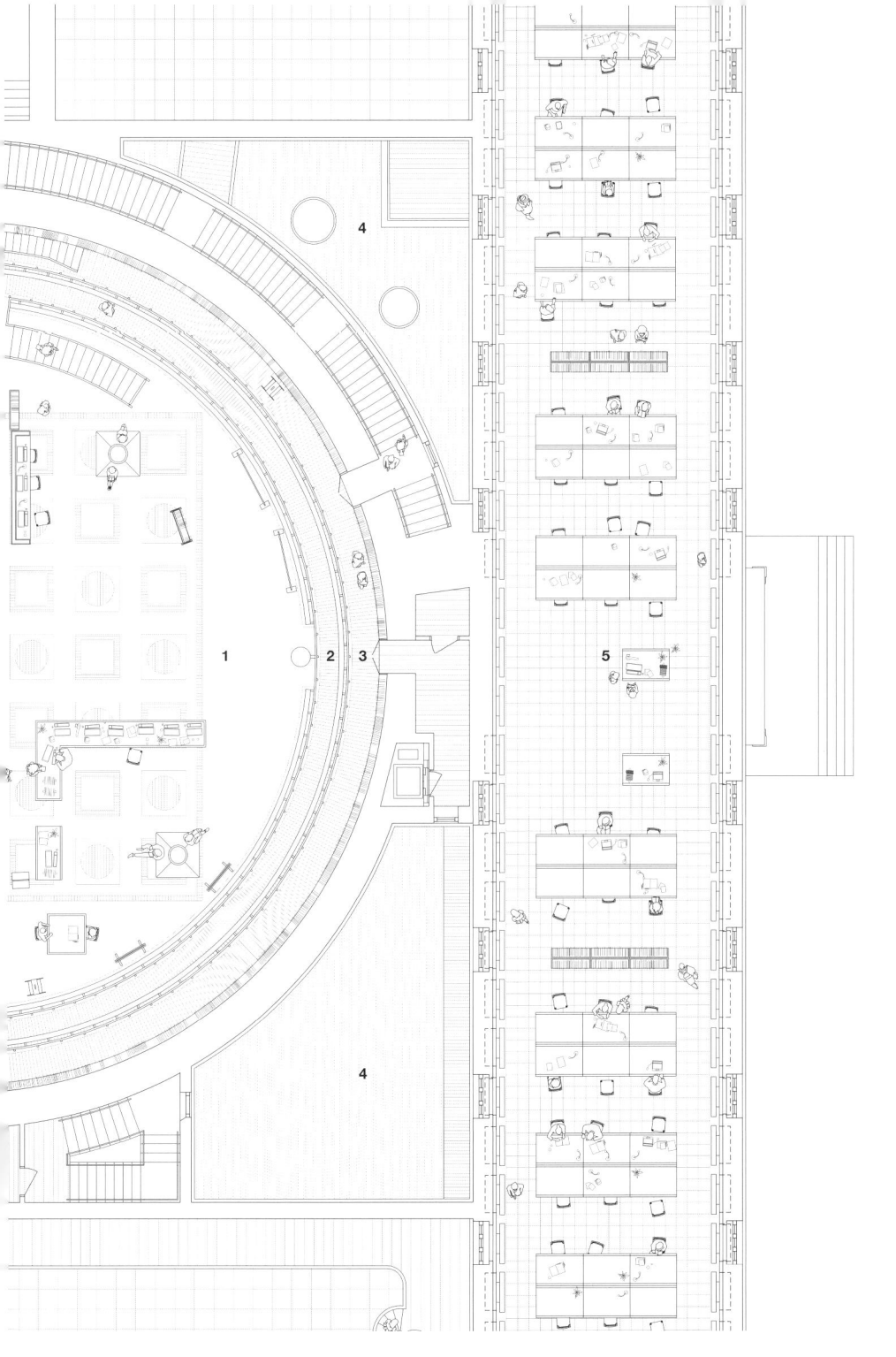

円筒形の中央閲覧室では、高い天井の下、三層分の高さの書棚が配置されて、本の壁がつくる空間に身を置くことになる。本の背表紙をぐるりと見わたせる館内は、本の存在感と探しやすさという基本的な機能がそのままインテリアの表現へと昇華している。大通りから階段を上がり、館内に入ると、さらに階段が延び、閲覧室の一部が正面に見える。その階段を上がると徐々に高揚感につつまれ、ハイサイドライトからの柔らかい光が満ちる室内の中心に、頭から入っていく非日常の空間体験をする。

Q.1──閲覧室の中心から円形の書架までの水平距離は、一層目で何mか。

Q.2──円形の書棚は3層ある。本の厚みを4cmとし、すき間なく書架に収納されているとすると、この中央閲覧室には何冊の本が収蔵されているか。

Q.3──当初は、貸出カウンターが円の中央にあった。そのことによる長所と短所を述べなさい。

図版出典・参考文献 | Source, References

※は建築図面の出典、その他は敷地や作品に関する参考文献を示す

ZOOM 1

― コエ・タロ[夏の家] pp.8-9, 14-15
- Louna Lahti, *Alvar Aalto, 1898-1976 : Paradise for the Man in the Street*, Taschen, 2004
- 齋藤裕『アールトの住宅』TOTO出版, 2008
- 『a+u』〈Special Issue 20世紀のモダン・ハウス:理想の実現 II〉エー・アンド・ユー, 2000
* Karl Fleig, *Alvar Aalto Works and Projects*, Gustavo Gili, 1993, p.216

― 夏の家 pp.10-11, 14-15
- 川島洋一『アスプルンドの建築』TOTO出版, 2005
- 『approach』Summer 2004、竹中工務店, 2004
- 中村好文『住宅巡礼』新潮社, 2000
* 『a+u』〈Special Issue 20世紀のモダン・ハウス:理想の実現 I〉エー・アンド・ユー, 2000, p.208

― サマーハウス・フェイレン・ステュアート邸 pp.12-14
- 奥佳弥『リートフェルトの建築』TOTO出版, 2009
* M. Kuper, I. Van Zij, *Gerrit Rietveld Complete Works*, Princeton Architectural Press, 1996, p.204

― ファンズワース邸 pp.16-17, 20-21
- Phyllis Lambert, *Mies in America*, Harry N. Abrams, 2001
- Werner Blaser, *Mies van der Rohe Works and Projects*, Gustavo Gili, 1990
- ケネス・フランプトン『テクトニック・カルチャー──19-20世紀建築の構法の詩学』TOTO出版, 2002
- クレア・ジマーマン『ミース・ファン・デル・ローエ:1886-1969:空間の構造』タッシェン・ジャパン, 2007
- ケネス・フランプトン他『ミース再考 その今日的意味』鹿島出版会, 2006
* Kenneth Frampton, *Studies in Tectonic Culture: The Poetics of Construction in Nineteenth and Twentieth Century Architecture*, The MIT Press, 2001, p.196

― フィッシャー邸 pp.18-21
- 齋藤裕『ルイス・カーンの全住宅:1940-1974』TOTO出版, 1993
* Romald Giurgola, *Louis I. Kahn Works and Projects*, Gustavo Gili, 1993, p.23

― サン・クルーの週末住宅 pp.22-25
- ケネス・フランプトン『テクトニック・カルチャー』前掲書
- 東京大学工学部建築学科安藤忠雄研究室『ル・コルビュジエの全住宅』TOTO出版, 2001
* Willy Boesiger, *Le Corbusier Works and Projects*, Gustavo Gili, 1993, p.70

― イームズ・ハウス pp.26-29
- Gloria Koenig, Peter Gossel, *Charles & Ray Eames: 1907-1978, 1912-1988 Pioneers of Mid-Century Modernism*, Taschen, 2005
- 岸和郎『イームズハウス/チャールズ&レイ・イームズ』東京書籍, 2008
* 『GA Houses』〈Special Issue 2008〉、A.D.A.EDITA Tokyo, 2009, p.42

― カップ・マルタンの休暇小屋 pp.30-31, 34
- 中村好文、前掲書
- ブルノ・カンブレ『カップ・マルタンの休暇』TOTO出版, 1997
- Jean-Louis Cohen, *Le Corbusier, 1887-1965: The Lyricism of Architecture in the Machine Age*, Taschen, 2005
* 『X-Knowledge』2003 April Vol.14、エクスナレッジ, 2003, pp.28-29

― シュレーダー邸 pp.32-33, 35
- 『Argus-eye』2004年6月号、日本建築士事務所協会連合会, 2004
- M. Kuper, op.cit.
- 奥佳弥、前掲書
* 『a+u』〈理想の実現 I〉前掲書, p.100

― エスプリ・ヌーボー館 pp.36-37
- 三田村哲裁『アール・デコ博建築造形論』中央公論美術出版, 2010
- ウーゴ・ミズコ「パヴィリオンの再建」『住宅建築』1999年9月号、建築思潮研究所, 1999
* Willy Boesiger, op.cit., p.17

― ソンスベーク彫刻パヴィリオン、アルンハイム・パヴィリオン pp.38-39
- 奥佳弥、前掲書
- 石田壽一『低地オランダ』丸善, 1998
- M. Kuper, I. Van Zij, op.cit., p.226
* http://www.kmm.nl/downloads/page/map_museum_and_sculpture_garden_09.pdf

― ガラスの家 pp.40-43
- Stover Jenkins, *Houses of Philip Johnson*, Abbeville Pr, 2004
- Toshio Nakamura, *Philip Johnson's Glass House*, YKK Architectural Products Inc., 2000
- 『a+u』1989年6月臨時増刊〈可能性の住宅〉エー・アンド・ユー, 1989
- 『芸術新潮』2009年6月号、新潮社, 2009
* 『a+u』1979年6月臨時増刊〈フィリップ・ジョンソン作品集〉エー・アンド・ユー, 1979, pp.16, 28, 34, 37-38, 43, 46, 48, 58

ZOOM 2

― ブリッジハウス pp.46-47, 50
* 『a+u』〈理想の実現 I〉前掲書, p.234

― ヴェネツィアの会議場計画案 pp.48-49, 51
- David B. Brownlee, David G. De Long, *Louis I. Kahn*, Rizzoli, 1991
- Romald Giurgola, op.cit.
- オーガスト・E・コマンダント『ルイス・カーンとの十八年』明現社, 1986
* Heinz Ronner, Sharad Jhaveri, *Louis I. Kahn: Complete Work, 1935-1974*, Birkhauser, 1987, pp.390-393

― バングラデシュ国会議事堂 pp.52-53
- David B. Brownlee, op.cit.
- 『GA』No.72〈ルイス・I・カーン バングラデシュ国政センター〉A.D.A.EDITA Tokyo, 1994
* Heinz Ronner, Ibid., pp.240-243

― モティ・マスジド[パール・モスク] pp.54-55
- Nicholson, Louise, Venturi, Francesco, *The Red Fort, Delhi*, Tauris Parke, 1989
* Ebba Koch, *Mughal Architecture: An Outline of Its History and Development, 1526-1858*, Prestel, 1991, p.110

― ユダヤ・コミュニティー・センター、バスハウス+デイキャンプ pp.56-59
- 松隈洋『ルイス・カーン─構築への意志─』丸善, 1997
* Romald Giurgola, op.cit., p.100

― キャン・リス pp.60-61, 64-65
- Henrik Sten Moller, *Jorn Utzon: Houses*, Frances Lincoln Ltd, 2006
- ケネス・フランプトン『テクトニック・カルチャー』前掲書
* Kenneth Frampton, op.cit., p.272-273

― 母の家[小さな家] pp.62-65
- ル・コルビュジエ『小さな家』集文社, 1980
- Willy Boesiger, op.cit.
- Jean-Louis Cohen, op.cit.
* 『a+u』〈理想の実現 I〉前掲書, p.66

― ベラヴィスタ集合住宅+スーホルム I・II・III pp.66-69
- 『SD』1996年9月号〈デンマーク・モダンハウスの最盛期〉鹿島出版会, 1996
- 『芸術新潮』2007年12月号、新潮社, 2007
* Tobias Faber, *Arne Jacobsen*, Verlag Gerd Hatje Stuttgart, 1964, pp.30-31, 41, 44-45

― ストックホルム市立図書館 pp.70-71

- Peter Blundell Jones, *Gunnar Asplund*, Phaidon Press, 2006
- 川島洋一、前掲書
* 『現代の建築家 E.G. アスプルンド』鹿島出版会、1983, pp.72-73

─ 吉備津神社　pp.72-73
- 根木修、花田富士雄『吉備津神社』山陽新聞社、1995
* 藤井駿、坂本一生『岡山文庫52 吉備津神社』日本文教出版、1973, pp.37-39

─ アロットメント・ガーデン　pp.74-75
- 『SD』1996年9月号、前掲書、p.72

─ ザ・エーカーズ　pp.76-77
- フランク・ロイド・ライト『ライトの都市論』彰国社、1968
* Charles E.Aguar, Berdeana Aguar『フランク・ロイド・ライトのランドスケープデザイン』大木順子訳、丸善、2004, p.252

ZOOM 3

─ ペンシルバニア大学リチャーズ医学研究棟　pp.82-83, 85
- Heinz Ronner, op.cit.
- オーガスト・E・コマンダント、前掲書
* Kenneth Frampton, op.cit., p.227

─ マイレア邸　pp.86-87
- 齋藤裕『アールトの住宅』前掲書
- マーク・トライブ『モダンランドスケープアーキテクチュア』鹿島出版会、2007
* 『GA』No.67〈アルヴァ・アアルト マイレア邸〉A.D.A.EDITA Tokyo、1994, pp.42-43

─ サヴォア邸　pp.88-89
- Jean-Louis Cohen, op.cit.
* Jose Baltanas, *Walking Through Le Corbusier: A Tour of His Masterworks*, Thames & Hudson, 2005, p.54

─ ロンシャンの教会　pp.90-91, 94
- Jean-Louis Cohen, op.cit.
- 『GA』No.7〈ル・コルビュジエ ロンシャンの礼拝堂〉A.D.A.EDITA Tokyo、1971
* Kenneth Frampton, op.cit., p.466

─ フィリップ・エクセター・アカデミー図書館　pp.92-95
- Heinz Ronner, op.cit.
- 荻原紀一郎、角倉剛『アメリカのアトリウム』丸善、1994
* Romald Giurgola, op.cit., pp.79-82

─ リナ・ボ・バルディ邸　pp.96-97, 100
- 『a+u』1999年2月号〈サンパウロの建築家〉エー・アンド・ユー、1999
* Olivia De Oliveira, *2G Book: Lina Bo Bardi - Built Work*, Gustavo Gili, 2010, pp.26-36

─ バカルディ・オフィス・ビル　pp.98-99, 101
- 石崎順一「浮遊する鉄とガラスの神殿 ミース・ファン・デル・ローエのバカルディ事務所ビル」『新建築』1999年9月号、新建築社、1999
- 浜口隆一、渡辺明次『ミース・ファン・デル・ローエ』美術出版社、1968
* Werner Blaser, op.cit., pp.152-153

─ 落水荘　pp.102-103, 106
- 『GA』No.2〈フランク・ロイド・ライト 落水荘〉A.D.A.EDITA Tokyo、1970
- Bruce Brooks Pfeiffer, Peter Gossel, *Frank Lloyd Wright*, Taschen, 2004
* 『a+u』1989年6月臨時増刊〈可能性の住宅〉エー・アンド・ユー、1989, p.137

─ シュミンケ邸　pp.104-105, 107
- Peter Blundell Jones, *Hans Scharoun*, Gordon Fraser, 1978
- 矢萩喜従郎、イェルグ・C・キルシェンマン『FH Represent4 / ハンス・シャロウン』アー・ドゥ・エス パブリシング、2004
* 『a+u』〈理想の実現I〉前掲書、pp.192-193

─ ソーク生物学研究所　pp.108-111
- 金箱温春『ルイス・カーン』『建築文化』1997年1月号〈モダン・ストラクチャの冒険〉彰国社、1997
- ウルス・ビュッティカー『ルイス・カーン──光と空間』鹿島出版会、1996
* Heinz Ronner, op.cit., pp.160-167

─ ヴェネツィアの病院計画案　pp.112-113
- Willy Boesiger, op.cit.
- ウィリ・ボジガー『ル・コルビュジエ全作品集』第8巻、ADA、1978, p.125

─ ヴォクセニスカの教会　pp.114-115, 118-119
- Louna Lahti, op.cit.
- 富永譲『近代建築の空間再読〈巨匠の作品〉にみる様式と表現』彰国社、1986
* Karl Fleig, op.cit., p.196

─ バウスヴェア教会　pp.116-119
- 『GA』No.61〈ヨーン・ウッソン バウスヴェアの教会1973-76〉A.D.A.EDITA Tokyo、1970
- 『Process: Architecture』No.1〈現代北欧建築〉、プロセスアーキテクチュア、1977
* Kenneth Frampton, op.cit., p.287

─ キンベル美術館　pp.120-121, 124
- Michael Brawne, *Kimbell Art Museum: Louis I Kahn*, Phaidon, 1993
- オーガスト・E・コマンダント、前掲書
* Romald Giurgola, op.cit., pp.83-84

─ テキスタイル工場 デ・プルッフ　pp.122-123, 125
- M. Kuper, op.cit.
* 奥佳弥、前掲書、p.269

─ ヴェネツィア・ビエンナーレ オランダ館　pp.126-127, 132
- M. Kuper, op.cit.
- 奥佳弥、前掲書、p.243

─ ファーストユニタリアン教会　pp.128-129, 133
- Heinz Ronner, op.cit.
- 松隈洋、前掲書
* ウルス・ビュッティカー、前掲書、p.96

─ ブリンモア大学エルドマン・ホール　pp.130-133
- Heinz Ronner, op.cit.
* Romald Giurgola, op.cit., p.28

ZOOM 4

─ ラ・ロッシュ=ジャンヌレ邸　pp.136-137, 140-141
- 『a+u』1990年9月臨時増刊号〈20世紀の建築と都市：パリ〉エー・アンド・ユー、1990
- Willy Boesiger, op.cit.
* 『建築文化』1996年10月号、彰国社、1996, pp.108-109

─ オープン・エア・スクール　pp.138-141
- 山懸洋『オランダの近代建築』丸善、1999
- ケネス・フランプトン『モダン・アーキテクチュア(2) 1920-1945 近代建築の開花』A.D.A.EDITA Tokyo、1990
* 矢萩喜従郎、ヤン・モレマ『FH Represent2 / ヨハネス・ダイカー』アー・ドゥ・エス パブリシング、1999, p.54

─ サント・スピリト聖堂　pp.142-143
- ジョヴァンニ・ファネッリ『ブルネレスキ』東京書籍、1994
* G・C・アルガン『ブルネッレスキ−ルネサンス建築の開花』浅井朋子訳、鹿島出版会、1981, p.70

─ ドゥカーレ広場　pp.144-145
- 野口昌夫『イタリア都市の諸相──都市は歴史を語る』刀水書房、2008
* 『Process: Architecture』No.16〈南欧の広場〉プロセスアーキテクチュア、1980, p.82

─ バーバンク・ヴィレッジ　pp.146-147

- 六鹿正治「アメリカの低層集合住宅——その背景と手法とデザイン」『都市住宅』138号、鹿島研究所出版会、1979
* Donlyn Lyndon, Jim Alinder, *The Sea Ranch*, Princeton Architectural Press, 2004, p.117

― サントップ・ホームズ　　pp.148-149
- Charles E.Aguar, op.cit.
- ポール・レイジュー、ジェームス・タイス『ライト建築のタイポロジー――原理から形態へ』集文社、1998
* William Allin Storrer『フランク・ロイド・ライト全作品』岸田省吾訳、丸善、2000、p.256

― 桂離宮庭園　　pp.150-151
- 斎藤英俊『日本人はどのように建造物をつくってきたか10 桂離宮』草思社、1993
- 『桂離宮』新建築社、1996
* 磯崎新、熊倉功夫、佐藤理『桂離宮』岩波書店、1983、pp.243-253

― ディア・カンパニー本社　　pp.152-153
- 穂積信夫『エーロ・サーリネン』鹿島出版会、1996
- ピーター・ウォーカー、メラニー・サイモ『見えない庭』鹿島出版会、1997
* Jayne Merkel, *Eero Saarinen*, Phaidon Press, 2005, p.96

― サグラダ・ファミリア贖罪聖堂
　　pp.154-155, 158
- 佐々木睦朗「アントニオ・ガウディ」『建築文化』1997年1月号〈モダン・ストラクチャの冒険〉彰国社、1997
- 入江正之『図説 ガウディ』河出書房新社、2007
* マリア・アントニエッタ・クリッパ『アントニ・ガウディ 1852-1926 自然から建築へ』タッシェン・ジャパン、2007、p.81

― シーグラム・ビル　　pp.156-157, 159
- Ezra Stoller, *The Seagram Building: Building Blocks Series*, Princeton Architectural Press, 1999
- Phyllis Lambert, op.cit.
- クレア・ジマーマン、前掲書
* Peter Carter, *Mies van der Rohe at Work*, Praeger Publishers, 1974, p.61

― カサ・ミラ　　pp.160-163
- Xavier Guell, *Antoni Gaudi Works and Projects*, Gustavo Gili, 1993
- ザビエル・グエル『建築の旅 ガウディ』彰国社、1992
* Rainer Zerbst, *Antoni Gaudi*, Taschen, 1985, p.179

― フリードリヒ通り駅前高層建築案　　pp.164-165
- Werner Blaser, op.cit.
- ケネス・フランプトン『モダン・アーキテクチュア(2)』前掲書
* 『建築文化』1998年2月号、彰国社、1998, p.165

― ヴァイセンホーフ・ジードルンク　　pp.166-169
- クレア・ジマーマン、前掲書
- Jean-Louis Cohen, op.cit.
* Jürgen Joedicke *Weißenhofsiedlung Stuttgart*, Karl Krämer Verlag, 1989, pp.31, 35, 37, 39, 41, 43, 45, 47, 53, 55, 57, 58, 61, 65, 67, 69, 73, 75, 77, 81, 83, 85

― ジョンソン・ワックス本社　　pp.170-171
- 『GA』No.1〈フランク・ロイド・ライト ジョンソン・ワックス本社〉A.D.A.EDITA Tokyo, 1970
- 新谷眞人「フランク・ロイド・ライト」『建築文化』1997年1月号〈モダン・ストラクチャの冒険〉彰国社、1997
* 『フランク・ロイド・ライト①』美術出版社、1967, p.41

― ヴィットーリオ・エマヌエーレ2世のガレリア
　　pp.172-175
- 『建築文化』1997年1月号〈モダン・ストラクチャの冒険〉彰国社、1997
- 桐敷真次郎『イタリア建築図面集成』第三巻、本の友社、1994
- ケネス・フランプトン『モダン・アーキテクチュア(1) 1851-1919 近代建築の黎明』A.D.A.EDITA Tokyo, 1990, pp.28-29

ZOOM 5

― 森の墓地　　pp.178-179
- Peter Blundell Jones, op.cit.
- 川島洋一、前掲書
* 『現代の建築家 E.G.アスプルンド』前掲書、pp.15-19, 25

― シーランチ・コンドミニアム　　pp.180-181
- 『GA』No.3〈MLTW シーランチ〉A.D.A.EDITA Tokyo, 1971
- ピーター・ウォーカー、前掲書
* Donlyn Lyndon, op.cit., pp.39, 41

― キンゴー・ハウス　　pp.182-183
- Henrik Sten Moller, op.cit.
- 『SD』前掲書
* Kenneth Frampton, op.cit., pp.263-265

― フレデンスボーのテラスハウス　　pp.184-185
- Henrik Sten Moller, op.cit.
- 『SD』前掲書

- Richard Weston『20世紀の建築』丸善、2004
* Kenneth Frampton, op.cit., pp.263-265

― ムンケゴー小学校　　pp.186-187
- 和田菜穂子『アルネ・ヤコブセン―時代を超えた造形美』学芸出版社、2010
* Tobias Faber, op.cit., p.61

― インド経営大学　　pp.188-189
- 『a+u』2001年5月号、エー・アンド・ユー、2001
- Heinz Ronner, op.cit.
* Romald Giurgola, op.cit., p.67

― コルドバの大モスク[メスキータ]　　pp.190-191
- 青井哲人「複合化と様式化」『建築文化』2001年8月号、彰国社、2001
- アンリ・スティアリン『イスラム 初期の建築』タッシェン・ジャパン、2002, p.98

― ルイジアナ近代美術館　　pp.192-193
- 『SD』前掲書
* 『SD』1981年10月号、p.84

― 桂離宮書院　　pp.194-195
- 斎藤英俊、前掲書
- 『桂離宮』前掲書
* 磯崎新、前掲書、p.242

― ヴィラ・アドリアーナ　　pp.196-197
- 磯崎新『ヴィラ・アドリアーナ ローマ時代(磯崎新の建築談議03)』六耀社、2002
* 板屋リョク『古代ローマの建築家たち』丸善、2001, p.91

― パイミオのサナトリウム　　pp.198-199
- Louna Lahti, op.cit.
* 『a+u』1981年10月号、エー・アンド・ユー、1981, p.11

― ミクヴェ・イスラエル・シナゴーグ計画案
　　pp.200-201
- Heinz Ronner, op.cit.
* David B. Brownlee, David G. De Long, *Louis I. Kahn*, Rizzoli, 1991, p.364

― ル・トロネ修道院　　pp.202-203
- 『SD』1996年10月号〈フランス中西部のロマネスク建築〉鹿島出版会、1996
- 『a+u』2008年4月号〈ル・トロネ修道院〉エー・アンド・ユー、2008
* 磯崎新他『中世の光と石―ル・トロネ修道院』六耀社、1980、pp.38-39, 112-116

― フォートウェインの舞台芸術劇場案
　　pp.204-205
- David B. Brownlee, op.cit.
* Heinz Ronner, op.cit., p.211

- **オコティラ・デザート・キャンプ** pp.206-207
- テレンス・ライリー他『建築家:フランク・ロイド・ライト』デルファイ研究所、1996
- カーラ・リンド『ロスト・ビルディング——失われた建物』集文社、1996
* Charles E.Aguar、前掲書、p.212

- **イリノイ工科大学キャンパスのマスタープラン** pp.208-209
- Phyllis Lambert, op.cit.
- 『世界建築設計図集』〈34 イリノイ工科大学クラウン・ホール〉同朋舎出版、1984
- 『GA Contemporary Architecture』〈05 University〉A.D.A.EDITA Tokyo、2006
- 浜口隆一、前掲書
* 『ミース・ファン・デル・ローエ』美術出版社、1968、p.21

ZOOM 6

- **新国立ギャラリー** pp.212-213, 216
- ケネス・フランプトン他、前掲書
- 萩原剛他「ミース・ファン・デル・ローエ」『建築文化』1997年1月号〈モダン・ストラクチャの冒険〉彰国社、1997
* Kenneth Frampton, op.cit., p.206

- **エコノミストビル** pp.214-215, 217
- Marco Vidotto, *Alison & Peter Smithson (Works and Projects Series)*, Whitney Library of Design, 1997
* 『世界建築設計図集』〈40 カイヤ&ヘイッキ・シレン、アリソン&ピーター・スミッソン〉同朋舎出版、1984、pp.42-45

- **ムーンレイカー・アスレティック・センター** pp.218-219, 222-223
- 『GA』No.3、前掲書
* Donlyn Lyndon, op.cit., pp.69-70

- **二条城** pp.220-223
* 財団法人 建築研究協会『重要文化財二条城調査工事報告書』元離宮二条城事務所、2011、pp.245、415

- **バワ邸** pp.224-225
- David Robson, Geoffrey Bawa, *Geoffrey Bawa: The Complete Works*, Thames & Hudson, 2002
* Colin Davis『20世紀名住宅選集』杉山まどか訳、丸善、2007、p.151

- **サン・クリストバル** pp.226-227
- 斎藤裕『ルイス・バラガンの建築』TOTO出版、1996
- Rene Burri, *Luis Barragan*, Phaidon Press, 2000

* 『GA』No.48〈ルイス・バラガン バラガン自邸、ロス・クルベス、サン・クリストバル〉A.D.A.EDITA Tokyo、1979、pp.42-45

- **ミラー邸** pp.228-229
- Jayne Merkel, op.cit.
* 『Process: Architecture』No.108〈ダン・カイリーのランドスケープデザインⅡ:語りかける自然〉プロセスアーキテクチュア、1993、pp.115-116

- **スーホルムⅠの庭園** pp.230-231
- 『SD』前掲書
* 和田菜穂子、前掲書、p.139
* http://www.biologie.uni-ulm.de/systax/

- **キングス・ロードの自邸** pp.232-233
- David Gebhard, *Rudolph Schindler*, Thames & Hudson, 1971
- デヴィッド ゲバード『ルドルフ・シンドラー——カリフォルニアのモダンリビング』鹿島出版会、1999
* 『建築文化』1999年9月号〈R.M.シンドラー〉彰国社、1999、p.30

- **ソーレンセン自邸** pp.234-235
* 『SD』前掲書、p.29

- **カウフマン邸** pp.236-237
- Barbara Lamprecht, *Neutra: Complete Works*, Taschen, 2010
* 『GA Houses』〈Special 01 Masterpieces 1945-1970〉A.D.A.EDITA Tokyo、2001、p.22

- **バルセロナ・パヴィリオン** pp.238-239
- ケネス・フランプトン『テクトニック・カルチャー』前掲書
- Vittorio Magnago Lampugnani, *Mies van der Rohe: Mies In Berlin*, The Museum of Modern Art, 2002
- 『a+u』2003年1月〈シンケルとミース〉エー・アンド・ユー、2003
- 『建築文化』1998年1月号〈ミース・ファン・デル・ローエ Vol.1〉彰国社、1998
* Kenneth Frampton, op.cit., p.178

- **フィン・ユール自邸** pp.240-241
- Esbjørn Hjort, *Finn Juhl*, The Danish Architectural Press, 2001
- Per H. Hansen, *Finn Juhl Og Hans Hus / Finn Juhl and his House*, Gyldendal/Ordrupgaard, 2009
* Finn Juhls hus Brochure, Ordrupgaard Museum, design by www.wibroe.dk

- **ベルリン・フィルハーモニック・コンサート・ホール** pp.242-245
- 『GA』No.21〈ハンス・シャロウン ベルリン・フィルハーモニック・コンサート・ホール〉A.D.A.EDITA Tokyo、1973
* 矢萩喜従郎、イェルグ・C・キルシェンマン『FH Represent4 / ハンス・シャロウン』アー・ドゥ・エス パブリシング、2004、p.54

- **ストックホルム市立図書館** pp.246-247
- Peter Blundell Jones, op.cit.
- 川島洋一、前掲書
* 『現代の建築家 E.G.アスプルンド』前掲書、pp.72-73

その他配置図作成全般
Google Earth Bing Maps

索引 | Index

英数字

E102	30
J・J・P・アウト	166
MLTW	180, 218, 222
V・コンタマン	173

あ

アーケード	173, 174
アーチ	50, 158
アーバニズム	157
アイリーン・グレイ	30
アウトプット	177
アウラングゼーブ	55
あずまや	9, 24, 25, 59
アトリウム	64
アマンシオ・ウィリアムズ	46, 50
アリソン＆ピーター・スミッソン	214, 217
アルヴァー・アールト	8, 86, 114, 118, 198
アルド・ファン・アイク	38
アルネ・ヤコブセン	66, 68, 186, 230
アントニオ・ガウディ	154, 158, 160, 162
アントニオ・ダ・ロナーテ	145
生垣	23, 229, 231, 233
石垣	41
一回性	6
入れ子	95
インプット	177
ヴァルター・グロピウス	167
ヴィスタ	134
ウィリアム・タンブル	146
ヴォールト	24, 25, 125, 143
エーロ・サーリネン	152, 228
エリック・クリスチャン・ソーレンセン	234
オーディトリアム	51
屋上庭園	89, 149, 225

か

カール・テオドル・ソーレンセン	74
回遊性	193
回廊	145, 155
廻廊	72, 73
片持梁	50
カテドラル	191
カテナリーアーチ	162
可動間仕切り	115
ガレリア	172, 173, 174, 175
雁行	67, 68, 69, 123, 223
機会館	173
幾何学	13, 19, 151, 211
基準階	141
キャビン	207
キャンティレヴァー	99, 165, 239
境界線	225
京都御所	221
切妻	43
近代建築運動	167

さ

近代建築の五原則	137
クラスター	147, 149, 180, 182, 184
クリスタルパレス	173
グリッド	171
クルドサック	147, 185
クローラー・ミュラー美術館	38
グンナー・アスプルンド	10, 70, 178, 246
建築的プロムナード	140
コード	134, 210
構造グリッド	141
後水尾天皇	221
コンドミニアム	180, 181
コンペティション	179

さ

差異	134, 210, 211
サナトリウム	198, 199
サンクン・ガーデン	216
サンルーム	104, 105
シークエンス	185
ジェフリー・バワ	224
シェル構造	123
軸線	239
シナゴーグ	200, 201
シャー・ジャハーン	55
ジュゼッペ・メンゴーニ	172, 174
ジョセフ・パクストン	173
寝殿造	151
シンメトリック	101, 132
新プラトン主義	44
スカラ座	172, 173
スタッコ	28
スラム化	209
生態系	45
積層アーチ	191
設備コア	20
セルダ	161
全体性	79
側廊祭室	143

た

対称形	171
ダン・カイリー	228
暖炉	81, 86, 87
チャールズ＆レイ・イームズ	26, 29
ドイツ工作連盟	167

な

内陣	73

は

パーゴラ	103
パーティション	101
ハイサイド・ウィンドウ	123, 132
ハイサイド・ライト	113, 187
バシリカ	155
ハドリアヌス帝	197
パノラマ	65, 97, 100
パリ国際装飾芸術展（アール・デコ博）	37
バルセロナ・チェア	239
バルセロナ拡張計画	161
バロック	145
ハンス・シャロウン	104, 107, 242, 244
非対称	20, 68, 169, 238
ピロティ	89, 97, 99, 101, 137
部位	78, 79
フィーレンディール梁	110
フィリップ・ジョンソン	41
フィリッポ・ブルネレスキ	142
フィルハーモニック・ホール	204, 205, 242, 244
フィン・ユール	240
風景	41
フェリックス・キャンデラ	99
吹抜け	71, 107
プライバシー	107, 181, 211
フランク・ステラ	43
フランク・ロイド・ライト	76, 102, 106, 148, 170, 206
フレキシビリティ	169
プレキャスト・プレストレスト・コンクリート	85
プレファブ	117
プロムナード	39
ベランダ	227
ヘリット・トーマス・リートフェルト	12, 32, 35, 38, 122, 125, 126, 132
ペンデンティヴ・ドーム	174
冒険遊び場	75

ま

マスタープラン	115, 208
ミース・ファン・デル・ローエ	98, 101, 156, 159, 164, 166, 168, 208, 212, 216, 238
ミフラーブ	55, 191
ミメーシス	44
ミラノ大聖堂	173
メタボリスト	44
モスク	54, 55, 190, 191
モダニズム	78
モデュール	117, 187, 189, 209

や

ヨーン・ウッツォン	60, 64, 116, 118, 182, 184
ヨーン・ボウ	192
ヨハネス・ダウカー	138, 141

ら

ライフステージ	168
ランドスケープ	47, 162, 179
リチャード・ノイトラ	236
リナ・ボ・バルディ	96, 100
リヒャルト・デッカー	166

問いの索引 | Question Index

ルール	176, 177
ル・コルビュジエ	22, 25, 30, 34, 36, 45, 62, 64, 78, 88, 90, 94, 110, 112, 136, 140, 168
ルイス・カーン	48, 51, 52, 56, 58, 82, 85, 92, 94, 108, 112, 120, 124, 128, 130, 133, 188, 200, 204
ルイス・バラガン	226
ルドルフ・シンドラー	232
ルネサンス	145
レオン・バッティスタ・アルベルティ	44
レコンキスタ	191
ローレンス・ハルプリン	218, 222
ロッジア	93

わ
ワンルーム	125, 127, 171

エレメントに関する問い

柱	21, 59, 85, 87, 100, 141, 143, 158, 171, 213, 238, 239
柱脚	49
柱スパン	87, 99
壁	59, 91, 127, 187, 199, 219, 239
外壁	129, 193
外壁線	165
隔壁	140
可動間仕切り	35, 115
塀	227
壁面	105, 205
擁壁	27
壁厚	81, 94
床	95, 239
基準階	161
屋根	121, 239
ヴォールト屋根	125
方形屋根	59
窓	21, 23, 34, 64, 65, 84, 85, 118, 129, 131, 163
出窓	64
テラス	17, 103, 105, 106, 107
バルコニー	189
ピロティ	97, 99
吹抜け	28, 29, 99
塔	94, 95
エントランス	29, 97, 101, 121, 167
入口	23
敷地入口	153
出入口	57, 115, 161
構造	51, 59
キャンティレヴァー	99
スパン	123
柱スパン	89, 99

規模に関する問い

数
戸数	161, 181
世帯数	168
階数	95, 175

サイズ
長さ	59, 161
全長	47, 143
距離	11, 49, 69, 137, 139
水平距離	243, 245, 247
幅	173
半径	77
直径	175
間口	19, 33
奥行	19, 33, 64, 187
住戸の大きさ	180
街区(ブロック)の大きさ	155, 157, 159, 161, 171
中庭の大きさ	187
外形の大きさ	81
モデュールの大きさ	113, 189
サイズの比較	57, 84, 227, 231
梁間	195
壁厚	81, 94
張り出し距離	99
高さ	51, 65, 84, 106, 118, 153, 159, 174, 195
高低差	51, 73, 216, 217, 222, 223
天井高	15, 24, 34, 71, 73, 95, 101, 111, 119, 216, 245
天井のうねり	118, 119
レベル	15, 84, 217
レベル差	31, 50, 65

広さ
広さ、面積	31, 81, 83, 103, 157, 191, 213, 216, 235
敷地面積	63, 149, 165
建築面積	63
延床面積	24, 125
建蔽率	63

内外に関する問い

内部
室内	61, 213
内部空間	213

外部
外部、外部空間	63, 205, 225, 235
屋外	89
庭	225, 231, 237
中庭	9, 28, 29, 61, 113, 139, 161, 183, 185, 187
パティオ	233
サンクン・ガーデン	213
半屋外	61

外観
	21, 201
展開図	163
見え方	71, 159, 222, 223
ファサード	121
立面	84, 85, 93, 165

自然環境に関する問い

風　　189

光　　59, 87, 94, 118, 201
採光　　37, 113
トップライト　　118
ハイサイド・ウィンドウ（ライト）
　　123, 125, 127, 129, 131, 132
日当たり　　199

木　　17
木々　　47, 181
木立　　27
植栽　　41

地形　　9, 11
ランドスケープ　　179

傾斜　　203
階段　　71
勾配　　71, 73, 195
スロープ　　89

方位　　17, 21, 27, 47, 97, 189
方角　　121, 139, 183
方向、向き　　9, 17, 25, 53, 55, 63
　　91, 119, 185, 189, 237, 241
北向き　　123
角度　　207

軸線　　53, 145, 197, 199, 239
軸　　105, 197
東西軸　　95, 197, 207
南北軸　　19, 105
都市軸　　55
対称軸　　109
長軸／短軸　　75

ビュー
眺望、眺め、ビュー　　27, 51, 61, 67
　　68, 69, 97, 105, 111, 237
視線　　59
眺める、望む　　9, 15, 33, 67, 68, 153, 165
見通す　　81

用途に関する問い

公私
パブリック・スペース　　75
プライバシー　　35
プライベート　　227, 235

ゾーニング　　227

フレキシビリティ　　169

境界
境界線　　105, 149
占有／共有　　13

用途　　33, 57
機能　　51, 117, 125, 169
プログラム　　119
使われ方　　63
ビルディング・タイプ　　173

アクティビティに関する問い

動線　　57, 58, 161
縦動線　　49, 83
動線空間　　117
アクセス　　9, 11, 13, 37, 185, 205
アプローチ　　17, 31, 71, 91, 121, 133, 181
経路、ルート　　27, 31, 77, 103, 141, 187, 225
搬入路・導入路　　171, 216
回遊　　193

道路　　17, 19, 21, 23, 215

グリッド　　89, 171, 189, 209, 229

[協力者]

町田康
—
西田和正
成田加苗
福島透
—
津坂祐一
林重利
佐藤雅哉
田中翔太
星安康至
—
石上奈々子
中村聡志
濱田真規子
渡部明彦
—
中村圭佑
棗田久美子
舘野貴雄
余語龍樹
—
新田武志
森藤祥之
川内伸一
髙橋弘雅
相原萌
青山高久
岡田和之
佐藤慧
篠原祐介
辻岡隼斉
立田彩
—
阿部姫奈
亀田翔太
喜田昌子
西野真伍
東野多容
弘田翔一
藤田ゆうい
横田英雄
—
上田裕基
角谷厚樹
蒲原陽一郎
田辺愛
山田彬宏

あとがき | Afterword

設計のためのワークブックとして、「引いて見る」というテーマにしぼって、その引き方の遠近だけで1冊の本をつくろうと考えたのは、有名な建物の周囲に広がるさまざまな世界に対する素朴な興味がきっかけでした。描きはじめて見ると、熱狂のうちに訪れた印象の強い建築物であっても、配置図のなかでは、設計の瞬間に立ち会うような少し「引いた」感覚を覚えることが何度もありました。

―――

私たちが選び出した建築物をあらためて概観してみると、実施に至らなかったり、仮設であったものを除いて、ほとんどが今も残っています。建築が短命になってきていることを思い知らされていたなかで、少し意外なことでした。

―――

配置図に描いた周囲の状況は、まさに現在のものです。場所によっては大きく様変わりした環境にあっても、これらの建物は朽ちるどころか、今でも、また、現在なおさら、際立った存在として、はるか上空に向けてその配置の妙を示しています。

―――

時間をかけて土地固有の配置のかたちを現している集落を、この本の対象にするかどうか、途中、迷いましたが、結果的にとりあげなかったのは、純粋な関心を含めて、設計者が一つの建物を環境のなかに置くという行為の中で、何をしようとしたのかということを、一人称のリアルな問題として共感することが、「配置」が含意する他者への意識を浮かびあがらせてくれると考えたからです。

松岡聡 | まつおか・さとし | Satoshi Matsuoka

1973年愛知県生まれ。
1997年京都大学卒業、2000年東京大学大学院修了、
2001年コロンビア大学大学院修了後、
UN Studio、MVRDV、SANAAを経て、
2005年松岡聡田村裕希を共同設立。
現在、近畿大学教授。

―

田村裕希 | たむら・ゆうき | Yuki Tamura

1977年東京都生まれ。
2004年東京藝術大学大学院修了後、SANAAを経て、
2005年松岡聡田村裕希を共同設立。
現在、東京工芸大学教授。

サイト―――建築の配置図集
SITES – Architectural Workbook of Disposition
―
2013年2月1日 第1版第1刷発行
2024年7月20日 第1版第7刷発行
―
著者
松岡聡・田村裕希
―
発行者
井口夏実
―
発行所
株式会社 学芸出版社
〒600-8216 京都市下京区木津屋橋通西洞院東入
電話 075-343-0811
―
デザイン
刈谷悠三 + 西村祐一/neucitora
―
印刷
イチダ写真製版
―
製本
藤原製本

©Satoshi Matsuoka, Yuki Tamura, 2013
ISBN 978-4-7615-3201-7
Printed in Japan

JCOPY

出版者著作権管理機構委託出版物
本書の無断複写(電子化を含む)は著作権法上での例外を除き禁じられています。
複写される場合はそのつど事前に
(社)出版者著作権管理機構(電話 03-5244-5089、FAX 03-5244-5089、e-mail: info@jcopy.or.jp)の許諾を得てください。
本書を代行業者等の第三者に依頼してスキャンやデジタル化することは
たとえ個人や家庭内での利用でも著作権法違反です。